Kohlhammer

Wolfgang Walla, Bernd Eggen, Heike Lipinski

Der demographische Wandel

Herausforderung für Politik und Wirtschaft

Verlag W. Kohlhammer

Alle Rechte vorbehalten
© 2006 W. Kohlhammer GmbH Stuttgart
Umschlag: Gestaltungskonzept Peter Horlacher
Gesamtherstellung:
W. Kohlhammer Druckerei GmbH + Co. KG, Stuttgart
Printed in Germany

ISBN-10: 3-17-019023-7
ISBN-13: 978-3-17-019023-8

Vorwort

Seit gut drei Jahrzehnten kündigen Demographen und amtliche Statistiker einschneidende Veränderungen der Bevölkerung an. Politik und Gesellschaft nahmen ihre Untersuchungen nur zögernd zur Kenntnis. Heute zählen Begriffe wie Demographie, Migration, Fertilität und Mortalität fast zum Grundwortschatz. Es ist müßig zu beklagen, dass die Themen erst nach der Wiedervereinigung ins öffentliche Bewusstsein kamen – zumal der demographische Wandel und die Wiedervereinigung nur wenig miteinander zu tun haben.

Die Themen sind nicht nur en vogue, sie sind brennend aktuell. Die Anzahl wissenschaftlicher, politischer und journalistischer Beiträge ist unübersehbar geworden. Themen wie Generationenvertrag, künftige Altersvorsorge, Geburtendefizite, Zuwanderung von Ausländern, Alterung der Gesellschaft, Kinderlosigkeit von Akademikerinnen, schrumpfende Städte, Leerstand von Wohnungen haben Parteigremien, Frauenzeitschriften, Männerjournale und Stammtische erobert.

Wozu dann dieses Buch? Es will keine abschließenden Antworten auf die Vielzahl der Fragen geben – dazu benötigte man fast eine Bibliothek. Es will – wie ein Lesebuch oder ein Kompendium – eine kompakte Übersicht über eine Reihe der wichtigsten Lebensbereiche bieten, dazu lässt es auch Betroffene zu Wort kommen. Es will aufzeigen, dass die anstehenden und die zu lösenden Aufgaben weltweit auftreten oder auftreten werden. Im Fokus steht Deutschland. Dabei wird Deutschland im internationalen Zusammenhang betrachtet. Einzelne Sachverhalte werden beispielhaft für Baden-Württemberg detaillierter dargestellt. Dabei wird deutlich: Was für Baden-Württemberg gilt, gilt – im Westen mehr und im Osten weniger – für alle Bundesländer und was für Deutschland zutrifft, trifft meist auch für andere hoch entwickelte Staaten zu. Und doch lassen die Daten vermuten, dass einige Länder die Herausforderungen mutiger und tatkräftiger angenommen haben als andere.

Die Beiträge zu diesem Band basieren im Wesentlichen auf Arbeiten des Statistischen Landesamtes Baden-Württemberg. Allen Mitarbeiterinnen und Mitarbeitern, die am Zustandekommen dieses Buches beteiligt waren, danke ich herzlich.

Dr. Gisela Meister-Scheufelen
Präsidentin des Statistischen Landesamtes Baden-Württemberg

Vom Statistischen Landesamt Baden-Württemberg haben mitgewirkt:
Dr. Lothar Baumann, Werner Brachat-Schwarz, Ivar Cornelius, Dr. Berthold
Fischer, Heidemarie Düh-Munzig, Dr. Monika Kaiser, Reinhard Knödler, Jens
Ridderbusch, Sabine Schmidt, Silvia Schwarz-Jung, Cosima Strantz, Erich Stutzer,
Michael Walker, Dr. Ulrike Winkelmann, Manfred Wörner, Dr. Rainer Wolf.

Die Daten und Informationen wurden beschafft und aufbereitet von:
Irene Böttcher, Reinhard Güll, Christina Hackl, Brigitte Fölker, Barbara Konrad,
Bettina Kopecky

Die Beiträge wurden redigiert von:
Renate Alber, Irene Böttcher, Sigrid Walla

Die technische Betreuung lag in den Händen von:
Wolfgang Werner.

Erläuterungen zu den Datenquellen und Grafiken
Wegen unterschiedlicher Datenquellen (z.B. UN, OECD, Eurostat, Statistisches
Bundesamt) sowie Zähl-, Berechnungs- und Zitiermethoden können gleich
benannte Daten voneinander abweichen. Wenn bei Grafiken keine Quellen
angegeben wurden, stammen die verwendeten Daten aus den Datenbanken
und Datensammlungen des Statistischen Landesamtes Baden-Württemberg. In
Grafiken können trotz gleicher Angaben Balken und Säulen unterschiedlich lang
sein, wenn sich gleiche Prozentwerte durch Auf- und Abrundungen ergeben.

Verwendete Zeichen in den Tabellen
- Nichts vorhanden (genau null)
. Zahlenwert unbekannt
/ Keine Angabe, da Zahlenwert nicht sicher genug
() Aussagewert eingeschränkt, da der Zahlenwert Fehler aufweisen kann

Inhalt

Daniel Goeudevert

Ein Manager ohne Statistik ist wie ein Schiffbrüchiger in der Weite des Ozeans;
ein Manager mit Statistik ist wie ein Adler hoch über den Wolken.
Doch leider versperren die Wolken oft den klaren Blick
und die Luft dort oben ist sehr dünn.

1 Demographische Entwicklung zwischen Chance und Depression

Unsere Zukunft stehe auf dem Spiel. Der Grund: „Wir haben zu wenig Kinder und wir werden immer älter", so Bundespräsident Horst Köhler bei seiner Fernsehansprache zur Auflösung des 15. Deutschen Bundestages.[1] Ortswechsel: Acht von zehn Teilnehmern einer Veranstaltung zum demographischen Wandel deuten ihn negativ für die Gesellschaft, es ist von einer ‚Gesellschaft ohne Zukunft' die Rede. Das Feuilleton deckt sogar einen ‚Komplott' auf, einen geheim geplanten Anschlag der 100-Jährigen auf die Gesellschaft. Bevölkerungswissenschaftler liefern die Erkenntnisse und betiteln ihre Ergebnisse mit ‚Zeitenwende', ‚Krise', ‚Katastrophe'.

Unbestritten ist, die Bevölkerungsentwicklung wird in Deutschland als gesellschaftliche Krise und als existenzielle Bedrohung gedeutet, die der Gesellschaft noch bevorsteht. Der Bevölkerungsrückgang werde drastisch sein. Er werde sich in den kommenden Jahrzehnten sogar beschleunigen, und das sei ein untrüglicher Hinweis auf eine demographische Implosion. Die Geburtenrate löse dies aus; sie gilt als zu niedrig, und bei dauerhaft niedriger Geburtenrate wird jede nachfolgende Elterngeneration nur zum Teil ersetzt. Wegen des Gesetzes der demographischen Trägheit ließen sich die Entwicklungen weder kurzfristig korrigieren noch auf dem erreichten Niveau stabilisieren. Gleichzeitig ‚vergreise' die Gesellschaft: Immer weniger Jüngere, immer mehr Ältere und vor allem immer mehr sehr Alte. Besonders die absehbare Geburtenentwicklung gefährde die Erreichung der gemeinwohlrelevanten Wertvorstellungen unseres Grundgesetzes, die da sind: Dauerhafte Absicherung der Sozialstaatlichkeit, Sicherung der Vermögensbildung in unserer Gesellschaft, Verwirklichung von Generationengerechtigkeit. Auf die Wirtschaft kämen deutliche Verschlechterungen zu: Mangel an Arbeitskräften, sinkendes Qualifikations- und Innovationsniveau, geringeres, wenn nicht sogar ausbleibendes Wirtschaftswachstum, Belastungen auf den Finanzmärkten durch Auflösen von Vermögensbeständen der älteren Generation sowie Schwierigkeiten

---

1 Frankfurter Allgemeine Zeitung, 23.07.2005.

auf dem Immobilienmarkt durch zunehmende Wohnungsleerstände und sinkende Immobilienpreise.

Im Wesentlichen werden zwei Lösungen vorgeschlagen: (1) Es soll die Geburtenrate nachhaltig erhöht und (2) eine gesteuerte Zuwanderung zugelassen werden. Der erste Vorschlag zielt auf eine Zunahme der Geburtenzahlen ab. Im Mittelpunkt stehen politische Maßnahmen, die das Familieneinkommen erhöhen, die die Sozialversicherungssysteme familien- und kindbezogen ausgestalten, die auf kommunaler Ebene eine kinderfreundliche Infrastruktur ausbauen und schließlich die Vereinbarkeit von Beruf und Familie konfliktfreier ermöglichen.

Der zweite Vorschlag erwägt – und blickt dabei besonders auf den Arbeitsmarkt – eine geregelte Zuwanderung, da keine noch so ambitionierte Familienpolitik eine Steigerung der Geburtenrate werde garantieren können.

Hinter beiden Vorschlägen steckt die Einsicht, dass der Bevölkerungsrückgang und das demographische Altern in absehbarer Zeit nicht aufgehalten, sondern allenfalls abgemildert werden können.

Der Fall scheint klar zu sein: In überdeutlicher Weise werden demographische Zusammenhänge als Krise und als Ursache für gesellschaftliche Probleme beschrieben – etwa die fehlende Nachhaltigkeit in den Sozialversicherungssystemen. Dazu gehört, dass die Bevölkerungsentwicklung in Deutschland einer optimalen, sozial erwünschten Entwicklung widerspricht. Aber ist das alles so eindeutig?

Betrachten wir die demographische Entwicklung, dann scheinen zentrale politisch-rechtliche und ökonomische Strukturen nicht zur Bevölkerungsentwicklung zu passen. Wenn wir bestimmte Strukturen nicht ändern, dann stünde tatsächlich die Zukunftsfähigkeit unserer Gesellschaft auf dem Spiel. Deshalb sind Anpassungen notwendig. Warum lassen wir uns jedoch auf solch pessimistische Zukunftsperspektiven ein? Was treibt die Temperatur dieser Debatte so hoch? Eine Rolle spielen dabei Zahlen, Zahlenverhältnisse und Zeitvergleiche. In den nächsten 50 Jahren sinkt die Bevölkerungszahl in Deutschland von derzeit 82 auf vielleicht 75 Millionen. Gleichzeitig werden dann statt 21 % ‚nur‘ noch 16 % der Bevölkerung unter 20 Jahre alt sein.

Wieso ‚nur‘? Zunächst geht es um ein Verhältnis von Zahlen und um Angaben wie mehr oder weniger und jünger oder älter. Aber es bleibt nicht beim Vergleich. ‚Mehr‘ wird günstiger als ‚weniger‘ und ‚jünger‘ vorteilhafter als ‚älter‘ gewertet. Zum Vergleich kommt die Bewertung.

Dabei wird gerne übersehen, dass ein Vergleich zwei Betrachtungsrichtungen hat. Wir sehen nur die von *jünger nach älter* und übersehen die von *älter nach jünger*. Denn dadurch, dass wir immer älter werden, werden wir paradoxerweise auch jünger. Es sei nur auf die Unterscheidung von jungen und alten Alten verwiesen. Wir beurteilen mögliche Entwicklungen fast ausschließlich vom Standort der Geburt aus und kaum von dem des Todes. Eine solche, nur in eine Richtung beleuchtete Kombination von Zahlenverhältnissen und deren Bewertungen kann beträchtliche Folgen in einer Gesellschaft haben, die das Zentralphantom Wachstum pflegt. Denn durch fehlendes Wachstum entstehen *demographische Depressionen,* da Bevölkerungsrückgang und Altern nicht aufgehalten werden können.

Die demographischen Aussagen beziehen sich auf etwas, das uns möglicherweise bevorstehen kann. Was wir in der Zukunft erwarten können, sollen uns auch Bevölkerungsvorausrechnungen sagen. Diese verfügen aber über eine hohe Deutungsvielfalt. Dabei werden manchmal die methodischen und semantischen Grenzen übersehen, die bei der Bewertung der analytischen Ergebnisse und der Interpretation der wissenschaftlichen Erkenntnisse zu beachten wären.

Wer etwas über die Zukunft aussagen möchte, kann dies auch in der Statistik nur mit dem Geschehenen, also mit Daten aus der Vergangenheit. Diese Daten beschreiben, wie etwas war, das künftig jedoch anders sein kann. Solche Annahmen beschreiben unter heutigen Rahmenbedingungen und Bewertungsmaßstäben eine Zukunft, die im Einzelfall nicht stimmen muss.

Je weiter der Horizont der Vorausrechnungen reicht, desto unsicherer werden diese und das nicht nur im statistischen Sinne, sondern vor allem in den Bedeutungen, die diesen Entwicklungen zugeschrieben werden. So wird heute das Altern zumeist negativ gedeutet. Aber wer ist in 50 oder 100 Jahren in welchem Alter alt? Jemand mit 85 Jahren ist heute hochbetagt, vielleicht ist der künftige Mensch dies erst ab 100 Jahren.

Die negative Bewertung des Alters hat ihren Gegenpart in der positiven Bewertung der Jugend. Doch stellt sich hier die Frage, ob der ökonomische Wohlstand sowie die Qualität sozial- und rechtsstaatlich organisierter Demokratie von *mehr* Kindern abhängen. Bislang sind kinderreiche Gesellschaften arme und politisch eher undemokratische Gesellschaften.

Neben einer anderen Bewertung des Alters sind noch mögliche kulturelle Veränderungen zu hinterfragen. Ist es z.B. angebracht, den Nachkommen der ersten ‚Gastarbeiter‘ die gleichen kulturellen Wurzeln zuzuschreiben wie deren Groß- oder gar Urgroßeltern?

Beachtenswert ist auch, dass Kinder heute anders aufwachsen als noch vor 30 Jahren. Während das Leben der Kinder bis in die 60er- und 70er-Jahre eher durch Homogenität und Kontinuität geprägt war, wachsen sie heute in eine Gesellschaft zunehmender Heterogenität und Variabilität hinein. Dadurch kommen Kinder schon frühzeitig mit anderen Sprachen, Kulturen und Religionen in Berührung. Aber nicht nur die künftigen Einheimischen dürften andere sein als die gegenwärtigen. Gleiches wird für die zukünftigen Zuwanderer gelten. Die Kulturen in Asien und Afrika, aus denen wohl die meisten kommen werden, entwickeln sich weiter. Offen ist jedoch, inwieweit sich die Weltregionen verständigen und tatsächlich tolerieren werden oder ob sie eher Oppositionen bilden, die Gewalt nicht ausschließen.

Die politische Diskussion zum demographischen Wandel und zu den gesellschaftlichen Herausforderungen projiziert *gegenwärtige* Probleme in die Zukunft. Zudem rechnen wir damit, dass diese Probleme in der Zukunft noch gravierender werden. Infolge einer zirkulären Selbstbezüglichkeit werden mögliche künftige Probleme wieder auf die Gegenwart zurückprojiziert. Man könnte sagen, die Gegenwart wird mit Zukunft belastet. Die *gegenwärtigen* Probleme auf dem Arbeitsmarkt, in den sozialen Sicherungssystemen und im Erziehungssystem sind weder von der vergangenen und schon gar nicht von der zukünftigen demographischen Entwicklung ausgelöst worden. Politik und Wirtschaft scheinen manche Probleme zu externalisieren; sie schreiben die Ursachen eher dem generativen Verhalten als dem eigenen Handeln oder besser Nichthandeln zu.

Was ist nun der Fall? Stuttgarts ehemaliger Oberbürgermeister und Kolumnist Manfred Rommel meinte, man ahne gar nicht, wie blind man sei, wenn man in die Zukunft schaut. Dies bedeutet entweder, dass die Gesellschaft blind in die Zukunft schaut, weil sie die Augen vor unangenehmen Entwicklungen verschließt oder dass die Zukunft so im Nebel oder gar im Dunkeln liegt, dass kaum etwas zu erkennen ist. Rommels Feststellung gilt nicht nur für das individuelle Schicksal, sondern auch für die Zukunft unserer Gesellschaft und dies insbesondere, was die Bevölkerungsentwicklung und die davon abhängigen Probleme angeht.

Schrumpft oder wächst eine Bevölkerung, ändern sich ihre Strukturen. In der Regel geschieht dies sehr langsam und die Auswirkungen solcher Veränderungen treten nicht von heute auf morgen ein. So sieht und spürt man die Auswirkungen häufig erst allmählich. Doch dann lassen sich die zugrunde liegenden demographischen Prozesse nicht kurzfristig aufhalten oder umkehren; Versäumtes lässt sich nicht mehr nachholen.

Wer also heute planen und gestalten will, muss sich rechtzeitig auf die sich abzeichnenden Veränderungen einstellen – selbst wenn die Jahre 2030 oder gar 2050 in weiter Ferne liegen. Dabei ist zwischen den wahrscheinlichen demographischen Vorgängen und den möglichen gesellschaftlichen Auswirkungen zu unterscheiden.

Bevölkerungsvorausrechnungen bieten die statistischen Grundlagen. Ihr Zweck besteht in erster Linie darin, Orientierungspunkte zur künftigen Bevölkerungsentwicklung zu liefern. Wie Bevölkerungswissenschaftler und Statistiker immer wieder hervorheben, sind Bevölkerungsvorausrechnungen keine Vorhersagen oder Weissagungen. Ihre Ergebnisse gelten nur unter den jeweils gesetzten Annahmen und den heutigen Erkenntnissen.

Die uns vorliegenden Bevölkerungsvorausrechnungen beruhen im Wesentlichen auf Annahmen über die Entwicklung

– des generativen Verhaltens, also wie sich die Geburtenhäufigkeit künftig entwickeln wird,

– der Sterblichkeit, also wie sich die Lebenserwartung der Menschen verändern wird,

– der Wanderung, also mit welchen Zu- oder Abwanderungen zu rechnen ist.

Neben der Güte der Annahmen bestimmt der Zeithorizont die Treffsicherheit der Rechnungen. Je näher dieser liegt, desto eher dürften die Vorausrechnungen tatsächlich eintreffen.

Die Bestätigung einer Vorausrechnung sollte allerdings nicht deren Ziel sein. Vielmehr sollte der Eintritt *unerwünschter* Vorausrechnungsergebnisse von Politik und Gesellschaft verhindert werden – nur dann hätten die Statistiker erfolgreich gewirkt.

Unbestritten sind Zweck und praktischer Nutzen der kurzfristigen, vielleicht noch der mittelfristigen Vorausrechnungen. Für die Politik und die Versicherungsträger sind sie es, weil sich die Voraussetzungen zur Bewahrung der sozialen Sicherungssysteme ändern; für die Wirtschaft, weil sich Grundlagen für Produktion und Konsum wandeln, für Regionen und Kommunen, weil das, was für Deutschland insgesamt gelten mag, so nicht für Vorpommern oder Unterfranken oder Oberschwaben zutreffen muss. Was für eine Industrieregion richtig sein mag, muss nicht für ein Fremdenverkehrsgebiet gelten. Kommunen im Osten machen sich Gedanken über den Rückbau von Wohngebieten und Infrastruktureinrichtungen, Kommunen im Südwesten über weiter steigende Einwohnerzahlen. Letztlich sind die gegenwärtigen und zu erwartenden Entwicklungen auch eine Herausforderung für jeden Einzelnen, weil sich dessen Lebensplanung irgendwann den künftigen Gegebenheiten anpassen muss.

2 Demographischer Wandel

Weltweit nimmt die Bevölkerungszahl zu, aber nicht überall. In einigen der ehemaligen sozialistischen Staaten wird sie sogar dramatisch sinken. Gleichzeitig altert die Bevölkerung, am schnellsten in den meisten neuen EU-Ländern und in Südeuropa. Weil die Menschen länger leben, wird sich allerdings für ein kurzes zeitliches Intervall der Bevölkerungsbestand noch erhöhen. Gefährdet ist die Bestandssicherung dann, wenn die Geburtenraten unter 210 Kinder je 100 Frauen sinken. Für Europa trifft das bereits seit Jahrzehnten zu. Der Geburtenrückgang ist kein neues Phänomen. Familienplanung und Geburtenkontrolle reichen bis ins 17. Jahrhundert zurück, und der Geburtenrückgang begann schon in der zweiten Hälfte des 19. Jahrhunderts.

Die in den vergangen Jahrzehnten bereits stark gestiegene statistische Lebenserwartung dürfte nicht zuletzt aufgrund weiterer medizinischer Fortschritte künftig sogar schneller zunehmen als bisher erwartet.

Regional kann sich die Bevölkerungszahl in einzelnen Gebieten durch Zuwanderung erhöhen, dafür sinkt sie anderswo durch Abwanderung – letztlich und weltweit ein Nullsummenspiel.

Alterspyramiden und Bevölkerungsbilanzen spiegeln die Komponenten der Bevölkerungsbewegung und deren Ursachen, wie Kriege und Krisen oder Boom- und Konsolidierungsphasen, wider.

2.1 Bevölkerung: Welt wächst, Europa schrumpft

Weltbevölkerung seit 1950 von 2,5 auf 6,5 Milliarden gestiegen

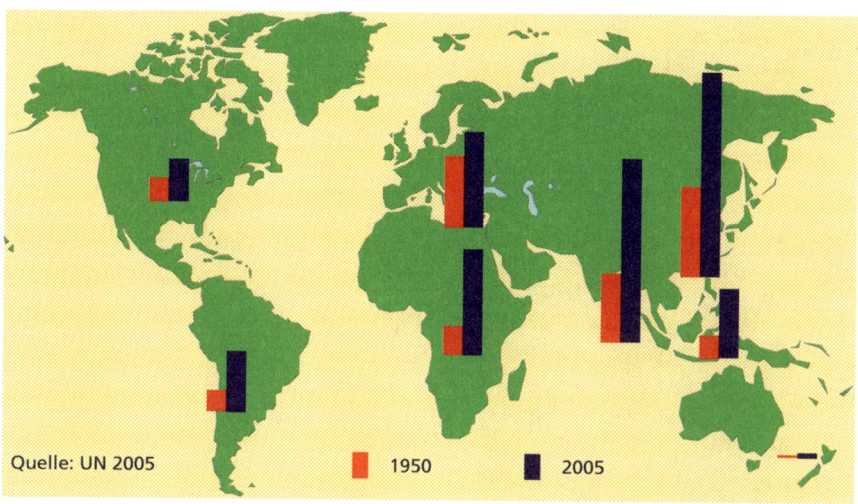

Quelle: UN 2005 ▮ 1950 ▮ 2005

Vor 2 000 Jahren lebten um die 300 Mill. Menschen auf der Erde. In der Mitte des 18. Jahrhunderts waren es rund 500 Millionen. Danach zeichnete sich ein Wandel ab. Die Lebensbedingungen verbesserten sich, Fortschritte in Medizin und Hygiene verringerten vor allem die Kindersterblichkeit. Die Bevölkerungszahl stieg schneller und erreichte ihre höchsten Zuwachsraten in der zweiten Hälfte des 20. Jahrhunderts.

Seit 1950 hat die Weltbevölkerung um rund 4 Mrd. Menschen zugenommen. In den Entwicklungsländern reduzierte sich die Sterblichkeit erheblich, gleichzeitig blieb die Geburtenrate zunächst hoch, sodass die Bevölkerungszahl rasch zunahm. In Afrika stieg sie von 224 auf 906 Millionen. Am stärksten entwickelte sich Ostafrika mit +343 % und Westafrika mit +313 %. Ähnlich dynamisch verlief die Entwicklung im zentralen Lateinamerika mit +294 %. Wesentlich geringer wuchsen die Industrieländer: Europa meldete +33 % und Nordamerika +93 %. Zwei Drittel der Menschen kamen in Asien zur Welt, obwohl die Bevölkerungszahl zum Beispiel in Ostasien mit +127 % eher langsam wuchs.[1]

Wie sich die Weltbevölkerung verteilt hat und verteilen wird, zeigen die Quadrate: Die grünen für die Welt, die blauen für Europa, die roten für Deutschland und die schwarzen für Baden-Württemberg.

---

1 United Nations (2005): World Population Prospects, The 2004 Revision – Highlights, New York.

Bevölkerungsverteilung um 1900

Um 1900 lebten weltweit 1,6 Mrd., in Europa um die 410 Mill. Menschen.

Deutschland hatte eine Bevölkerung von 56 Millionen.

Das Großherzogtum Baden, das Königreich Württemberg und Hohenzollern kamen zusammen auf ungefähr 4 Mill. Menschen.

Bevölkerungsverteilung um 2000

Zu Beginn des neuen Jahrhunderts belief sich die Zahl der Weltbevölkerung auf etwa 6,1 Mrd. Menschen.

730 Millionen lebten in Europa, darunter fast 460 Millionen in der Europäischen Union, einschließlich der seit 2004 neuen EU-Länder.

Deutschland hatte etwa 82 Mill. Einwohner.

Baden-Württemberg zählte gut 10,5 Mill. Einwohner; Letzteres waren 0,17 % der Weltbevölkerung.

Bevölkerungsverteilung um 2050

In 50 Jahren werden auf der Welt wahrscheinlich 9 Mrd. Menschen leben; die Spannweite der Schätzungen reicht von 7,7 bis 10,6 Milliarden.

Europa wird ca. 640 Mill. und die EU25 etwa 450 Mill. Menschen haben.

In Deutschland wird die Zahl um 7 auf 75 Millionen sinken.

Wird für Baden-Württemberg von einer konstanten Wanderung ausgegangen, wird die Bevölkerungszahl 2050 kleiner sein als heute.

Die globale Bevölkerungszunahme wird allein durch das Geburtenverhalten bestimmt. Auf 1 000 Einwohner kommen derzeit pro Jahr 21 Neugeborene; jede zweite Frau verhütet mit modernen Methoden, jede 20. bekommt ihr erstes Kind, bevor sie 20 Jahre alt ist.[2]
Die globale Bevölkerungsabnahme wird allein durch das Sterben bestimmt. Weltweit sterben jährlich etwa 9 von 1 000 Menschen, die meisten eines natürlichen Todes, viele aber auch an Hunger, durch Kriege, Seuchen oder Naturkatastrophen. Der Saldo aus Geburten und Sterbefällen gibt die globale Bevölkerungsentwicklung wider.

Indikatoren zur „reproduktiven Gesundheit" aus dem Weltbevölkerungsbericht 2004

Indikatoren	Afrika	Asien	Nord-amerika	Latein-amerika Karibik	Europa	Ozea-nien
Anteil der Bevölkerung bis unter 15 Jahren in %	42	30	21	32	17	25
Geburtenrate: Jährliche Geburten pro 1 000 Einwohner	38	20	14	22	10	17
Sterberate: Jährliche Sterbefälle pro 1 000 Einwohner	14	7	8	6	12	7
%-Anteil von 15- bis 19-jährigen Frauen, die ein Kind bekommen	11	4	4	7	2	3
%-Anteil verheirateter Frauen, die mit modernen Methoden verhüten	21	57	72	62	54	57
Bevölkerungsveränderung bis zum Jahr 2050 in %	+42	+48	+42	+48	-13	+127

Quelle: DSW 2005.

Die regionalen und kleinräumigen Veränderungen werden zusätzlich durch Wanderungen, unterschiedliche Altersstrukturen sowie durch moralische oder religiöse Einflüsse oder kriegerische Auseinandersetzungen bestimmt. Entgegen der öffentlichen Meinung fällt der geringe und unklare Einfluss von Schwangerschaftsverhütungen auf. Drei Viertel aller nordamerikanischen Frauen benutzen moderne Verhütungsmittel, und doch liegt die Geburtenrate wesentlich höher als in Europa, wo nur die Hälfte der Frauen dies tut. Noch deutlicher wird dies beim Vergleich von Asien und Europa. Besonders fällt die junge Bevölkerung Afrikas auf, die wenig verhütet und früh viele Kinder zur Welt bringt.

---

2 Deutsche Stiftung für Weltbevölkerung (2005): Datenreport, Hannover.

Welt: Von heute 6 auf 9 Milliarden im Jahr 2050

Derzeit leben rund 6,5 Mrd. Menschen auf der Erde. Trotz sinkender Geburtenraten wird die Zahl der Weltbevölkerung bis zum Jahr 2050 um weitere 2,6 auf dann 9,1 Milliarden anwachsen.

Bevölkerung 2005 und 2050 nach Erdteilen in Mill. Einwohnern

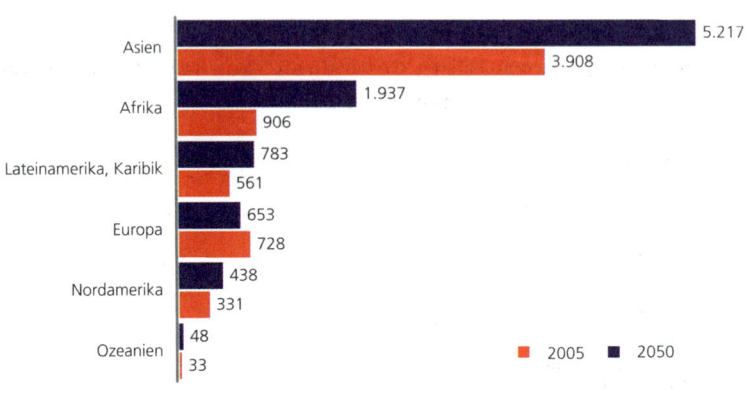

Quelle: UN 2005.

Nach der mittleren Variante der neuesten UN-Bevölkerungsprojektion bringen künftig Frauen immer weniger Kinder zur Welt. So werden 2050 weltweit 100 Frauen im Durchschnitt weniger als 210 Kinder gebären und damit weniger als für die Ersetzung der Elterngeneration notwendig wären. Läge die durchschnittliche Kinderzahl bei 253 Kindern, wüchse die Weltbevölkerung bis 2050 auf 10,6 Milliarden (hohe Variante). Bekämen 100 Frauen im Durchschnitt aber nur 156 Kinder, gäbe es um 2050 nur 7,7 Mrd. Menschen (niedrige Variante).

Die Bevölkerung in den Industrieländern bleibt bis 2050 nahezu konstant auf dem heutigen Niveau von 1,2 Milliarden, wobei Europa verlieren und Nordamerika gewinnen wird.

Die Zahl der Menschen in den Entwicklungsländern wird von 5,3 auf 7,8 Milliarden anwachsen. Allein in den 50 ärmsten Ländern der Welt wird die Bevölkerungszahl um knapp eine Milliarde steigen.

In Ländern mit junger Altersstruktur wie Uganda, Niger, Kongo oder Afghanistan wird sich die Bevölkerung bis 2050 nach den Berechnungen der Vereinten Nationen sogar verdreifachen.

18

EU: Bis 2050 Rückgang der Bevölkerung um 7 Millionen

Europa ist demographisch zweigeteilt: Im Westen, Norden und Süden Europas Länder mit weitgehend kontinuierlichen und langsamen Veränderungen, in Zentral- und Osteuropa Staaten mit plötzlichen und beschleunigten Umwälzungen wie steilem Bevölkerungsrückgang, raschem Altern der Gesellschaft, niedrigsten Geburtenraten. Nach der Bevölkerungsvorausrechnung von Eurostat ist in den nächsten zwei Jahrzehnten noch ein Zuwachs der EU25-Bevölkerung um 13 auf 470 Mill. zu erwarten.[3] Bis 2050 wird die Bevölkerungszahl dann auf 450 Mill. sinken und somit um mehr als 7 Mill. niedriger als 2004 liegen.

Bevölkerungsentwicklung in der EU bis 2050 Grundlinienvariante von Eurostat				
	2004	2025	2050	Veränderung 2050 zu 2004
	Millionen			%
EU15-Länder	383	399	384	2	0,4
10 Neue Länder	74	71	65	-9	-11,7
EU25-Länder	457	470	450	-7	-1,5
Kandidatenländer Rumänien, Bulgarien	30	26	22	-7	-24,7
EU25- und Kandidatenländer	486	496	472	-14	-2,9
Quelle: Eurostat 2005.					

Gravierend sind die Entwicklungen in Zentraleuropa sowie in Rumänien und Bulgarien. Bis 2050 werden dort wohl 16 Mill. Menschen weniger leben als 2004, ein Minus von zusammen 15 %. Nach Eurostat wird es innerhalb der EU in den kommenden vier Jahrzehnten erhebliche Veränderungen der Bevölkerungsanteile geben – sowohl durch die Wanderungsbewegung (Zu- und Fortzüge) als auch durch die natürliche Bevölkerungsbewegung (Geburten und Sterbefälle).

---

3 Die Bevölkerungsvorausrechnungen von Eurostat basieren auf Annahmen zur Fruchtbarkeit, Sterblichkeit und Migration. Sie berücksichtigen keine Maßnahmen, welche die demographischen Tendenzen beeinflussen können. Verwendet wird hier die ‚Grundlinien-Variante‘. Die von Eurostat gewählten Annahmen können sich von denen der Nationalen Statistischen Ämter unterscheiden (z.B. Annahmen über die Höhe der Zu- und Abwanderung in Italien und Slowenien). Deshalb können sich die von Eurostat veröffentlichten Ergebnisse auch von denen der Mitgliedstaaten unterscheiden; Eurostat (2005): Bevölkerungsvorausschätzungen 2004–2050, Pressemitteilung 48, 8.4.2005.

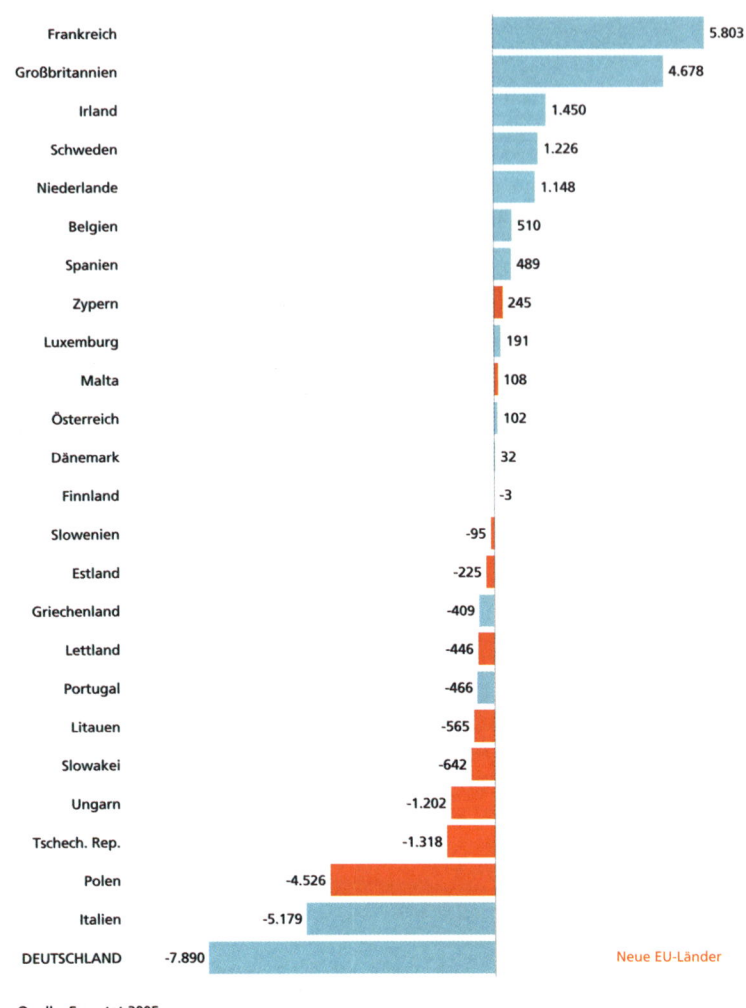

**Absolute Zu- bzw. Abnahme der Bevölkerungszahl
in den EU25-Ländern von 2004 bis 2050 in 1000 Einwohnern**

Frankreich	5.803
Großbritannien	4.678
Irland	1.450
Schweden	1.226
Niederlande	1.148
Belgien	510
Spanien	489
Zypern	245
Luxemburg	191
Malta	108
Österreich	102
Dänemark	32
Finnland	-3
Slowenien	-95
Estland	-225
Griechenland	-409
Lettland	-446
Portugal	-466
Litauen	-565
Slowakei	-642
Ungarn	-1.202
Tschech. Rep.	-1.318
Polen	-4.526
Italien	-5.179
DEUTSCHLAND	-7.890

Neue EU-Länder

Quelle: Eurostat 2005.

Stärker und zum Teil wesentlich problematischer als die absoluten Verschiebungen der Bevölkerungsgewichte innerhalb der EU werden für die innere Struktur der EU und der einzelnen Länder die relativen Bevölkerungsveränderungen der einzelnen Länder sein. Auf Zypern und Malta werden die Bevölkerungszahlen um ein Drittel bzw. um ein Viertel steigen. Luxemburg wird sich zu einer kleineren Agglomeration entwickeln und Irland weiter boomen. Alle zentraleuropäischen, ehemaligen sozialistischen Länder werden zwischen 12 und 19 % ihrer Bevölkerung verlieren; die (oben nicht dargestellten) Kandidatenländer sogar noch mehr. Rumänien verliert nach den Berechnungen von Eurostat per Saldo jeden fünften und Bulgarien jeden dritten Einwohner.

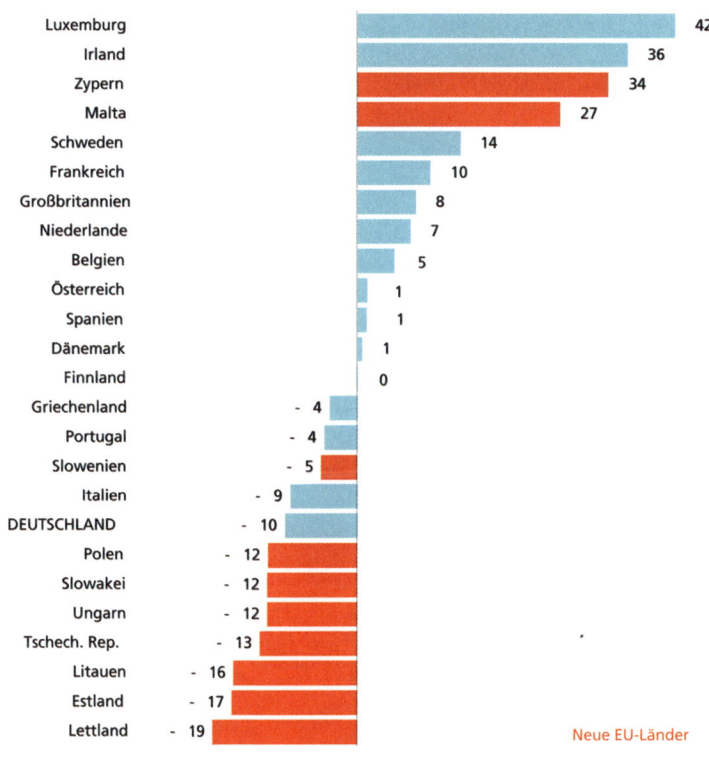

Relative Zu- bzw. Abnahme der Bevölkerungszahl in den EU25-Ländern von 2004 bis 2050 in %

Luxemburg	42
Irland	36
Zypern	34
Malta	27
Schweden	14
Frankreich	10
Großbritannien	8
Niederlande	7
Belgien	5
Österreich	1
Spanien	1
Dänemark	1
Finnland	0
Griechenland	- 4
Portugal	- 4
Slowenien	- 5
Italien	- 9
DEUTSCHLAND	- 10
Polen	- 12
Slowakei	- 12
Ungarn	- 12
Tschech. Rep.	- 13
Litauen	- 16
Estland	- 17
Lettland	- 19

Neue EU-Länder

Quelle: Eurostat 2005.

21

Deutschland: Rückgang der Bevölkerungszahl mit gravierenden räumlichen Verschiebungen

Derzeit hat Deutschland rund 82,7 Mill. Einwohner. Obwohl die Bevölkerungszahl 2003 und 2004 leicht gesunken ist, haben noch nie so viele Menschen in Deutschland gelebt wie zu Beginn dieses Jahrhunderts. In den nächsten Jahren wird die Bevölkerungszahl wohl noch bis auf über 83 Millionen ansteigen. Voraussichtlich sinkt die Zahl nach 2030 stetig ab. Im Jahr 2050 dürfte Deutschland dann rund 75 Mill. Einwohner haben. Es verblieben damit wahrscheinlich etwa genauso viele Menschen, wie Mitte der 60er-Jahre in der BRD und der DDR lebten.

Exkurs: 10. Koordinierte Bevölkerungsvorausrechnung
In diesem Buch stützen sich die meisten Aussagen zu Veränderungen in Größe und Altersaufbau der Bevölkerung in Deutschland bis 2050 auf die mittlere Variante der 10. Koordinierten Bevölkerungsvorausrechnung.[4] Das Statistische Bundesamt hat in Abstimmung mit den Statistischen Landesämtern neun Varianten berechnet. Drei Annahmen liegen der mittleren, der 5. Variante zugrunde:
- Die Lebenserwartung nimmt weiter zu. Im Jahr 2050 wird die Lebenserwartung neugeborener Jungen 81 Jahre und die der Mädchen 87 Jahre betragen, d. h. rund 6 Jahre mehr als heute.
- Die Geburtenhäufigkeit bleibt konstant auf niedrigem Niveau bei 140 Kindern je 100 Frauen.
- Der Wanderungssaldo Deutschlands wird von 280 000 im Jahr 2003 bis auf 200 000 im Jahr 2050 abnehmen.
- Bei allen neun Varianten bleibt die Geburtenhäufigkeit gleich hoch. Die 5. Variante unterscheidet sich von den anderen Varianten dadurch, dass diese von niedrigeren oder höheren Lebenserwartungen und Wanderungsüberschüssen ausgehen. Dabei stellen Variante 1 und 9 minimale bzw. maximale Veränderungen dar. Sie bilden damit einen Korridor für mögliche Veränderungen.
- Variante 1 geht von niedrigeren Wanderungsgewinnen und Lebenserwartungen aus: Der jährliche Wanderungssaldo beträgt mindestens 100 000 Personen, die durchschnittliche Lebenserwartung liegt 2050 bei 79 (Jungen) und 86 (Mädchen) Jahren.

---

4 Statistisches Bundesamt (2003): Bevölkerung Deutschlands bis 2050. 10. Koordinierte Bevölkerungsvorausrechnung, Wiesbaden.

– Variante 9 geht von höheren Wanderungsgewinnen und Lebenserwartungen aus: Der jährliche Wanderungssaldo beträgt mindestens 300 000 Personen, die durchschnittliche Lebenserwartung liegt 2050 bei 83 (Jungen) und 88 (Mädchen) Jahren.

Gleichzeitig haben einige Länder Berechnungen mit eigenen Annahmen durchgeführt. So hat Baden-Württemberg zwei Varianten berechnet. Sie unterscheiden sich nur in ihren Annahmen zur Wanderung: Der jährliche Wanderungsgewinn liegt bei Variante 1 bei 38 000 Personen und bei Variante 2 bei 50 000 Personen. Geburtenhäufigkeit und Lebenserwartung entsprechen bei beiden Varianten der mittleren Variante für Deutschland.

Alle Varianten kommen ungeachtet ihrer jeweiligen Annahmen zu einem einheitlichen Ergebnis: In Deutschland dürften 2050 weniger Menschen leben als heute, zudem dürften diese Menschen im Durchschnitt älter sein. So scheint nur das Ausmaß, nicht jedoch die Richtung des demographischen Wandels strittig zu sein.

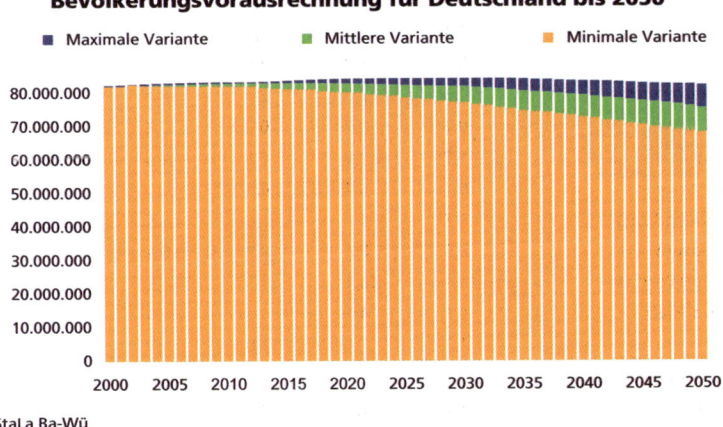

Bevölkerungsvorausrechnung für Deutschland bis 2050

StaLa Ba-Wü

Das Schaubild zur Entwicklung der Bevölkerungszahlen in Deutschland zeigt die mittlere Variante zwischen den beiden extremen Varianten, bei denen die Bevölkerungszahl am stärksten steigen oder am geringsten sinken würde. Nach diesen drei Modellrechnungen dürfte Deutschland im Jahr 2050 theoretisch eine Einwohnerzahl zwischen 67 und 81 Millionen haben, die wahrscheinlichste Zahl ist 75 Millionen. Wie dem auch sei, und welche der Varianten tatsächlich eintreten wird, ohne Zuwanderungen und ohne eine Erhöhung der Geburtenrate wird Deutschland sein demographisches Gewicht weltweit erheblich verlieren – selbst bei der maximalen Variante.

Der zu erwartende Rückgang der Bevölkerungszahl wird in einzelnen Regionen Deutschlands stärker als in anderen ausfallen; es wird Verlierer und zunächst sogar Gewinner geben. Die fünf ostdeutschen Länder werden wohl die höchsten Bevölkerungsverluste haben. Allein bis 2050 dürfte in Ostdeutschland die Bevölkerungszahl um ein Viertel abnehmen. Anders und sehr unterschiedlich wird sich die Bevölkerung in Westdeutschland entwickeln, wie folgende Tabellen belegen.

Unter den genannten Annahmen würde sich die Bevölkerung in den Bundesländern wie folgt entwickeln. Der Wachstumseinbruch wird überall eintreten, nur nicht zur selben Zeit und im gleichen Ausmaß.

Entwicklung der Bevölkerungszahlen in den Bundesländern von 2004 bis 2050

Mittlere Variante der 10. Koordinierten Bevölkerungsvorausberechnung

Bundesland Deutschland	2004	2010	2020	2030	2040	2050
			Mill. Einwohner			
Baden-Württemberg	10,7	11,1	11,3	11,3	11,0	10,6
Bayern	12,4	12,8	13,2	13,1	12,9	12,4
Berlin	3,4	3,4	3,4	3,4	3,2	3,1
Brandenburg	2,6	2,5	2,4	2,2	2,0	1,8
Bremen	0,7	0,7	0,7	0,7	0,7	0,7
Hamburg	1,7	1,8	1,8	1,8	1,8	1,8
Hessen	6,1	6,1	6,1	6,0	5,7	5,4
Mecklenburg-Vorp.	1,7	1,6	1,6	1,5	1,4	1,3
Niedersachsen	8,0	8,0	8,1	8,1	7,9	7,7
Nordrhein-Westfalen	18,1	18,1	17,9	17,5	17,0	16,1
Rheinland-Pfalz	4,1	4,1	4,1	4,0	3,8	3,6
Saarland	1,1	1,0	1,0	1,0	1,0	0,9
Sachsen-Anhalt	2,5	2,3	2,2	2,0	1,9	1,8
Schleswig-Holstein	2,8	2,9	2,9	2,9	2,8	2,7
Thüringen	2,4	2,3	2,1	2,0	1,9	1,7
Deutschland	82,7	83,1	82,8	81,2	78,5	75,1

2.2 Bevölkerung altert weltweit

Die Welt altert schneller als das ‚alte' Europa

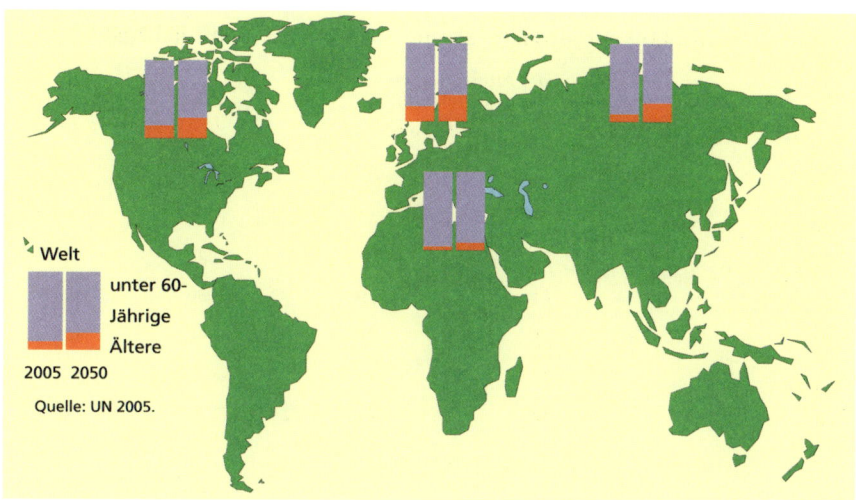

Welt

unter 60-
Jährige

Ältere

2005 2050

Quelle: UN 2005.

Das Altern der Bevölkerung wird in den kommenden Jahrzehnten immer mehr zu einem globalen Phänomen werden. Ist zu Beginn des 21. Jahrhunderts jeder zehnte Mensch auf der Welt 60 Jahre oder älter, wird es nach Berechnungen der UN um 2050 jeder fünfte sein. Allerdings werden sich in verschiedenen Teilen der Welt die Chronologie und die Geschwindigkeit des demographischen Wandels unterschiedlich entwickeln. Am augenfälligsten unterscheiden sich dabei die Industrieländer von den Entwicklungs- und Schwellenländern.

Zwar ist die Bevölkerung in den Entwicklungs- und Schwellenländern zumeist noch relativ jung, doch wird sie in zahlreichen dieser Länder mit bisher beispielloser Geschwindigkeit altern.

Ursachen sind der abrupte Rückgang der Geburtenraten und der schnelle Anstieg der Lebenserwartung. Bis 2050 wird sich der Anteil 60-Jähriger und Älterer in Afrika verdoppeln und in Lateinamerika sowie in Indien und China fast verdreifachen. In Afrika wird dann jeder Zehnte, in Indien jeder Fünfte, in Lateinamerika jeder Vierte und in China sogar fast jeder Dritte 60 Jahre und älter sein. Das mittlere Alter (Medianalter) wird voraussichtlich in Afrika um 8 Jahre, in China und Indien sowie in Lateinamerika um 12 bis 14 Jahre steigen.

Auch die Entwicklungsländer verändern sich demographisch unterschiedlich. Um 2050 werden 19 % der Ägypter zur älteren Bevölkerung gehören und das mittlere Alter wird wegen sinkender Geburtenraten bei etwa 36 Jahren liegen. Nigeria wird vergleichsweise jung bleiben – trotz sinkender Geburtenraten; dort führt die für Schwarzafrika hohe Sterblichkeit zu einem niedrigeren Durchschnittsalter der Bevölkerung.

Altersstruktur ausgewählter Staaten in den Jahren 2005 und 2050

| Staaten | Anteil der Altersgruppen an der Gesamtbevölkerung | | | | 50% der Bevölkerung sind älter als... Jahre (Medianalter[1]) | | |
| | unter 15 Jahre | | 60 Jahre u. älter | | | | Veränderung in %-Punkten |
	2005	2050	2005	2050	2005	2050	
Afrika	42	29	5	10	19	27	9
Nigeria	44	27	5	9	18	28	10
Ägypten	34	21	7	19	23	36	13
Asien	28	18	9	24	28	40	12
China	21	16	11	31	33	45	12
Indien	32	18	8	21	24	39	14
Japan	14	13	26	42	43	52	9
Europa	16	15	21	35	39	47	8
Russ. Föderation	15	17	17	31	37	44	6
EU 25 [1]	-	-	-	-	38	48	9
Lateinamerika	30	18	9	24	26	40	14
Brasilien	28	18	9	25	27	40	14
Nordamerika	21	17	17	27	36	42	5
USA	21	17	17	26	36	41	5
Ozeanien	25	18	14	25	32	41	8
Welt	28	20	10	22	28	38	10

Jeweils höchster, niedrigster Wert einer Spalte.

[1] Ohne Malta und für das Jahr 2000.

Methodischer Hinweis: Da das Durchschnittsalter der Bevölkerung nicht als Zeitreihe vorliegt, wurde hilfsweise das Medianalter gewählt, das jenes Alter angibt, bei dem in einem Gebiet die Hälfte der Bevölkerung jünger und die andere älter als das angegebene Alter ist.

Quellen: UN 2005, Statistisches Bundesamt.

In den Industrieländern wird sich das Altern der Bevölkerung fortsetzen, allerdings langsamer als in den weniger entwickelten Ländern. Dabei unterscheiden sich die Industrieländer untereinander. In Europa und Japan wird die Bevölkerung bis 2050 am stärksten altern. Der Anteil der 60-Jährigen und Älteren wird in Europa etwa 35 % betragen und in Japan noch höher liegen, während er in Nordamerika, wo die Bevölkerungszahl weiterhin stark wachsen wird, 27 % erreichen wird. Dramatische Verschiebungen wird es in den EU25-Ländern geben.

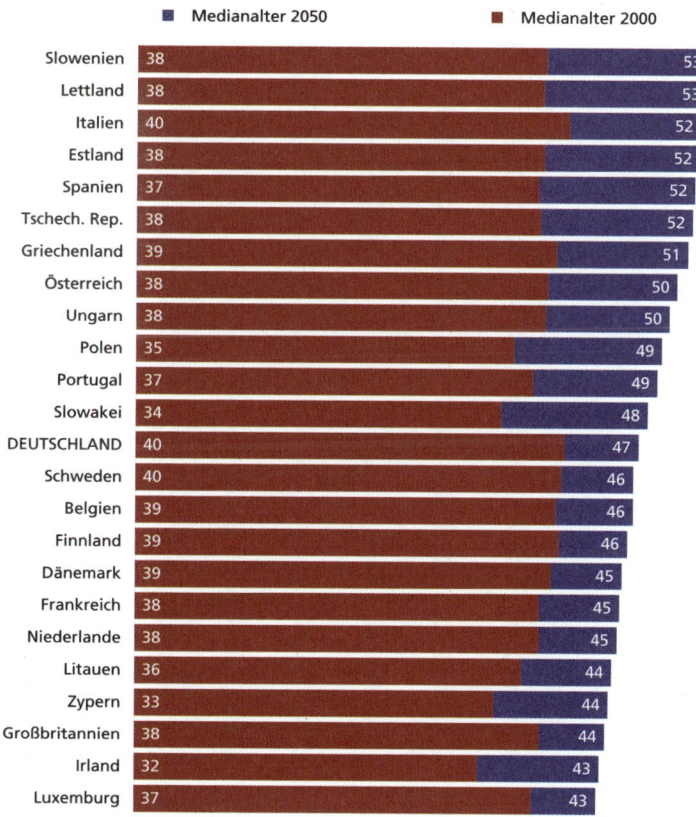

Von 100 Bürgern der EU-Länder war bzw. wird die Hälfte älter als ... Jahre sein

■ Medianalter 2050   ■ Medianalter 2000

Land	Medianalter 2000	Medianalter 2050
Slowenien	38	53
Lettland	38	53
Italien	40	52
Estland	38	52
Spanien	37	52
Tschech. Rep.	38	52
Griechenland	39	51
Österreich	38	50
Ungarn	38	50
Polen	35	49
Portugal	37	49
Slowakei	34	48
DEUTSCHLAND	40	47
Schweden	40	46
Belgien	39	46
Finnland	39	46
Dänemark	39	45
Frankreich	38	45
Niederlande	38	45
Litauen	36	44
Zypern	33	44
Großbritannien	38	44
Irland	32	43
Luxemburg	37	43

Quellen: UN 2005, Statistisches Bundesamt.

Altersgruppen der Bevölkerung in den EU25-Ländern und in den Kandidatenländern 2004 und 2050

EU25-Länder EU15 Neue EU-Länder Kandidatenländer	0- bis 14-Jährige			15- bis 64-Jährige			65-Jährige und Ältere		
	2004	2050	50-04	2004	2050	50-04	2004	2050	50-04
	%		+/- % Pkt.	%		+/- % Pkt.	%		+/- % Pkt.
Aufsteigend sortiert nach der Veränderung der Gruppe der über 64-Jährigen									
Schweden	18	16	-2	65	59	-6	17	24	7
Luxemburg	19	17	-2	67	61	-6	14	22	8
Dänemark	19	16	-3	66	60	-6	15	24	9
Lettland	15	15	-1	68	59	-9	16	26	10
Estland	16	15	-1	68	60	-8	16	26	10
Niederlande	19	16	-3	68	61	-7	14	24	10
Finnland	18	15	-2	67	58	-9	16	27	11
Belgien	17	15	-3	66	58	-8	17	28	11
Frankreich	19	16	-3	65	57	-8	16	27	11
Großbritannien	18	15	-4	66	59	-7	16	27	11
Litauen	18	14	-4	67	60	-8	15	27	12
Malta	18	15	-4	69	61	-8	13	25	12
Ungarn	16	14	-2	69	58	-11	16	28	13
EU15	16	14	-3	67	57	-10	17	30	13
EU25	16	13	-3	67	57	-11	16	30	14
DEUTSCHLAND	15	12	-3	67	57	-11	18	32	14
Zypern	20	13	-7	68	61	-8	12	26	14
Griechenland	15	12	-2	68	55	-13	18	33	15
Portugal	16	13	-3	67	55	-12	17	32	15
Österreich	16	12	-4	68	57	-11	16	30	15
Irland	21	16	-5	68	58	-10	11	26	15
Slowenien	15	13	-2	70	56	-14	15	31	16
Italien	14	11	-3	67	54	-13	19	35	16
Neue Mitgliedsländer	17	13	-4	70	58	-12	14	29	16
Polen	17	13	-4	70	58	-12	13	29	16
Tschechische Republik	15	13	-3	71	57	-14	14	31	17
Slowakei	18	13	-5	71	58	-13	12	29	18
Spanien	15	12	-3	69	53	-16	17	36	19
Rumänien	16	13	-4	69	58	-11	15	30	15
Bulgarien	14	12	-3	69	55	-14	17	34	16

Länder mit deutlich niedrigeren Abnahmen im Vergleich zu EU25.
Länder mit deutlich höheren Abnahmen im Vergleich zu EU25.
Quelle: Eurostat 2005.

In Süd- und Osteuropa, ausgenommen die drei baltischen Staaten, werden in den nächsten Jahrzehnten das mittlere Alter und der Anteil älterer Menschen rasch zunehmen. Die Geburtenrate ist in diesen Ländern sehr niedrig, so dass der Anteil der Kinder und Jugendlichen bis zu 14 Jahren in der Bevölkerung sich deutlich verringert. Wesentlich langsamer altert die Bevölkerung der nordeuropäischen Staaten. Es sind durchweg geburtenstarke Staaten, in denen der Anteil der Jüngeren kaum sinkt und der Anteil der Älteren deshalb moderat steigt.

2050 werden in der EU25 von 100 Menschen nur noch 13 jünger als 15 Jahre sein; ein Rückgang gegenüber 2004 um 3 Prozentpunkte. Der Anteil der Personen im erwerbsfähigen Alter zwischen 15 und 64 Jahren dürfte bis dorthin um 10 Prozentpunkte auf 57 % fallen, das wären zusammen 52 Mill. Menschen weniger. Dafür wird der Anteil der über 64-Jährigen im selben Zeitraum um 11 Prozentpunkte auf 30 % zunehmen.

Deutschland altert langsamer als vergleichbare Staaten

Die Bevölkerung in Deutschland ist heute eine der ältesten in der Europäischen Union, ja in der Welt. Sie wird weiter altern, aber zum Teil erheblich langsamer als die Bevölkerung anderer Staaten. Weltweit wird Deutschland deshalb um das Jahr 2050 nicht mehr zu den zehn Staaten mit den ältesten Bevölkerungen gehören.

Die demographische Wende trat bereits um das Jahr 2000 ein. Seitdem leben in Deutschland mehr über 60-Jährige als unter 20-Jährige. Zudem gibt es immer mehr 80-Jährige und Ältere. Der Anteil der Hochbetagten wächst überproportional; er wird sich fast verdreifachen und könnte 2050 bei 12 % liegen. Besonders deutlich wird der Rückgang um 8 Prozentpunkte bei der erwerbsfähigen Bevölkerung im Alter zwischen 15 und 65 Jahren ausfallen. Die Verringerung des Erwerbspersonenpotenzials wird es durch Zuwanderung oder durch Produktivitätssteigerungen aufzufangen gelten. Woher gut ausgebildete Erwerbsfähige zuwandern sollen, ist unklar, da fast alle in Frage kommenden Staaten ähnliche demographische Probleme wie Deutschland haben.

Die Altersstruktur zeigt allerdings nur sehr undeutlich die tatsächlichen Veränderungen innerhalb der jeweiligen Altersklassen und die damit verbundenen Herausforderungen an Politik und Planer. Hinter den relativen Veränderungen der Altersstruktur stehen absolute Zu- und Abnahmen der Zahl der Menschen in den einzelnen Altersgruppen, die für die Infrastruktur, wie z.B. Bedarf an Schulen, Krankenhäusern oder Einrichtungen für die Versorgung älterer Menschen, entscheidend sind.

Divergierende Entwicklungen in den Bundesländern

In den einzelnen Bundesländern wird sich die Altersstruktur der Bevölkerung in den kommenden Jahrzehnten zwar ähnlich, aber mit unterschiedlicher Dynamik verändern.

Bis 2050 werden die südlichen Bundesländer und Nordrhein-Westfalen den stärksten Rückgang junger Einwohner haben. Der Anteil junger Menschen wird nur geringfügig um 16 % streuen. Schwerwiegender sind die regionalen Differenzen bei den älteren Altersgruppen, dort liegen die prozentual niedrigsten und höchsten Bevölkerungsanteile um 9 Prozentpunkte bei den Erwerbsfähigen und um 11 Prozentpunkte bei den über 64-Jährigen auseinander.

Altersgruppen der Bevölkerung in den Bundesländern 2004 und 2050
10. Koordinierte Bevölkerungsvorausrechnung

Bundesländer Deutschland	0- bis 14-Jährige			15- bis 64-Jährige			65-Jährige und Ältere		
	2004	2050	50-04	2004	2050	50-04	2004	2050	50-04
	%		+/- % Pkt.	%		+/- % Pkt.	%		+/- % Pkt.
Aufsteigend sortiert nach dem Anteil der 65-Jährigen und Älteren 2050									
Saarland	19	16	-4	54	50	-4	26	34	8
Bremen	18	16	-2	55	50	-5	26	34	8
Niedersachsen	22	17	-4	54	49	-4	25	33	9
Schleswig-Holstein	21	17	-4	53	48	-5	26	35	9
Rheinland-Pfalz	21	16	-5	54	48	-6	25	36	11
Nordrhein-Westfalen	21	16	-5	54	48	-6	25	36	11
DEUTSCHLAND	20	16	-4	55	47	-8	25	37	12
Bayern	21	16	-5	55	48	-7	24	36	12
Sachsen	17	16	-1	54	43	-11	28	41	12
Sachsen-Anhalt	18	16	-2	55	44	-11	27	40	12
Baden-Württemberg	22	16	-6	55	48	-7	23	36	13
Hessen	20	15	-5	56	47	-9	24	38	14
Hamburg	18	14	-4	58	48	-10	24	38	14
Mecklenburg-Vorp.	19	17	-2	56	44	-12	25	39	14
Thüringen	18	16	-2	56	43	-13	26	41	15
Berlin	18	14	-4	59	46	-13	23	40	17
Brandenburg	19	16	-3	56	41	-15	25	44	18

Jeweils höchster, niedrigster Wert einer Spalte.
Quelle: Statistisches Bundesamt.

In Baden-Württemberg bald mehr über 65- als unter 20-Jährige

Das Schaubild zeigt am Beispiel Baden-Württembergs, wie sich in den letzten 100 Jahren das quantitative Verhältnis von Jüngeren und Älteren verschoben hat und wie es sich künftig weiter zugunsten der Älteren verschieben wird.

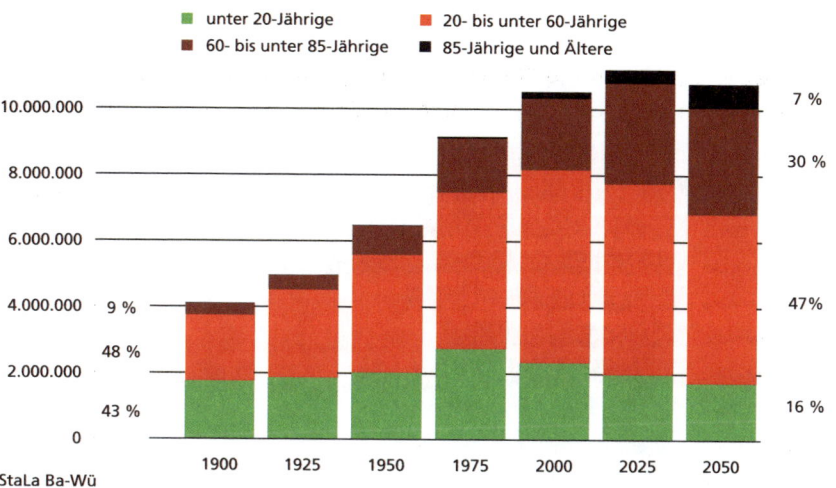

Altersgruppen der Bevölkerung in Baden-Württemberg von 1900 bis 2050

Der Anteil der jungen Menschen unter 20 Jahren an der Bevölkerung wird von rund einem Fünftel im Jahr 2001 auf ein Sechstel im Jahr 2050 sinken. Dagegen steigt der Anteil der über 60-Jährigen im selben Zeitraum von etwa einem Viertel auf mehr als ein Drittel. Der Anteil der *Hochbetagten*, also der über 85-Jährigen, wächst überproportional. Er wird sich in Baden-Württemberg mehr als verdreifachen und könnte im Jahr 2050 bei ca. 7 % liegen. Das *Durchschnittsalter* der Bevölkerung wird dann von heute 41 auf über 48 Jahre steigen.

2.3 Weltweit weniger Geburten

Weltweit sind die Geburtenraten stark und rasch gesunken, am auffälligsten in den maghrebinischen und ostasiatischen Staaten. Die Industriestaaten hatten schon Anfang der 60er-Jahre eher niedrige Geburtenraten. Sie liegen heute im Schnitt bei 160 Geburten je 100 Frauen. In den Entwicklungsländern fällt die Geburtenrate seit zwei Jahrzehnten deutlich. Einige Staaten in Asien und Lateinamerika haben mittlerweile Geburtenraten von weniger als zwei Geburten je Frau.

Lebendgeborene je 100 Frauen im gebärfähigen Alter in ausgewählten Staaten in den Jahren 1965 bis 1970 und 2000 bis 2005

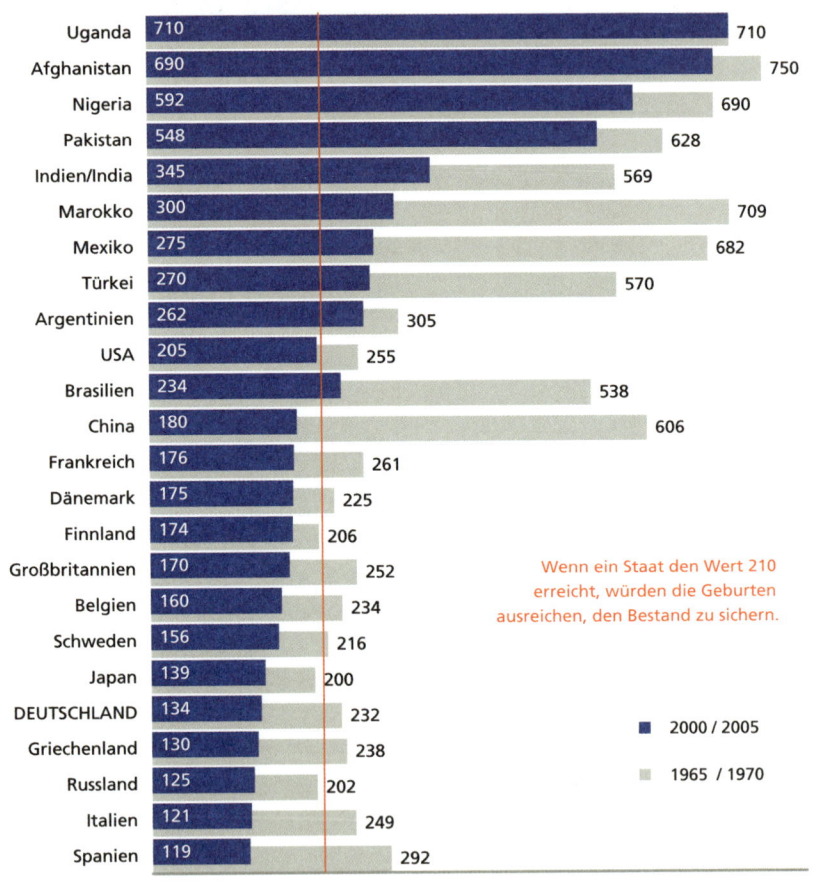

Staat	2000/2005	1965/1970
Uganda	710	710
Afghanistan	690	750
Nigeria	592	690
Pakistan	548	628
Indien/India	345	569
Marokko	300	709
Mexiko	275	682
Türkei	270	570
Argentinien	262	305
USA	205	255
Brasilien	234	538
China	180	606
Frankreich	176	261
Dänemark	175	225
Finnland	174	206
Großbritannien	170	252
Belgien	160	234
Schweden	156	216
Japan	139	200
DEUTSCHLAND	134	232
Griechenland	130	238
Russland	125	202
Italien	121	249
Spanien	119	292

Wenn ein Staat den Wert 210 erreicht, würden die Geburten ausreichen, den Bestand zu sichern.

Quelle: UN 2005.

Exkurs: Zufriedenheit und Geburtenraten in Europa

Der Einfluss gesellschaftlicher Zufriedenheit oder Unzufriedenheit auf die Geburtenraten scheint in Europa von Bedeutung zu sein.[1]

Zusammenhang zwischen Geburtenraten und Zufriedenheit mit den gesellschaftlichen Verhältnissen in den EU15-Ländern

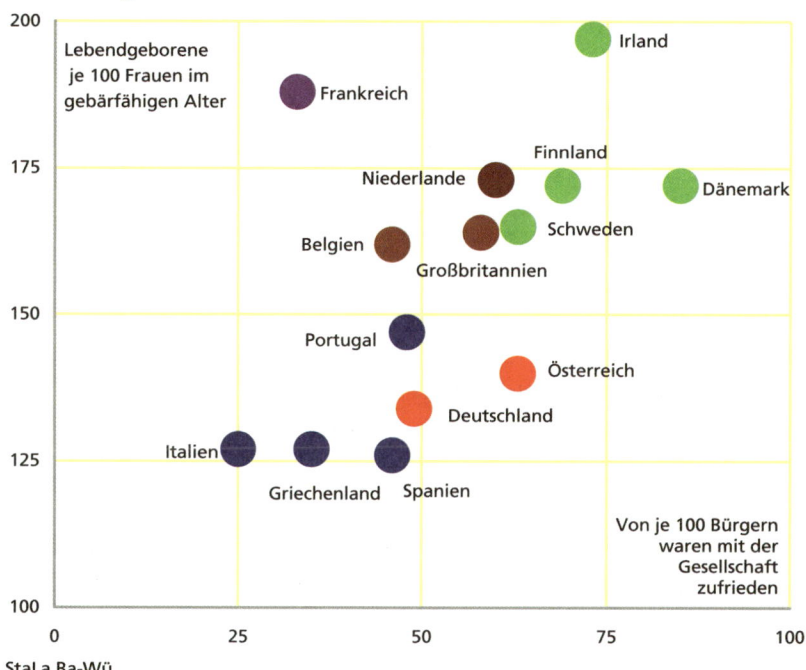

StaLa Ba-Wü

Bei hohem Zufriedenheitsniveau – wie in den nordischen Ländern – ist die Geburtenrate hoch und umgekehrt – wie in den meisten südlichen Ländern und in Deutschland.

Eine Ausnahme ist Frankreich mit einer auffallend unzufriedenen Gesellschaft und dennoch der zweithöchsten Geburtenrate in der EU15. Die hohe Geburtenrate dürfte auch eine Folge der traditionellen Familienförderung sein. Bis heute versteht die französische Gesellschaft ihre „Familien als soziale

---

1 Berger-Schmitt, Regina (2005): Lebensbedingungen und Wohlbefinden in Europa, in: Statistisches Bundesamt (Hrsg.): Datenreport 2004, Zahlen und Fakten über die Bundesrepublik Deutschland, Bonn, S. 667.

Investition" – so Premierminister Jean Pierre Rafarrin. Mit über 30 Maßnahmen fördert der Staat die Familien. Das reicht vom Adoptionsurlaub über Geburtshilfen bis zu Umzugsprämien. Dazu kommt für viele Familien mit drei und mehr Kindern eine praktische Steuerbefreiung.[2]

Im Spätherbst 2005 offenbarte sich ein mögliches Dilemma dieser staatlichen Geburtenförderung. Ein Effekt kann sein, dass Kinder über Transferleistungen und Steuerbefreiung der Eltern erheblich zum Haushaltseinkommen beitragen. Wenn die Mittel aus der Familienförderung ein wesentlicher Bestandteil des Haushaltseinkommens ansonsten einkommensschwacher Familien sind, dann ist es ökonomisch rational, viele Kinder zu haben. Davon machen auch Migranten Gebrauch, was ein Grund für das starke Bevölkerungswachstum z.B. in der Ile-de-France sein dürfte. Bei hohen Geburtenraten und starker Zuwanderung können sich dualistische Gesellschaftsformen bilden, wenn es nicht gleichzeitig gelingt, vor allem den jungen Menschen ausreichende Bildungs- und Erwerbsmöglichkeiten zu bieten. Übergriffe, wie z.B. in Seine-Saint-Denis im Herbst 2005, sind letztlich Verzweiflungstaten einer desillusionierten und perspektivlosen Jugend, die das, was sie ‚stützt' und umgibt, nicht für schützenswert hält.

Immigranten in der Ile-de-France nach Departements 1999			
Region, Departement Destrikt	Immigranten	Veränderung seit 1982	Bevölkerungsanteil
	1.000		%
Ile-de-France	1.611	+20,6	14,7
Paris	286	-3,4	18,2
Petit Couronne	695	26,9	17.2
Hauts-de-Seine	205	9,7	14,4
Seine-Saint-Denis	301	45,5	21,8
Val-de-Marne	188	22,5	15,3
Grand Couronne	530	36,5	11,1
Quelle: INSEE.			

2 Als 1898 Jule Auguste Lemire, Geistlicher und sozialistischer Christdemokrat, in der Nationalversammlung ein Familiengeld forderte, standen für ihn die sozialen Dienstleistungen der Familien im Vordergrund. Strategisch bedeutender war allerdings die im Vergleich zu Deutschland niedrige Geburtenrate. Damals brachten in Deutschland 100 Frauen noch 500 Kinder zur Welt, in Frankreich waren es nur 300.

Deutschlands Geburtenraten in 100 Jahren auf ein Viertel gesunken

Der Rückgang der Geburtenraten in Deutschland sowie in anderen europäischen Staaten ist kein Phänomen der letzten 30 bis 40 Jahre. Er begann Ende des vorletzten Jahrhunderts, also um 1900. Bereits unsere Großeltern hatten im Schnitt erheblich weniger Kinder als ihre Eltern.

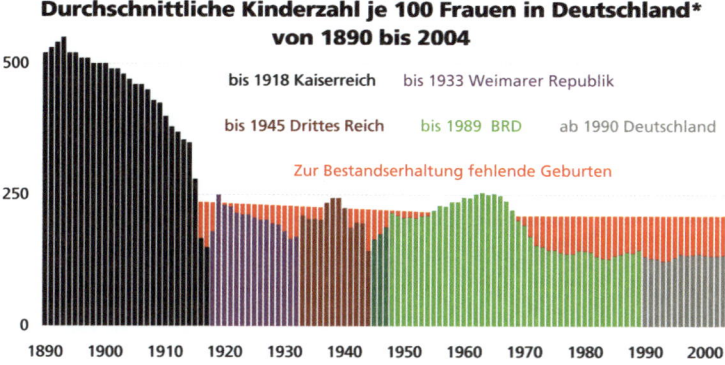

Die Entwicklung weist zwei demographische Übergänge auf:
Der erste bezeichnet die rasche Verminderung der Kinderzahlen bis zum Ende des Ersten Weltkriegs, und zwar von rund 500 auf etwa 218 Kinder je 100 Frauen.[3]
Der zweite kennzeichnet den dauerhaften Rückgang der Geburtenrate unter das so genannte Reproduktionsniveau von 210 Kindern je 100 Frauen zu Beginn der 70er-Jahre. Seit Mitte der 70er-Jahre ist in Westdeutschland kein Rückgang der Geburtenhäufigkeit mehr zu beobachten; sie bewegt sich in einem schmalen Korridor zwischen 130 und 140 Kindern je 100 Frauen. Mit anderen Worten: Seit über 30 Jahren werden in Westdeutschland nur etwa zwei Drittel der Kinder geboren, die zur Erhaltung der Bevölkerung erforderlich wären.
Zwischen den beiden demographischen Übergängen liegen 40 bis 50 Jahre mit ziemlich stabilen Geburtenhäufigkeiten, und das trotz erheblicher gesellschaftlicher Verwerfungen: Erster und Zweiter Weltkrieg, Weltwirtschaftskrise und die großen politischen, wirtschaftlichen und kulturellen Veränderungen seit den 50er-Jahren.

---

3 Schwarz, Karl (1997): 100 Jahre Geburtenentwicklung, in: Zeitschrift für Bevölkerungswissenschaft, Jg. 22, Heft 4, S. 481-491.

Endgültige Kinderzahl von 100 Frauen der Geburtsjahrgänge um 1865 bis 1956/60			
	Deutsches Reich	Westdeutschland	Ostdeutschland
1865	466		
1875	390		
1885	288		
1890	236		
1895	219		
1900	211		
1901/05		183	
1906/10		189	
1911/15		187	
1916/20		183	
1921/25		184	
1926/30		194	
1931/35		217	
1936/40		206	208
1941/45		182	190
1946/50		173	182
1951/55		164	181
1956/60		157	185

Quelle: Schwarz 1997.

Die zeitweiligen Anstiege der Geburtenraten nach dem Ersten Weltkrieg und der Babyboom zwischen 1955 und 1969 fallen in den Statistiken stärker auf als sie tatsächlich waren. Letzteres hat mehrere Ursachen. Auf die Geburtenraten wirken sowohl gesellschaftliche Einflüsse als auch individuelle Entscheidungen. Manche Menschen werden früh und andere später Eltern. Wenn nun ‚frühe' und ‚späte' Eltern zeitlich zusammenfallen, kann es in einzelnen Kalenderjahren mehr Geburten geben als vorher und nachher, ohne dass sich die Geburtenhäufigkeiten der einzelnen Frauengeburtsjahrgänge tatsächlich erhöht haben. (Siehe folgenden Exkurs)

Solche Schwankungen bei den Geburtenzahlen entstehen, wenn beispielsweise aufgrund von Kriegen oder Wirtschaftskrisen Geburten ausbleiben und später nachgeholt werden. So kam es während des Ersten Weltkrieges wegen der Abwesenheit der Männer und der allgemeinen Notlage vor allem 1917/18 zu einem Geburtenrückgang. Der dann anschließende Geburtenanstieg war eine Folge von zwei aufeinander treffenden Geburtenwellen unterschiedlichen

Ursprungs. Sichtbar wird dies an der *endgültigen* Kinderzahl der Geburtsjahrgänge der Frauen. Frauen, die vor 1900 geboren wurden, holten Geburten nach, sie bekamen ihre Kinder relativ spät und *gleichzeitig* bekamen jüngere Frauen ihre Kinder früher. Der Rückgang der *endgültigen* Kinderzahlen nach dem Ersten Weltkrieg spiegelt nach Schwarz eher den langfristigen Trend wider, der bis heute anhält. Zwar gab es einen Rückgang der Geburten im Ersten Weltkrieg, aber er fiel vergleichsweise gering aus. Die vor und um die Jahrhundertwende geborenen Frauen hatten auch deswegen weniger Kinder als die benachbarten Geburtsjahrgänge, weil viele von ihnen im Ersten Weltkrieg den Mann oder Freund verloren hatten. Je nach Geburtsjahrgang blieben 19 % bis 25 % der Frauen kinderlos. Gleichzeitig fiel der Anteil der Familien mit drei und mehr Kindern auf ein Viertel. Ähnlich ist auch das Auf und Ab der beiden folgenden Jahrzehnte zu verstehen. Der Geburtenrückgang während der Weltwirtschaftskrise 1931 wurde durch den bald darauf folgenden Geburtenanstieg kompensiert. Dieser hielt – gestützt durch eine auf hohe Geburtenzahlen ausgerichtete Familienpolitik – bis in die ersten Jahre des Zweiten Weltkrieges an. Die zwischen 1901 und 1920 geborenen Frauen hatten dennoch stets weniger als zwei Kinder.

Selbst der Babyboom Ende der 50er- bis Ende der 60er-Jahre wurde mit dadurch ausgelöst, dass manche Frauen später und andere früher ihre Kinder bekamen. Während des Zweiten Weltkrieges gebaren die Frauen weniger Kinder. Dennoch hatten die zwischen 1921 und 1925 geborenen Frauen kaum weniger Kinder als frühere Generationen. Sie gebaren ihre Kinder in einem höheren Alter in den späten 50er-Jahren. Gleichzeitig rückte eine Generation von Frauen in das gebärfähige Alter, die früher heiratete und früher und tatsächlich auch wieder mehr Kinder gebar. Frauen und Männer der Geburtsjahrgänge 1931 bis 1940 wurden erwachsen in einer Zeit, in der Traditionen noch normative Gültigkeit besaßen und die Zukunft optimistisch stimmte. Der Ansturm der Frauen auf die Schulen, Hochschulen und die Arbeitsplätze hatte gerade begonnen, und die traditionelle Familie wurde kaum in Frage gestellt. Die berufliche Karriere von Frauen stellte für die große Mehrheit von ihnen noch keine Alternative zur Heirat und zu Kindern dar. Die Wirtschaft prosperierte, die Arbeitslosigkeit sank, der individuelle Lebensstandard stieg stetig. All dies schuf den Boden für frühe Eheschließungen und frühe Geburten: Das Heiratsalter der Männer und Frauen ist bis Mitte der 70er-Jahre zurückgegangen. Von den 1935 geborenen Frauen blieben *nur* 5 % ledig und 10 % kinderlos; 33 % hatten mehr als zwei Kinder. Wie nach dem Ersten Weltkrieg trafen Frauen aus unterschiedlichen Geburtsjahrgängen mit später und früher Familiegründung in den 60er-Jahren zusammen und ihre Geburten summierten sich zum Babyboom. Trotzdem hat 40 Jahre lang kein Frauengeburtsjahrgang vor ihnen und keiner nach ihnen so viele Kinder geboren wie die Frauen der Jahrgänge 1930 bis 1940. Sie sind die einzigen im letzten

Jahrhundert, die sich durch ihre Kinder ‚ersetzt' haben. Insofern ist es nicht ganz falsch, die 60er-Jahre als die ‚goldenen Jahre der Familie' zu bezeichnen.[4]

Exkurs: Einige statistische Messgrößen zum Geburtenverhalten

Rohe Geburtenrate: Das ist die Anzahl der Geborenen je 1 000 der Bevölkerung eines Gebietes. Dieses Standardmaß verwenden Regionalstatistiker und Raumplaner, wenn klein- und kleinsträumige Raumanalysen gefordert werden. Die Messgröße berücksichtigt nicht die Altersstruktur der Bevölkerung in den betrachteten Räumen und kann deshalb zu Fehlinterpretationen führen. Statistisch kann sich z.b. durch Zu- und Abwanderung oder durch Veränderung der Sterblichkeit die rohe Geburtenrate verändern, ohne dass sich die Geburtenhäufigkeit der Frauen im selben Zeitraum tatsächlich verändert hat.

Zusammengefasste Geburtenrate oder Periodenfertilität: Das ist die Anzahl der Geburten, die 100 der 15- bis 45-jährigen Frauen eines bestimmten Gebietes innerhalb eines bestimmten Zeitraumes zur Welt brachten. Auf dieses für manche Räume nur geschätzte Maß stützen sich die meisten Aussagen von UN, OECD und der Statistischen Ämter zum Geburtenverhalten.

Kohortenfertilität: Das ist die endgültige Anzahl der Kinder, die von 100 Frauen eines bestimmten Geburtsjahrganges im Laufe ihres Lebens geboren wurden, z.B. alle Kinder von im Jahr 1960 geborenen Frauen. Wo die Kinder geboren wurden, spielt dabei keine Rolle. Dieses Maß wird seltener angewandt, da es aktuelle Entwicklungen nicht abbilden kann, da alle Frauen ihre fruchtbare Phase durchlaufen haben müssen, und da die Daten meist nicht in der erforderlichen regionalen Abgrenzung und Tiefe zur Verfügung stehen.

Die zusammengefasste Geburtenrate kann von der endgültigen Kinderzahl abweichen und zu Fehlinterpretationen führen. Sie ist höher, wenn nachrückende Frauengeburtsjahrgänge früher ihre Kinder bekommen. Dieser ‚Tempo-Effekt' kann bei der zusammengefassten Geburtenrate einen ‚Quantum-Effekt' auslösen. Die Geburtenrate suggeriert gegebenenfalls einen Geburtenanstieg, obwohl die Geburtenhäufigkeit, die endgültige Kinderzahl eines Frauengeburtsjahrganges, unverändert geblieben ist. Umgekehrt kann die zusammengefasste Geburtenrate dann niedriger sein, wenn Frauen ihre Kinder immer später bekommen. Sie kann einen stärkeren Rückgang nahe legen, als er tatsächlich war. Die zusammengefasste Geburtenrate überschätzt in diesem Fall auch die Kinderlosigkeit von Frauen.

---

4 Hill, Paul B.; Kopp, Johannes (1997): Familie in der Krise?, in: Informationsdienst Soziale Indikatoren, Nr. 17, S. 1-4.

Die Geburtenentwicklung in Deutschland seit 1970

Wie dargelegt, wird der Babyboom der 50er- und 60er-Jahre überschätzt und der dann folgende Geburtenrückgang zu Beginn bis Mitte der 70er-Jahre überbewertet. Denn der Geburtenboom der 50er- und 60er-Jahre birgt bereits den späteren Geburtenrückgang in sich, weil jene Frauen, die in den 60er-Jahren früh ihre Kinder bekamen, im höheren Alter weniger oder keine Kinder mehr bekamen. Gleichzeitig gebaren die jüngeren Frauen in den 70er-Jahren wieder später und weniger Kinder. So sind von den 1956 bis 1960 geborenen Frauen 25 % kinderlos und nur noch 15 % haben mehr als 2 Kinder.

Die bislang für einen westdeutschen Geburtsjahrgang niedrigste Kinderzahl wird nach Dorbritz mit 144 Kindern je 100 Frauen für die 1968 geborenen Frauen geschätzt.[5] Das wären 10 Kinder mehr als üblicherweise berechnet wurden. Im folgenden Schaubild zeigen die braunen nicht überdeckten Säulen in etwa, wie viele Kinder im Jahr 2002 zusätzlich hätten geboren werden müssen, um die Bevölkerungszahl ohne Zuwanderung einigermaßen gleich zu halten.

Eines belegen diese Betrachtungen: Die Pille war am Geburtenrückgang der 70er-Jahre *nicht* schuld, denn schon lange wissen die Menschen von Methoden, eine Schwangerschaft zu verhindern oder zu unterbrechen. Der Bevölkerungswissenschaftler Gerhard Mackenroth schreibt 1953 in Unkenntnis der Pille: „Ein auf Kleinhaltung der Familie gerichteter Wille wird immer Mittel und Wege finden, sich zu verwirklichen. Die Geburtenbeschränkung ist keine Erfindung

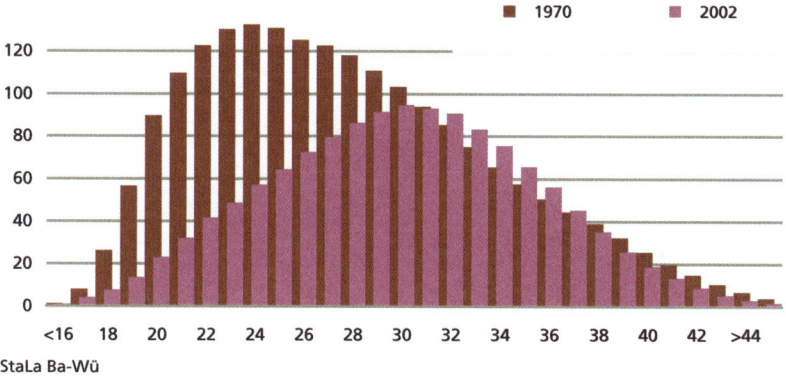

Lebendgeborene je 1 000 Frauen im früheren Bundesgebiet nach dem Lebensalter der Mütter, 1970 und 2002

StaLa Ba-Wü

5 Dorbritz, Jürgen (2004): Geburtenentwicklung in Deutschland. Nur Tempoeffekte, aber kein Babyboom, in: BIB-Mitteilungen, Heft 2, S. 10-14.

der Neuzeit. Neuzeitlich ist die fabrikmäßige Herstellung und Verbreitung der Präventivmittel, aber diese ist nicht der Grund für Geburtenbeschränkung. Die Ursache liegt immer in dem Willen zur Geburtenbeschränkung".[6]

Das Geburtenverhalten in Ost- und Westdeutschland

Trotz anderer gesellschaftlicher Bedingungen glich zunächst die Geburtenentwicklung in der DDR bis Anfang der 70er-Jahre jener in Westdeutschland. Von Mitte der 60er-Jahre bis 1972 fiel im Osten wie im Westen die Anzahl der von 100 Frauen Geborenen von 240 auf 150. Während sie im Westen auf dem niedrigen Niveau blieb, stieg sie im Osten im Laufe der 70er-Jahre wieder auf fast 200 Kinder. Mitbestimmend für die höhere Zahl der Kinder war das niedrige Heiratsalter und damit verbunden das niedrige Alter der Frauen bei Geburt des ersten Kindes. Es lag durchschnittlich bei 22 Jahren und damit sechs Jahre niedriger als im Westen. Mit 8 % blieben wenige Frauen kinderlos, im Westen waren es 25 %. Doch bereits Ende der 70er-Jahre fiel die Geburtenrate wieder, und kurz vor der ‚Wende' erreichte sie mit 156 Kindern ein ähnliches Niveau wie im Westen. Dennoch hatten beispielsweise 100 ostdeutsche Frauen, die 1955 geboren wurden, im Schnitt 20 Kinder mehr als gleichaltrige Frauen in Westdeutschland.[7]

Was waren die wesentlichsten gesellschaftlichen Bedingungen für das unterschiedliche Geburtenverhalten? In der DDR war die Vollzeiterwerbstätigkeit der Frauen nicht nur politisch gewollt, sondern eine gesellschaftliche Verpflichtung. Eine eigene Wohnung, eine umfassende Kinderbetreuung, ein Jahr Elternurlaub

Von je 100 Frauen im gebärfähigen Alter wurden ... Kinder geboren		
Jahr	Westdeutschland	Ostdeutschland
1990	145	152
1992	140	83
1994	135	77
1996	139	95
1998	141	109
2000	141	121

Quelle: Statistisches Bundesamt.

---

6 Mackenroth, Gerhard (1953): Bevölkerungslehre, Berlin, S. 390.
7 Kreyenfeld, Michaela (2004): Fertility Decisions in the FRG and GDR: An Analysis with Data from the German Fertility and Family Survey. Demographic Research, Special Collection 3, Article 11.

– meist ohne Einkommenseinbußen – und die Sicherheit eines Arbeitsplatzes auf
einem stark strukturierten und regulierten Arbeitsmarkt förderten und ermög-
lichten die frühzeitige Familiengründung und die Vereinbarkeit von Beruf und
Familie. Die Vollzeiterwerbstätigkeit der Eltern, die dürftige Entlohnung und der
eingeschränkte Wohnraum waren entscheidend dafür, dass die Frauen im Osten
selten mehr als zwei Kinder hatten. Bemerkenswert ist, dass im Osten – anders
als im Westen – die Kinderlosigkeit bei Frauen mit höherer Schulausbildung
nicht häufiger als bei solchen mit einer geringeren Ausbildung war. Das von der
Qualifizierung unabhängige Einkommen, sowie die durch die Partei geforderte
und vom Staat geförderte Vereinbarkeit von Beruf und Familie ließ gut ausgebildete ostdeutsche Frauen früher Kinder bekommen, als vergleichbare Frauen im
Westen. Nach der ‚Wende‘ sank im Osten die Geburtenrate auf weit unter 100
Kindern ab. Ihren tiefsten Punkt erreichte sie 1994 mit nur noch 77 Kindern.
Seitdem steigt sie Jahr für Jahr wieder.
Das Geburtenverhalten in den einzelnen Bundesländern unterscheidet sich heute
auf niedrigem Niveau.

Lebendgeborene je 100 Frauen im Alter von 15 bis unter 45 Jahren 1990 und 2003 nach Bundesländern					
	1990	2003		1990	2003
Niedersachsen	146	143	Sachsen	150	129
Nordrhein-Westfalen	146	140	Bremen	132	127
Schleswig-Holstein	147	139	Brandenburg	153	126
Rheinland-Pfalz	148	137	Thüringen	150	124
Baden-Württemberg	149	136	Sachsen-Anhalt	153	121
Bayern	149	135	Saarland	133	121
Hessen	135	134	Hamburg	128	118
Mecklenburg-Vorpommern	161	130	Berlin	134	116
Quelle: Statistisches Bundesamt.					

Baden-Württemberg

Der Südwesten hatte Anfang der 90er-Jahre mit 149 Kindern je 100 Frauen noch
die höchste Geburtenrate in Westdeutschland, knapp gefolgt von Bayern. Gut
10 Jahre später brachten 100 deutsche Frauen in Baden-Württemberg nur noch
127 Kinder zur Welt.
Noch drastischer änderte sich das Geburtenverhalten der ausländischen
Bevölkerung. 1974 brachten 100 ausländische Frauen 270 Kinder zur Welt.
Das waren fast doppelt so viele wie bei deutschen Frauen. 2003 brachten 100
ausländische Frauen im Alter von 15 bis unter 45 Jahren 172 Kinder zur Welt.

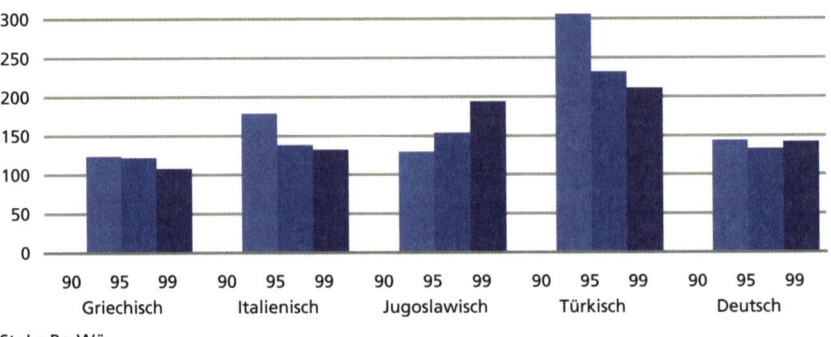

Durchschnittliche Kinderzahl von 100 Frauen im Alter von 15 bis 49 Jahren in Baden-Württemberg 1990, 1995 und 1999 nach ausgewählten Staatsangehörigkeiten der Frauen

StaLa Ba-Wü

Von Kindern, deren beide Elternteile Ausländer waren, erwarben nach neuem Recht 52 % die deutsche Staatsbürgerschaft durch Geburt im Inland. Die übrigen 48 % blieben ausländische Staatsbürger, weil ihre Eltern die im neuen Recht verankerten Voraussetzungen nicht erfüllten. Frauen und Familien mit Migrationshintergrund zeigen Differenzen im generativen Verhalten. So haben Türkinnen immer noch die höchste Geburtenhäufigkeit, aber selbst deren Geburtenrate ist von 1990 bis 1999 um rund ein Drittel gefallen. Die nied-

Jahr	Griechenland	Italien	Serbien und Montenegro	Türkei
Lebendgeborene in Baden-Württemberg seit 1970 nach Staatsangehörigkeit der Eltern, bei identischer Staatsangehörigkeit von Mutter und Vater				
1970	2.570	3.787	2.460	2.486
1980	993	3.598	2.964	7.191
1990	810	2.379	1.141	8.027
2000	739	1.625	1.830	5.744
2003	580	1.228	1.336	4.362
Zum Vergleich: Baden-Württemberger mit ausländischer Staatsangehörigkeit				
1969	73.000	178.000	.	70.000
1980	76.000	195.000	.	254.000
1990	79.000	174.000	.	294.000
2000	84.000	188.000	.	337.000
2003	82.000	182.000	.	316.000

Quellen: StaLa Ba-Wü, Bundesverwaltungsamt, Ausländerzentralregister (AZR).

rigste Geburtenhäufigkeit unter den größten Nationalitätengruppen haben die Griechinnen. Schon in den 80er-Jahren brachten sie im Durchschnitt deutlich weniger Kinder zur Welt als deutsche Frauen. Um 2000 lag die Geburtenrate der Griechinnen mit etwa 110 Kindern je 100 Frauen um fast ein Viertel unter der der deutschen Frauen.

Die Geburtenentwicklung bei der ausländischen Bevölkerung und besonders der Geburtenrückgang bei den Türkinnen dürften sich fortgesetzt haben. Bemerkenswert ist das Geburtenverhalten der Frauen aus dem ehemaligen Jugoslawien, das einem typischen Nachkriegsverhalten entspricht. Das seit 2000 geltende neue Staatsangehörigkeitsrecht erschwert eine sichere Deutung der Geburtenentwicklung in der ausländischen und deutschen Bevölkerung. Die Tabelle gibt zwar nicht das Geburtenverhalten der ausländischen Frauen wider, dennoch lassen sich aus den Geburtenzahlen die sinkende Geburtenraten erahnen.

Baden-Württembergs Raumkategorien und Gemeinden

In den verdichteten Gebieten, deren Randzonen und im ländlichen Raum gleicht sich das Geburtenverhalten zunehmend und schnell an. Eine regionale Trendumkehr ist nirgends zu erkennen.

Je 100 Frauen im gebärfähigen Alter brachten in den Raumkategorien ... Kinder zur Welt				
Raumkategorien Baden-Württembergs (Landesentwicklungsplan 2002)	1982	1990	2003	Veränderung 1982 bis 2003
Verdichtungsräume	133	138	127	-6
Randzonen um die Verdichtungsräume	157	161	140	-17
Verdichtungsbereiche im Ländlichen Raum	158	159	143	-15
Ländlicher Raum im engeren Sinne	174	167	146	-28
Quelle: StaLa Ba-Wü.				

Früher wurde gesagt: Je katholischer und je dörflicher, desto mehr Kinder. Ganz so hat das nie gestimmt. Richtig ist, dass es vor 35 Jahren noch deutliche regionale Unterschiede beim Geburtenverhalten gab. Wie folgende Tabelle zeigt, gleichen sich die Gemeindetypen an.

Lebendgeborene je 1 000 Einwohner in den
Gemeinden Baden-Württembergs seit 1970*

Gemeindetyp im Jahr 1970	1970	1980	1990	2000	2003
Gemeinden mit unter 1 000 Einwohnern	17,4	11,7	13,7	10,8	9,7
Städte mit über 100 000 Einwohnern	11,3	9,1	10,5	9,5	9,0
Überwiegend katholisch (> 60 %)	15,6	11,3	12,6	10,3	9,1
Überwiegend evangelisch (> 60 %)	14,9	11,3	12,6	10,2	9,3

*Da die zur Darstellung der Geburtenraten für 1970 benötigten Gemeindedaten nicht vorlie-
gen, wurde die für die Raumplanung übliche rohe Geburtenziffer (Lebendgeborene je 1 000
Einwohner) statt der zusammengefassten gewählt. Deshalb kann wegen möglicher unterschiedlicher Alterstrukturen in den Gemeindetypen das regionale Geburtenverhalten nur unzureichend nachgewiesen werden.

Quelle: StaLa Ba-Wü.

2.4 Menschen leben immer länger

Wann ist ein Mensch alt? Wie alt kann ein Mensch werden? In Spanien oder Griechenland ,sind Menschen alt, wenn sie nicht mehr arbeiten können', in Deutschland ,ist man so alt, wie man sich fühlt', in Schweden ist man alt, wenn ,man sich aus den Lebenskrisen zurückziehen kann'. Unser Rentensystem bestimmt, dass wir mit 65 Jahren alt sind. Mediziner definieren Altern als psychische und physische Veränderungsprozesse der Rückbildungsphase des menschlichen Organismus, die zwischen dem 50. und 65. Lebensjahr beginnen, aber auch sie sagen nicht, *wann man alt ist.*

Wie alt man werden kann, beantwortet die – statistische – Lebenserwartung. Diese dürfte künftig und überall schneller steigen als bisher angenommen, nicht zuletzt wegen weiterer medizinischer Fortschritte. Modellrechnungen der Universität Köln gehen davon aus, dass 2002 in Deutschland geborene Mädchen voraussichtlich im Schnitt 89 Jahre, 25 % sogar mindestens 94 Jahre alt werden. Andere Berechnungen kommen zu noch höheren Lebenserwartungen. So soll mehr als die Hälfte der Mädchen und ein Drittel der Jungen, die heute in Deutschland geboren werden, über 100 Jahre alt werden.[1]

So paradox es klingt: Mit Blick auf die durchschnittliche Lebenserwartung werden wir nicht nur älter, sondern auch jünger. So erscheint ein 60-Jähriger heute jünger als ein 60-Jähriger vor 50 Jahren. Ein 60-Jähriger wird sich nicht nur deshalb *jünger* wähnen, weil es immer mehr Menschen geben wird, die älter sind als er selbst ist, sondern weil er aktiver und gesünder sein wird, als es seine Großeltern vielleicht waren. Es scheint seit geraumer Zeit so, als ob die psychischen und physischen Veränderungsprozesse der Rückbildungsphase des menschlichen Organismus später beginnen.

Weltweit steigt die Lebenserwartung

Die Weltbevölkerung altert – im statistischen Durchschnitt – aus zwei demographischen Gründen:
- Es gibt immer weniger Kinder, die das Durchschnittsalter der Bevölkerung senken.
- Die Menschen werden immer älter und sie erhöhen damit das Durchschnittsalter.

Besonders die Menschen in Asien und in Lateinamerika können ein wesentlich längeres Leben erwarten als noch vor 50 Jahren. Weniger stark ist die

---

1 Universität Köln (2002): Presse-Information 110, Köln; Vaupel, James W. (2003): Warum nicht bis 75 arbeiten?, in: Frankfurter Allgemeine Sonntagszeitung, 5.10.2003.

Lebenserwartung in Nordamerika und Europa gestiegen. Allerdings war sie dort in den 50er-Jahren schon überdurchschnittlich.

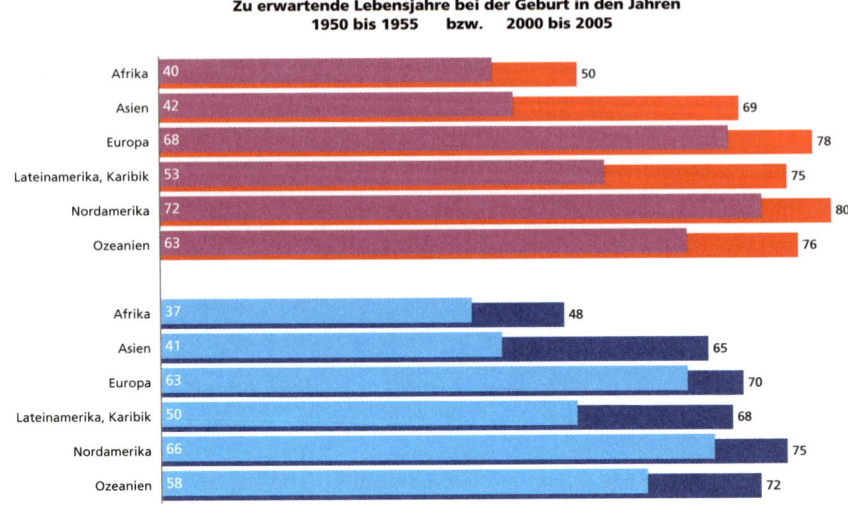

Anstieg der Lebenserwartung neu geborener Mädchen und Jungen
Zu erwartende Lebensjahre bei der Geburt in den Jahren
1950 bis 1955   bzw.   2000 bis 2005

	1950 bis 1955	2000 bis 2005
Afrika	40	50
Asien	42	69
Europa	68	78
Lateinamerika, Karibik	53	75
Nordamerika	72	80
Ozeanien	63	76
Afrika	37	48
Asien	41	65
Europa	63	70
Lateinamerika, Karibik	50	68
Nordamerika	66	75
Ozeanien	58	72

Quelle: UN 2005.

Für die Industriestaaten Europas und Nordamerikas sowie für Japan ist eine steigende Lebenserwartung nicht ungewöhnlich. Bereits seit über 160 Jahren steigt in Europa die durchschnittliche Lebenserwartung. Sie stieg, weil tödliche Infektionskrankheiten, vor allem bei Säuglingen und Kleinkindern, aber auch bei Erwachsenen, seltener geworden waren. Gründe waren vor allem günstigere Lebensbedingungen wie zum Beispiel sauberes Trinkwasser, Kläranlagen, Müllentsorgung oder ein effektiv ausgebautes Gesundheitssystem und moderne Wohnungen, außerdem eine gesündere Ernährung, aufgrund derer schwere Infektionen eher überlebt werden.

In einigen europäischen Staaten, wie etwa Schweden, steigt seit Mitte des 19. Jahrhunderts die Lebenserwartung der Frauen in jedem Jahr um drei Monate oder in 20 Jahren um durchschnittlich fünf Jahre.[2] Obige Tabelle zeigt, wie die Lebenserwartung Neugeborener und der über 60-Jährigen zwischen 1960 und 2000 in ausgewählten OECD-Staaten zunahmen.[3] Wie zu erwarten, steigt die

---

2 Oeppen, Jim; Vaupel, James W. (2002): Broken Limits to Life Expectancy, in: Science, Vol. 296, S. 1029-1031.
3 OECD (2005): The Impact of Aging on Demand, Factor Markets and Growth, Economics Working Papers No. 420, Paris.

Verlängerung der Lebenserwartung von 1960 bis 2000 in Jahren

Ausgewählte OECD-Staaten	Frauen		Männer	
	bei Geburt	im Alter von 60	bei Geburt	im Alter von 60
Belgien	7,3	5,1	6,9	3,8
Dänemark	4,9	3,0	4,1	1,8
DEUTSCHLAND	8,3	4,9	7,8	3,7
Finnland	8,5	6,1	8,7	4,8
Frankreich	9,1	5,8	8,2	4,6
Großbritannien	6,5	4,1	7,5	4,4
Japan	14,4	9,1	12,4	6,6
Mexiko	17,3	4,3	15,8	3,0
Niederlande	5,1	4,1	4,0	1,8
Österreich	9,3	5,3	10,0	5,0
Polen	7,3	2,7	4,8	0,8
Portugal	12,9	3,5	11,5	2,3
Schweiz	8,1	5,8	8,2	4,7
Schweden	7,1	5,0	6,2	3,4
Slowakei	4,7	2,2	0,8	- 0,7
Spanien	10,5	5,3	8,1	3,3
Türkei	20,1	2,6	19,5	1,7
Ungarn	5,6	2,6	1,3	- 0,3
USA	6,4	3,6	7,5	4,1

Jeweils höchster, niedrigster Wert einer Spalte.
Fernere Lebenserwartung: Die Lebenserwartung beispielsweise der 60-Jährigen.
Quelle: OECD 2005.

Lebenserwartung dort weniger stark, wo sie bereits hoch ist oder noch ungünstige wirtschaftliche Bedingungen vorliegen wie in Polen, Ungarn und der Slowakei.

Behinderungsfreie Lebenserwartung

In den meisten OECD-Staaten haben Ältere nicht nur eine längere fernere Lebenserwartung, sie leben auch länger gesünder. In einigen Staaten der OECD ist die behinderungsfreie Lebenszeit sogar stärker gestiegen als die Lebenserwartung.
Deshalb gibt es optimistische Erwartungen, dass die Lebenserwartung schneller steigen könnte als bisher angenommen. Auf das eher optimistische Bild der künftigen Lebenserwartung fallen allerdings Schatten. Zum einen steigt in einigen

Lebenserwartung und behinderungsfreie Lebenserwartung von 65-Jährigen

Länder (Berechnungszeitraum)	Frauen		Männer	
	Zunahme an ...			
	Lebens-erwartung (insgesamt)	behinderungs-frei	Lebens-erwartung	behinderungs-frei
	Anzahl der Jahre je Jahrzehnt[1]			
Australien (1981-1998)	1,1	-0,6	1,3	-0,7
Kanada (1986-1996)	0,6	0,6	1,0	0,3
Dänemark (1987-2000)	0,2	0,8	0,8	1,7
Finnland (1978-1994)	1,1	0,6	1,3	1,4
Frankreich (1981-1991)	1,6	2,1	1,5	1,2
Deutschland (1986-1995)	1,5	1,9	1,2	1,6
Japan (1975-1990)	2,1	1,6	1,6	1,6
Niederlande (1990-2000)	0,3	3,0	0,8	1,8
Schweiz (1981-1992)	1,3	2,4	0,9	0,8
Großbritannien (1981-1999)	0,8	0,7	1,2	0,6
Vereinigte Staaten (1970-90)	0,9	0,3	1,0	0,4

1) Das heißt: Im Durchschnitt sind alle 10 Jahre beispielsweise in Japan seit 1975 bei 65-jährigen Frauen die Lebenserwartung um 2,1 Jahre und die behinderungsfreie Zeit um 1,6 Jahre gestiegen.
Quelle: OECD 2005.

OECD-Staaten seit 20 Jahren die Lebenserwartung der 65-Jährigen kaum noch. Hinzu kommen steigende Gefahren durch Seuchen wie Aids oder Grippe, aber auch Probleme wie die Resistenz gegenüber Antibiotika, Umweltverschmutzung, Rauchen, Stress und Fehlernährung. Solche Gefahren und Probleme können die positive Entwicklung der künftigen Lebenserwartung bremsen oder sogar umkehren.

Deutlicher Anstieg der Lebenserwartung in Deutschland

In Deutschland hat sich die Lebenserwartung neugeborener Jungen und Mädchen innerhalb der letzten 130 Jahre mehr als verdoppelt. Die Lebenserwartung der Neugeborenen lag im Deutschen Reich 1871/81 zwischen 35 und 39 Jahren und liegt heute für Jungen bei 76 Jahren und für Mädchen bei 81 Jahren.[4]

---

4 Eisenmenger, Matthias (2005): Sterbetafel 2001/2003, in: Wirtschaft und Statistik, S. 463-478.

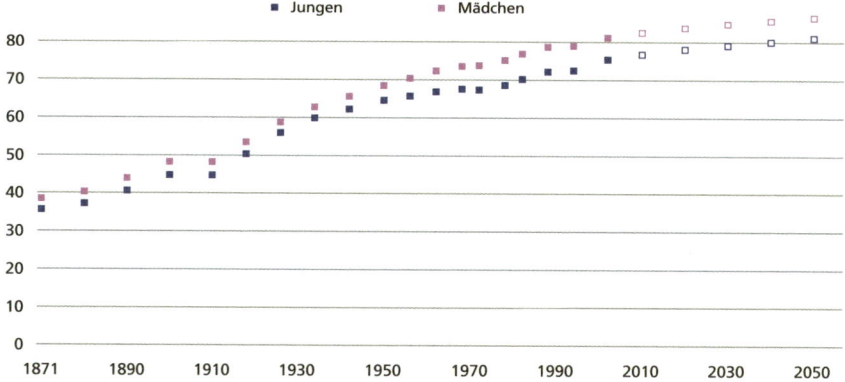

Ein im Jahre ... in Deutschland geborenes Kind konnte ein Lebensalter von ... Jahren erwarten oder wird es erwarten können*

■ Jungen   ■ Mädchen

* 1871/1881 bis 1932/1934: Deutsches Reich; 1949/1951 bis 1986/1988: früheres Bundesgebiet; ab 1991/1993: Deutschland, ab 2010 10. koordinierten Bevölkerungsvorausberechnung.
StaLa Ba-Wü

Für die ‚fernere Lebenserwartung' im Alter von 60 Jahren gilt: Um 1900 lebte ein 60-jähriger Mann noch durchschnittlich 13 Jahre. Heute sind es 20 Jahre und künftig wohl über 22 Jahre. Bei den Frauen werden es sogar über 26 Jahre sein. Die durchschnittliche Lebenserwartung ist vor allem durch den Rückgang der Säuglingssterblichkeit gestiegen. Allein seit 1950 ist diese von 56 auf 4 je 1 000 Geburten gesunken (-94%). Sie ist mittlerweile so niedrig, dass sie kaum noch gesenkt werden kann.

Entwicklung der ferneren Lebenserwartung von Menschen im Alter von 60 Jahren in Deutschland von 1900 bis 2050 Bereits 60-Jährige wurden im Durchschnitt ... Jahre alt

■ Männer   ■ Frauen

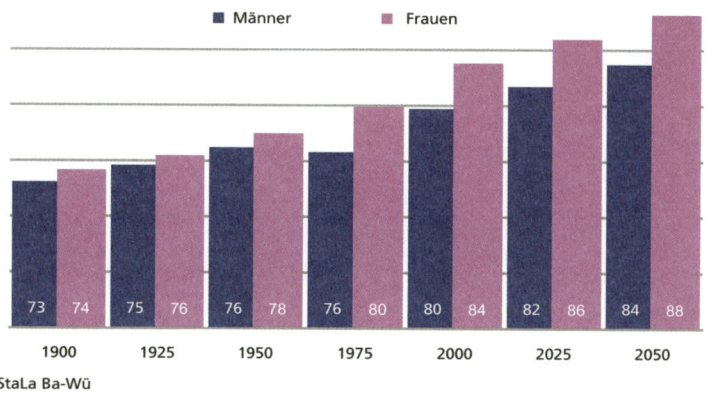

StaLa Ba-Wü

Die Alterssterblichkeit ist dagegen im selben Zeitraum weniger stark gefallen. Die durchschnittliche Lebenserwartung kann nur noch steigen, wenn sich auch das Leben der älteren Menschen verlängert.

In den Bundesländern: Geringe Unterschiede auf hohem Niveau

In den Bundesländern gibt es für die Mädchen keine bemerkenswerten Unterschiede bei der Lebenserwartung. Sie liegt zwischen 80,1 Jahren im Saarland sowie Sachsen-Anhalt und 81,9 Jahren in Baden-Württemberg. Etwas größer sind die Differenzen für die Jungen. Sie streuen zwischen 73,2 Jahren in Sachsen-Anhalt und 76,3 Jahren in Baden-Württemberg.

Lebenserwartung neugeborener Mädchen und Jungen 1999/2001 in Jahren					
	Mädchen	Jungen		Mädchen	Jungen
Baden-Württemberg	81,9	76,3	Niedersachsen	81,1	75,1
Bayern	81,4	75,6	Nordrhein-Westfalen	80,8	75,0
Berlin	80,7	74,7	Rheinland-Pfalz	81,0	75,2
Brandenburg	80,5	73,7	Saarland	80,1	73,9
Bremen	80,8	74,3	Sachsen	81,2	74,6
Hamburg	81,1	75,3	Sachsen-Anhalt	80,1	73,2
Hessen	81,3	75,8	Schleswig-Holstein	81,0	75,2
Mecklenburg-Vorp.	80,2	72,6	Thüringen	80,5	74,0

Quelle: Statistisches Bundesamt.

2.5 Familienplanung und Kinderwünsche

Mehr Geburten führen zu mehr Bevölkerung und zu einer jungen Bevölkerung mit vielen Kindern und wenig alten Menschen.[1] Aber wie wahrscheinlich ist eine Zunahme der Geburten in Deutschland?

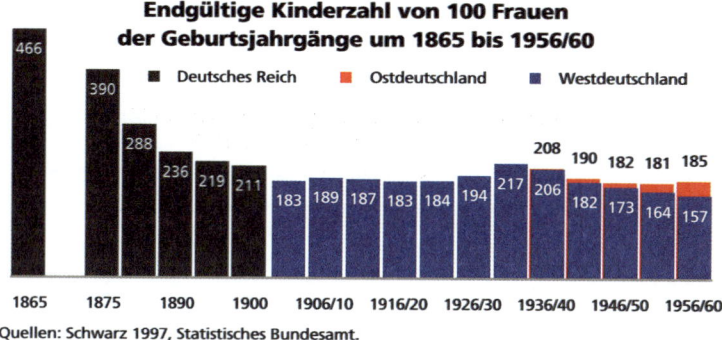

Endgültige Kinderzahl von 100 Frauen der Geburtsjahrgänge um 1865 bis 1956/60

■ Deutsches Reich　■ Ostdeutschland　■ Westdeutschland

Quellen: Schwarz 1997, Statistisches Bundesamt.

Nur wenige Male, und dann meist nur für kurze Zeit, haben in Deutschland im 20. Jahrhundert 100 Frauen im Laufe ihres Lebens über 210 Kinder zur Welt gebracht, also jene Kinderzahl, bei der eine Generation durch die nächstfolgende rechnerisch ersetzt wird. Vor allem waren es die Frauen der Geburtsjahrgänge um 1930 bis 1935, die ihre Kinder in den 50er- und 60er-Jahren gebaren. Letztlich war der so genannte zweite demographische Übergang in den 60er-Jahren nur ein Fortsetzen der Entwicklung vom ersten Ende des 19. Jahrhunderts. Außerdem verschleiern die Durchschnittszahlen regionale, schichtspezifische oder konfessionelle Unterschiede. Geht man weiter in die Geschichte zurück, stellt man fest, dass die Geburtenkontrolle und das Vermeiden kinderreicher Familien schon im 17. Jahrhundert üblich gewesen sind. Die Pioniere der Geburtenkontrolle waren damals der Adel und das vermögende Bürgertum.[2] In Europa bestand damit sehr früh eine Verbindung von Stadt, Wohlstand, Bildungsniveau und Geburtenkontrolle – in Frankreich früher als in Deutschland. Mancherorts und in manchen Schichten dominierte schon vor einem Jahrhundert die Zwei-Kind-Familie. In Paris lag 1911 die Kinderzahl pro Ehe bei 1,7. Im deutschen Kaiserreich hatten die zwischen 1900 und 1914 geschlossenen Ehen von höheren Beamten, Lehrern oder freiberuflich Tätigen im Schnitt 2,1 Kinder. Die Familien der städtischen deut-

---

1 Bomsdorf, Eckart; Babel, Bernhard (2005): Wie viel Fertilität und Migration braucht Deutschland?, in: Wirtschaftsdienst, 6, S. 387–394.

2 Gestrich, Andreas; Krause, Jens-Uwe; Mitterauer, Michael (2003): Geschichte der Familie, Stuttgart.

schen Arbeiterschaft kamen 1939 noch auf durchschnittlich 4,4 Kinder, Familien von Landarbeitern sogar auf 6,1. Mit anderen Worten: Die Entwicklung ist nicht neu, sie reicht bis weit in das 17. Jahrhundert zurück. Auch künftig dürfte die Zahl der Geburten nicht nennenswert steigen. Dafür spricht eine veränderte Haltung junger Menschen gegenüber eigenen Kindern und Elternschaft. Bislang ging man in Deutschland davon aus, dass die gewünschte Kinderzahl deutlich höher sei als die tatsächlich verwirklichte. Nach neuesten Untersuchungen muss dieses Bild punktuell korrigiert werden.[3]

Kinderwunsch von 20- bis 39-jährigen Frauen und Männern in West- und Ostdeutschland 2003				
	Westdeutschland		Ostdeutschland	
Anzahl der gewünschten Kinder	Frauen	Männer	Frauen	Männer
	in %			
keine	17	27	6	21
ein Kind	14	13	29	24
zwei Kinder	54	40	51	45
drei Kinder	12	16	12	8
vier und mehr Kinder	4	3	3	2
Durchschnittliche Kinderzahl	1,7	1,6	1,8	1,5

Quelle: Dorbritz, Lengerer, Ruckdeschel 2005.

Einerseits wünscht sich in Deutschland die große Mehrheit der 20- bis 39-Jährigen eine Familie mit Kindern. Andererseits wollen sie selten mehr als zwei Kinder. Auffallend ist, dass sich nur wenige Frauen in Ostdeutschland ein Leben ohne Kinder wünschen, im Westen ist es etwa jede sechste. Deutschland liegt bei der gewünschten Kinderzahl an der viertletzten Stelle der EU25-Länder. Nur in Österreich, Italien und Litauen haben Frauen geringere Kinderwünsche. In den anderen Ländern wollen die Frauen im Mittel zwei und mehr Kinder, selbst in Ländern mit niedrigen Geburtenraten wie Spanien und Griechenland.
In Deutschland haben sich in den letzten drei Jahrzehnten Kinderwunsch und reale Geburtenrate angenähert. Seit Mitte der 70er-Jahre sinken in Deutschland die Geburtenraten nicht mehr, Anzeichen für eine Steigerung gibt es aber auch nicht. Daher unterstellt die amtliche Statistik bis 2050 eine konstante Rate von 140 Kindern je 100 Frauen.

---

3 Dorbritz, Jürgen; Lengerer, Andrea; Ruckdeschel, Kerstin (2005): Einstellungen zu demographischen Trends und zu bevölkerungsrelevanten Politiken, Wiesbaden und Goldstein; Joshua; Lutz, Wolfgang; Testa, Maria Rita (2003): The Emergence of Subreplacement Family Size Ideals in Europe, in: Population Research and Policy Review, 22, S. 479–496.

Gleichwohl zeigt sich ein – wahrscheinlich trügerischer – Silberstreifen am Horizont. Es ist die Rede vom absehbaren Ende des Geburtenrückganges, ja sogar von einem leichten Anstieg der Geburtenrate in den meisten entwickelten Staaten, auch in Deutschland.[4] Demnach könnte sich in Deutschland die Geburtenrate auf 150 bis 160 Kinder je 100 Frauen erhöhen. Das heißt aber nicht, dass sich die endgültige Kinderzahl der Frauen tatsächlich erhöhen wird. Denn seit nun gut 30 Jahren unterschätzt die oben verwendete *Geburtenrate eines Kalenderjahres* die *endgültige Kinderzahl eines Frauengeburtsjahrganges*.[5]

Einen anderen Hoffnungsschimmer geben die höheren, zum Teil steigenden Geburtenraten der skandinavischen Staaten. In diesen Staaten sind Partnerschaft und Elternschaft eine besser lebbare Option für Männer und Frauen. Gelebte Gleichberechtigung in Bildung und Beruf und in der Familie verringert das Risiko zerbrechender Beziehungen und erhöht vielleicht die Bereitschaft zu eigenen Kindern.

Deutschland könnte sich bei den Kinderzahlen wieder in das europäische Mittelfeld einordnen, wenn es der Politik ähnlich wie den Skandinaviern gelänge, auf die verschiedenen Präferenzen der künftigen Eltern Antworten zu finden.[6] Unter den derzeitigen Bedingungen in Deutschland würden jedoch beispielsweise ein Modell der Vollerwerbstätigkeit der Frauen und die Angleichung ihrer Erwerbsbiographie an die männlichen Erwerbsmuster zu einem weiteren Rückgang der Kinderzahlen unter 100 Kindern je 100 Frauen führen.

---

4 Bongaarts, John (2002): The End of the Fertility Transition in the Developed World, in: Population and Development Review, 28, S. 419-443.

5 Dieser scheinbare Widerspruch beruht darauf, dass künftige Mütter die Geburt ihrer Kinder wohl nicht mehr wesentlich in ein höheres Lebensalter verschieben können, siehe in Kapitel 2.3 (Tempo- und Quantumeffekt).

6 Bertram, Hans; Rösler, Wiebke; Ehlert, Nancy (2005): Nachhaltige Familienpolitik, hrsg. vom Bundesministerium für Familie, Senioren, Frauen und Jugend, Berlin.

2.6 Zwei Seiten der Zuwanderung

Neben der Anzahl der Geburten und der Sterbefälle bestimmen Wanderungen die Zahl und die Altersstruktur einer Bevölkerung innerhalb eines Territoriums. Eine Momentaufnahme aus dem Jahr 2002 zeigt, dass derzeit neben Deutschland vor allem die südlichen Länder der EU eine höhere Zuwanderung aufweisen.[1]

Wanderungssaldo der EU25-Länder 2002

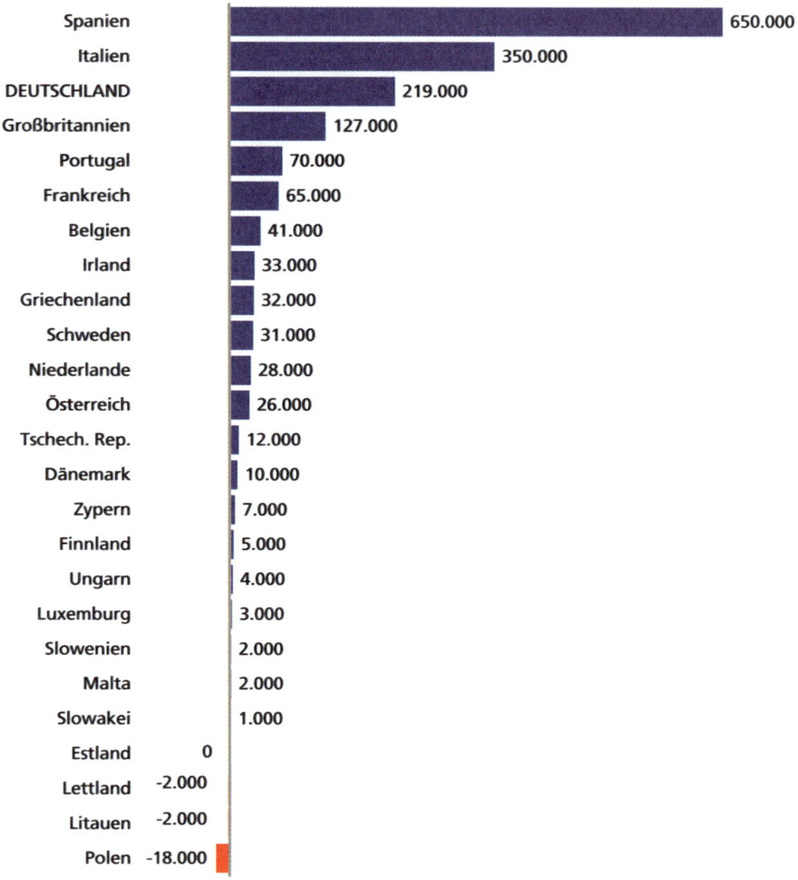

Spanien	650.000
Italien	350.000
DEUTSCHLAND	219.000
Großbritannien	127.000
Portugal	70.000
Frankreich	65.000
Belgien	41.000
Irland	33.000
Griechenland	32.000
Schweden	31.000
Niederlande	28.000
Österreich	26.000
Tschech. Rep.	12.000
Dänemark	10.000
Zypern	7.000
Finnland	5.000
Ungarn	4.000
Luxemburg	3.000
Slowenien	2.000
Malta	2.000
Slowakei	1.000
Estland	0
Lettland	-2.000
Litauen	-2.000
Polen	-18.000

Quelle: Datenbank New Cronos, Eurostat.

1 In einigen Ländern, so z.B. in Italien, werden die Daten durch Legalisierungsgesetze beeinflusst, d.h. illegal Eingereiste werden teilweise nach Jahren legalisiert und erst im Jahr der Legalisierung als Zuwanderer gezählt.

Deutschlands Attraktivität für Migranten gesunken

Kann eine stärkere Zuwanderung den Rückgang und die Alterung der Bevölkerung aufhalten? Bei der Antwort darauf hilft zunächst ein Blick in die
Vergangenheit. Das Schaubild beschreibt die starken ökonomisch und politisch
beeinflussten Schwankungen der Wanderung in oder aus den alten Bundesländern.
Es gibt Jahre, in denen mehr Menschen fortgezogen als zugezogen sind. So
geschehen etwa Mitte der 60er-, der 70er- und der 80er-Jahre infolge des
Anwerbestopps für ‚Gastarbeiter‘ und des Rückkehrhilfegesetzes. Am höchsten
ist der Zuwanderungsgewinn an ausländischen und deutschen Menschen Ende
der 80er-Jahre und Anfang der 90er-Jahre mit bis zu 788 000. Von da an schmilzt
der Wanderungsgewinn der ‚alten Länder‘ deutlich.

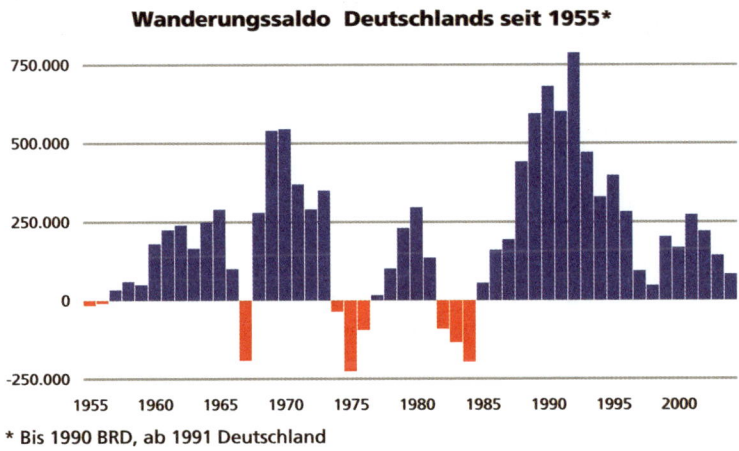

Wanderungssaldo Deutschlands seit 1955*

* Bis 1990 BRD, ab 1991 Deutschland
StaLa Ba-Wü

Die Zuwanderung nach Deutschland hatte verschiedene Ursachen:
– In den 60er- und 70er-Jahren war sie überwiegend vom Arbeitskräftemangel
  bestimmt und die Schwankungen waren meist konjunkturbedingt. Derartige
  Abhängigkeiten sind seitdem in Bestandszahlen der ausländischen Bevölkerung
  kaum noch auszumachen. Viele der Ausländer beabsichtigen in Deutschland
  zu bleiben – leben doch etliche von ihnen bereits in der zweiten und dritten
  Generation im Land.
– Im letzten Quartal des vergangenen Jahrhunderts haben Zuzüge aus Krisen-
  und Kriegsgebieten die Wanderung bestimmt.
– In den 90er-Jahren des letzten Jahrhunderts ist es durch die damalige Bundesregierung hunderttausenden deutschstämmigen Bürgern aus Polen, Rumänien

und der ehemaligen Sowjetunion ermöglicht worden, nach Deutschland zu kommen.[2]

Nach Deutschland zugezogene Aussiedler seit 1980*

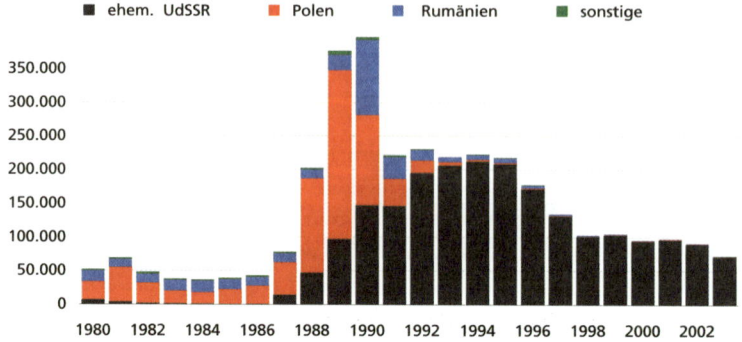

* Bis 1990 BRD, ab 1991 Deutschland
Quelle: Bundesministerium für Gesundheit und Sozialordnung 2005.

Welche Tendenzen lassen sich aus diesem schwankungsfreudigen Wanderungs-verlauf mit seinen heterogenen Ursachen für die künftige Bevölkerungszahl und Altersstruktur erkennen?

– Der Wanderungssaldo ist meistens positiv gewesen. Im Durchschnitt sind seit 1954 pro Jahr knapp 125 000 Personen mehr nach Deutschland gekommen als aus Deutschland weggezogen sind. Drei von vier sind ausländischer Herkunft. Zunächst sind sie aus Italien eingewandert, dann aus Spanien, Portugal, Griechenland oder dem ehemaligen Jugoslawien und schließlich aus der Türkei. Mit anderen Worten: In den letzten Jahrzehnten ist in Deutschland die Bevölkerungszahl vor allem durch die Zuwanderung aus dem Ausland gestiegen.

– Ausländische Zuwanderer sind im Schnitt jünger als die Fortziehenden. Daraus ergibt sich ein stetiger Verjüngungseffekt für die verbleibende ausländische Bevölkerung. Die Zuwanderung hat das demographische Altern der Gesamt-bevölkerung verlangsamt.

Aber wie wahrscheinlich ist eine Zuwanderung, die künftig den Rückgang der Bevölkerung aufhält? Das Statistische Bundesamt geht in der mittleren Variante der Bevölkerungsvorausrechnungen von weiteren Wanderungsgewinnen aus, und zwar für Deutschland von jährlich rund 200 000 Menschen. Dadurch würde die Bevölkerung in den nächsten Jahren zwar noch auf über 83 Millionen

---

2 Bundesministerium für Gesundheit und Sozialordnung (2005): Lebenslagen in Deutschland, Der 2. Armuts- und Reichtumsbericht der Bundesregierung, Anhänge, Berlin, S. 153.

steigen. Aber auch dieser Wanderungsgewinn reichte auf Dauer nicht aus, um das stärker steigende Geburtendefizit auszugleichen. Denn in den nächsten Jahrzehnten sterben immer mehr Menschen als geboren werden. So dürfte um 2015 die Bevölkerungszahl wieder sinken. Selbst diese Annahme über den künftigen Wanderungsgewinn scheint schon heute mehr als fragwürdig. So ist die Bevölkerungszahl 2003 und 2004 bereits leicht gesunken, weil der Zuwanderungsgewinn schwächer ausgefallen ist und damit das Geburtendefizit nicht mehr ausgleichen konnte.

Wie viele Menschen künftig nach Deutschland zuwandern, hängt von folgenden Entwicklungen und Rahmenbedingungen ab:

- Nachfrage nach ausländischen Arbeitskräften
  Nach wie vor besteht ein demographisches und ökonomisches Gefälle zwischen Deutschland und vielen Herkunftsländern. Dort gibt es ein Wanderungspotenzial, hier ein schrumpfendes Erwerbstätigenpotenzial. Der deutsche Arbeitsmarkt ist für hoch qualifizierte Arbeitskräfte wenig attraktiv, wie der mäßige Erfolg der Green Card belegt. Ob sich in Zukunft im Osten der EU Arbeitskräfte anwerben lassen, wird umso fraglicher, je höher dort das Lohnniveau steigt. Zudem haben die östlichen Länder der EU teilweise stark abnehmende Geburtenraten, was bald auch dort zu einem Arbeitskräftemangel führen dürfte.

- Verlagerung von Arbeitsplätzen in Niedriglohnländer
  Ob es sich um tatsächliche Produktionsverlagerungen oder um kostengünstige Importe aus den Niedriglohnländern handelt, ist zweitrangig. In jedem Fall sinkt das benötigte Arbeitskräftepotenzial in Deutschland und die Notwendigkeit, Arbeitskräfte aus dem Ausland anzuwerben.

- Flüchtlings- und Asylbewerberwellen wegen politischer Krisen
  Durch das Schengener Abkommen ist der direkte Zugang zu Deutschland von Osten her auf legalem Wege kaum noch möglich. Die südlichen EU-Länder sind bestrebt, die Zuwanderung aus afrikanischen und südostasiatischen Staaten zu unterbinden. Zudem scheint die Bereitschaft zur Aufnahme von Asylsuchenden und Kriegsflüchtlingen stark zu sinken. So wurden in Deutschland im Januar 2005 ganze 36 Personen als Asylberechtigte anerkannt, 1994 waren es 25 578.

- Zuwanderung aus den neuen EU-Ländern Zentraleuropas ab 2011 im Zuge vollständiger Freizügigkeit für Arbeitskräfte
  Die absolute Zahl arbeitsloser und genügend qualifizierter Beschäftigter nimmt in Osteuropa teilweise kräftig ab. In einigen der neuen EU-Länder herrscht bald Vollbeschäftigung. Eine von den Zahlen her bedeutende Unterbeschäftigung gibt es derzeit nur noch in einigen Randgebieten Polens und der Slowakei.

- Anhaltend geringe Löhne in den neuen EU-Ländern
  Auch davon ist nur bedingt auszugehen. In einigen der östlichen EU-Regionen gab es schon Lohnsteigerungen von bis zu 40 %.

Hält höhere Zuwanderung die Entwicklungen auf?

Die jüngere Entwicklung und die politischen wie ökonomischen Bedingungen lassen vermuten, dass nach Deutschland in Zukunft weniger Menschen einwandern, als die amtliche Statistik dies ihrer mittleren Variante zugrunde legte. Trotzdem soll der Frage nachgegangen werden: Wie stark kann in Deutschland ein Wanderungsgewinn von zum Beispiel 300 000 statt 200 000 Personen pro Jahr den Rückgang und die Alterung der Bevölkerung aufhalten?

Selbst bei einer solchen, aus heutiger Sicht unrealistischen Zuwanderung ginge die Bevölkerungszahl bis 2050 zurück. Allerdings gäbe es zunächst einen höheren und längeren Anstieg der Bevölkerungszahl, und zwar bis 2020 auf fast 84 Millionen und dann einen späteren und nicht so starken Rückgang bis 2050 auf 80 Millionen.

Die eine Seite der Medaille ist: Mehr Zuwanderer können den Bevölkerungsrückgang und das demographische Altern mildern. Die andere Seite der Medaille ist: Mehr Zuwanderer können nur unter unvorstellbaren Bedingungen und mit unkalkulierbaren Folgen den Bevölkerungsrückgang und das demographische Altern aufhalten. Verschiedene demographische Gründe sind dafür ausschlaggebend.

Um das demographische Altern der hiesigen Bevölkerung aufzuhalten, müsste sich der Zuwanderungssaldo überwiegend aus jungen Frauen zusammensetzen, die ein Geburtenverhalten haben, das deutlich über dem Bestandserhaltungsniveau von 210 Kindern je 100 Frauen liegt. Sobald diese Frauen ihr generatives Verhalten an hiesige Verhältnisse anpassen, was aufgrund bisheriger Erfahrungen wahrscheinlich ist, müsste die Zuwanderung noch stärker zunehmen. Eine Altersstruktur in Deutschland, die der heutigen ähnelt, setzte zudem neben variierenden Einwanderungskontingenten für die nächsten Jahrzehnte eine Auswanderung älterer Menschen voraus. Geschähe dies nicht, dann träte das ein, was die Vereinten Nationen für Deutschland berechnet haben: Wollte man ein demographisches Altern vermeiden, müssten dann Jahr für Jahr 3,4 Mill. Menschen nach Deutschland zuwandern.[3] Bis 2050 wären dies fast 175 Millionen, das Doppelte der heutigen Bevölkerung. In Deutschland lebten dann etwa 250 Mill. Menschen. Übrigens: Da die meisten EU-Länder eine ähnliche demographische Situation wie Deutschland haben, müssten auch dort hunderte Millionen Menschen von außerhalb der EU zuwandern. Um die Unmöglichkeit zu verdeutlichen: Die Russische Föderation hat 144 Mill. und alle Staaten Afrikas zusammen etwa 900 Mill. Einwohner.

---

3 United Nations (2000): Replacement Migration: Is it a Solution to Declining and Ageing Populations? New York.

Baden-Württemberg – Wanderungsströme verlagern sich

Auch das Statistische Landesamt Baden-Württemberg geht in seiner mittleren Variante von Wanderungsgewinnen von jährlich 38 000 Menschen aus. Danach würde die Bevölkerungszahl noch bis etwa 2030 steigen, um dann auf den derzeit aktuellen Stand zu sinken.[4]

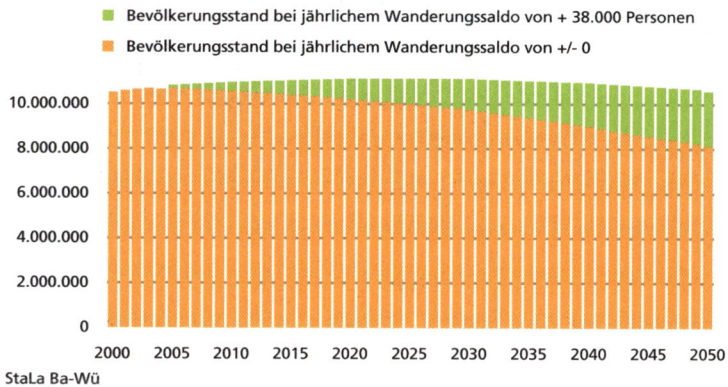

Diese Annahme scheint fragwürdig zu sein. Baden-Württemberg kann derzeit noch für Zuwanderer attraktiv sein. Die vergleichsweise günstige Arbeitsmarktsituation sowie ein ausreichendes und umfassendes Bildungsangebot haben auch in den letzten Jahren insbesondere bei den Jüngeren zu Wanderungsgewinnen geführt.

Wanderungsgewinne erzielte das Land zu Lasten anderer Bundesländer. Wanderungsverluste haben sich durch den Wegzug Älterer ins Ausland ergeben, die allerdings durch den Zuzug von 18- bis 30-Jährigen aus dem Ausland mehr als kompensiert worden sind. Das scheint nicht auf Dauer zu gelten, wie die Wanderungsergebnisse von Baden-Württembergs seit 1970 offen legen.

Seit dem Fall der Mauer und der Öffnung des Eisernen Vorhanges hat Baden-Württemberg über 1 Mill. Einwohner hinzu gewonnen; 0,6 Mill. waren es innerhalb der Jahre 1989 bis einschließlich 2002. Dass es sich vor allem um Zuzüge

---

4 Cornelius, Ivar (2003): Zur Bevölkerungsentwicklung in Baden-Württemberg bis zum Jahr 2050, in: Statistisches Monatsheft Baden-Württemberg, Heft 12, S. 3–10.

Wanderungen zwischen Baden-Württemberg, den Bundesländern und dem Ausland nach Altersgruppen der Zu- oder Fortziehenden 2003

Indikator	zusammen	unter 18	18 - u. 30	30 - u. 50	50 - u. 65	65 u. ä.
Insgesamt						
Saldo (absolut)	31.213	6.555	22.019	3.806	- 298	- 869
Volumen (Fälle)	479.165	59.245	199.251	165.286	36.018	19.365
Effekt (%)	7	11	11	2	- 1	- 4
Stadtstaaten						
Saldo (absolut)	535	493	- 763	788	55	- 38
Volumen (Fälle)	18.467	2.037	8.489	6.344	1.011	586
Effekt (%)	3	24	- 9	12	5	- 6
Flächenländer der ehemaligen Bundesrepublik						
Saldo (absolut)	12.333	2.424	4.740	3.493	1.067	609
Volumen (Fälle)	178.265	25.812	71.024	60.735	11.823	8.871
Effekt (%)	7	9	7	6	9	7
Neue Länder						
Saldo (absolut)	14.058	2.151	7.385	3.770	568	184
Volumen (Fälle)	38.694	5.403	19.883	9.872	2.290	1.246
Effekt (%)	36	40	37	38	25	15
Ausland						
Saldo (absolut)	4.287	1.487	10.657	- 4.245	- 1.988	- 1.624
Volumen (Fälle)	243.739	25.993	99.855	88.335	20.894	8.662
Effekt (%)	2	6	11	- 5	- 10	- 19

Volumen: Summe aus Zu- und Fortzügen;
Saldo: Differenz aus Zu- und Fortzügen;
Effekt: Saldo in % des Volumens.
Der Effekt sagt, wie viel von 100 Wandernden im Land verblieben.
Sehr hohe positive Effekte, hohe positive Effekte hohe negative Effekte
Quelle: StaLa Ba-Wü.

aus den neuen Bundesländern handelt, kann nicht bestätigt werden. Der überwiegende Teil der positiven Wanderungssalden gründet auf Zuzügen von außerhalb Deutschlands. Zusätzlich hat sich eine Verlagerung der Herkunftsgebiete ergeben, wie umseitige die Tabelle belegt.

Seit einigen Jahren stammen die meisten Zuwanderer nach Baden-Württembergs aus den osteuropäischen Staaten sowie der Türkei, China und Indien. Zuwanderer aus der Ukraine und aus Russland verbleiben per Saldo am ehesten im Land. Ganz anders verhält es sich mit den ehemaligen Herkunftsgebieten aus dem mediterranen Südeuropa. Deren Wanderungseffekte sind auffallend negativ, das heißt, es gehen mehr als kommen. (Siehe umseitige Tabelle).

Wanderungsgewinne und -verluste Baden-Württembergs gegenüber anderen Bundesländern und gegenüber dem Ausland seit 1970

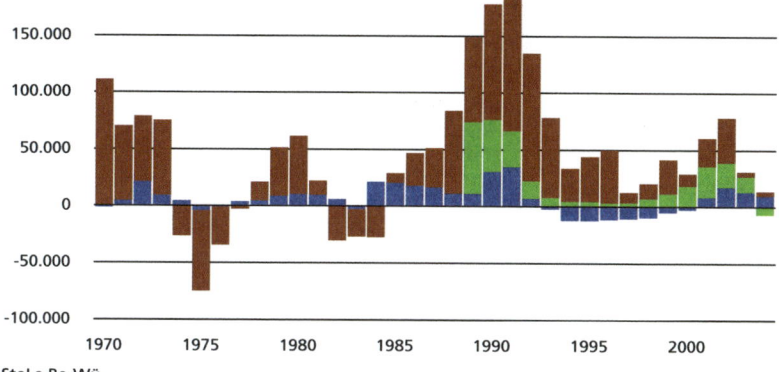

- ■ Wanderungssaldo gegenüber dem Ausland
- ■ Wanderungssaldo gegenüber den neuen Ländern
- ■ Wanderungssaldo gegenüber den alten Ländern

StaLa Ba-Wü

Setzte sich die jüngere Wanderungsentwicklung fort, dann fiele der Wanderungssaldo erheblich unter 38 000. Das hieße, dass Baden-Württemberg nicht erst nach 2030 mit Bevölkerungsverlusten rechnen müsste, sondern schon in den kommenden Jahren – und zwar mit kräftigen, da die natürliche Bevölkerungsentwicklung keinen positiven Beitrag zur Bevölkerungsentwicklung liefern kann.

Wanderungen zwischen Baden-Württemberg und dem Ausland 2002
über 3.000 Wanderungsfälle (Zuzüge plus Fortzüge) und Wanderungseffekt größer 20 %

Herkunft bzw. Ziel	Zuzüge	Fortzüge	Saldo	Volumen	Effekt
Insgesamt	135.700	118.900	16.800	254.600	7
Ukraine	3.000	1.200	1.800	4.200	43
Russische Föderation	5.200	2.800	2.400	8.000	30
China	2.900	1.800	1.100	4.700	24
Indien	1.900	1.200	700	3.000	24
Türkei	11.400	7.300	4.100	18.700	22
Bulgarien	2.100	1.500	600	3.600	18
Rumänien	7.000	5.200	1.700	12.200	14

Volumen: Summe aus Zu- und Fortzügen; Saldo: Differenz aus Zu- und Fortzügen;
Effekt: Saldo in % vom Volumen,
der Effekt sagt, wie viele von 100 Wandernden im Land bleiben.
Quelle: StaLa Ba-Wü.

Anders verhalten sich die Wanderer aus den eher klassischen Herkunftsländern wie Italien oder Griechenland. Es ziehen mehr in ihre Heimatländer zurück als von dort kommen.

Wanderungen zwischen Baden-Württemberg und dem Ausland 2002
über 3.000 Wanderungsfälle (Zuzüge plus Fortzüge) und Wanderungseffekt kleiner - 10 %

Herkunft bzw. Ziel	Zuzüge	Fortzüge	Saldo	Volumen	Effekt
Portugal	1.700	2.100	- 400	3.800	-10
Serbien u. Montenegro	6.000	7.500	- 1.400	13.500	-11
Griechenland	3.200	4.100	- 900	7.300	-12
Italien	6.500	9.300	- 2.800	15.800	-18
Schweiz	3.200	5.100	- 2.000	8.300	-24

Volumen: Summe aus Zu- und Fortzügen; Saldo: Differenz aus Zu- und Fortzügen;
Effekt: Saldo in % des Volumens,
der negative Effekt sagt, wie viele von 100 Wandernden *nicht* im Land bleiben.
Quelle: StaLa Ba-Wü.

Unbestritten ist der durch die Migration bedingte Verjüngungseffekt. Die Wanderungspyramide für 2003 kann für die letzten Jahrzehnte als repräsentativ gelten. Am häufigsten wandern Männer wie Frauen in der Phase der Berufsausbildung und der frühen Erwerbsphase. Damit sind die Zuwanderer im Mittel jünger als die aufnehmende Bevölkerung. Außerdem sind die zuwandernden Frauen jünger als die zuwandernden Männer. Mit zunehmender beruflicher und familiärer Bindung nimmt die Wanderungsbereitschaft stetig ab.

Wie sich die Zu- oder Abwanderung nach Deutschland und innerhalb seiner Regionen in den nächsten Jahren entwickeln wird, hängt, wenn keine kriegerischen Ereignisse oder Vertreibungen stattfinden, im Wesentlichen von der Arbeitsmarkt- und Einkommensentwicklung ab. Bei einer weiteren Nivellierung der Einkommen und der Erwerbsmöglichkeiten in der EU wird der Wanderungsanreiz allerdings deutlich sinken.

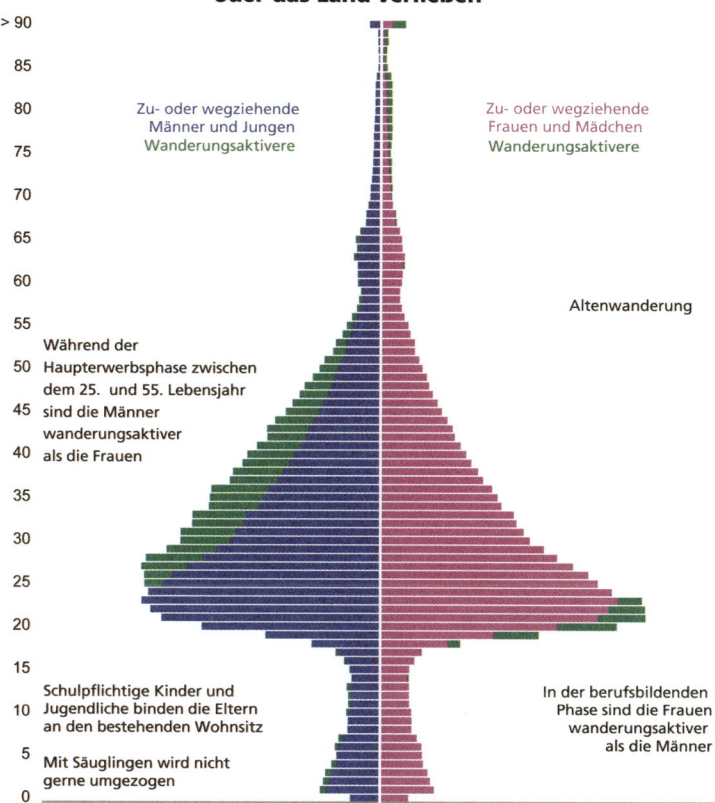

Alterspyramide der 0,5 Mill. Frauen und Männer und Kinder, die im Jahr 2003 nach Baden-Württemberg zuzogen oder das Land verließen

Zu- oder wegziehende
Männer und Jungen
Wanderungsaktivere

Zu- oder wegziehende
Frauen und Mädchen
Wanderungsaktivere

Altenwanderung

Während der
Haupterwerbsphase zwischen
dem 25. und 55. Lebensjahr
sind die Männer
wanderungsaktiver
als die Frauen

Schulpflichtige Kinder und
Jugendliche binden die Eltern
an den bestehenden Wohnsitz

In der berufsbildenden
Phase sind die Frauen
wanderungsaktiver
als die Männer

Mit Säuglingen wird nicht
gerne umgezogen

StaLa Ba-Wü

63

2.7 ‚Gesunde‘ und ‚kranke‘ Alterspyramiden

‚Gesunde‘ Alterspyramiden sind scheinbar langweilige, mehr oder weniger symmetrische Dreiecke. In Wirklichkeit spiegeln sie eher eine kranke Bevölkerung wider, in der Menschen dauerhaft vorzeitig sterben, wie später gezeigt wird.

In den angeblich ‚kranken‘ Alterspyramiden erkennt man die Geschichte und den gesellschaftlichen Wandel. Diese Pyramiden sind weder krank noch gesund, sie sind nur deutlicher, denn vieles schlägt sich im Bild der Pyramiden nieder. Sie werden schmaler, wenn *alle* Altersgruppen eines Gebiets von einem Unglück betroffen werden. Sie fransen aus, wenn nur bestimmte Jahrgänge in Kriegen sterben oder auswandern. Sie beulen aus, wenn erst die Männer in ein Gebiet zuziehen und später ihre Frauen und Kinder nachholen. Sie verengen sich zu Wespentaillen, wenn Menschen in Kriegen oder Krisenzeiten nicht mehr wissen, was die nähere Zukunft bringen wird. Sie verjüngen sich, wenn die Geburtenzahlen stetig und über einen längeren Zeitraum abnehmen und sie werden dickbäuchiger, wenn der Trend der Geburten sich wieder umkehrt.

Auf den ersten Blick haben solche deformierten Pyramiden etwas Fatalistisches an sich, sie bilden nur die Vergangenheit ab. Dass dem nicht so ist oder nicht so sein muss, wird in diesem Buch an vielen Stellen sichtbar. Denn Alterspyramiden haben einen großen Vorteil: Sie erlauben ziemlich sicher zu zeigen, ‚was geschieht, wenn nichts geschieht‘. Wenn der Mensch erkennt, wohin die Reise geht, kann er vielleicht vom Zug abspringen, wenn ihm das Ziel nicht passt, dadurch wird er den Zug aber nicht aufhalten. Der Mensch kann auch steuern, er kann bremsen und beschleunigen. Das eine Land kann um Menschen werben, das andere die Grenzen schließen, den Zuzug kontrollieren oder den Fortzug unterbinden. Familien können gefördert werden oder nicht, in Bildung kann investiert werden oder nicht.

Und für alles, was die Bevölkerung vermehrt oder in Bewegung hält, gab und gibt es treffende und weniger treffende Bezeichnungen: Für die Wanderung z.B. Völkerwanderung, Flüchtlingstreck, Vertreibung, Boat People; für die Behinderung der Wanderung: z.B. Grenzzäune, Eiserner Vorhang, Mauer; für behördliche Maßnahmen z.B.: Green Card, Rückkehrhilfe, Anwerbestopp, Schengen; für Änderung des Geburtenverhaltens: z.B. Pillenknick, Geburtenkontrolle, Ein-Kind-Familie, Tagesmütter, Ganztagsschulen, Kindergeld, Familienleistungsausgleich.

Mit nostalgischer Sehnsucht werden die ‚gesunden‘ Pyramiden einer scheinbar fortpflanzungsunwilligen, egoistischen und egozentrischen Generation vor Augen gehalten. Vor einem Jahrhundert war angeblich alles noch in bester Ordnung. Die vermeintliche Ordnung sah so aus: Ein Viertel aller Kinder erreichte damals nicht das fünfte Lebensjahr, jedes fünfte Kind erlebte nicht einmal den ersten Geburtstag.

Alterspyramide der 4,1 Mill. Baden-Württemberger 1900

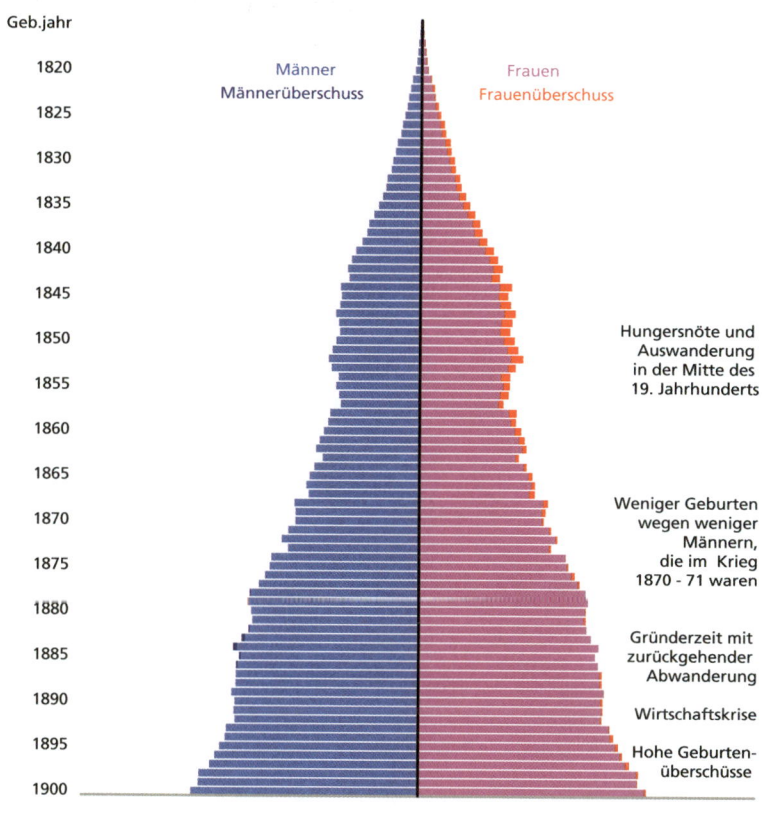

Geb.jahr

1820
1825
1830
1835
1840
1845
1850
1855
1860
1865
1870
1875
1880
1885
1890
1895
1900

Männer
Männerüberschuss

Frauen
Frauenüberschuss

Hungersnöte und
Auswanderung
in der Mitte des
19. Jahrhunderts

Weniger Geburten
wegen weniger
Männern,
die im Krieg
1870 - 71 waren

Gründerzeit mit
zurückgehender
Abwanderung

Wirtschaftskrise

Hohe Geburten-
überschüsse

StaLa Ba-Wü

Älter als 55 Jahre wurde gerade einmal die Hälfte der Männer; die andere Hälfte
war entweder gleich nach der Geburt oder in jungen Jahren an Schwindsucht,
Lungenentzündung oder an falscher Ernährung, körperlicher Erschöpfung oder
an Seuchen und Epidemien gestorben.

Das weibliche Geschlecht war damals schon das überlebensfähigere. Dessen
Säuglingssterblichkeit war etwas geringer als bei den Jungen. Und insgesamt
war die Lebenswartung der neugeborenen Mädchen etwa fünf Jahre höher als
die der Männer. Dennoch starben 15 von 100 Frauen im gebärfähigen Alter,
viele von ihnen im Kindbett. Nachdem der Mediziner Semmelweis, ‚Retter der
Mütter‘, die Kontaktinfektion als Ursache für das Kindbettfieber erkannte, sank
die Sterblichkeit erheblich.

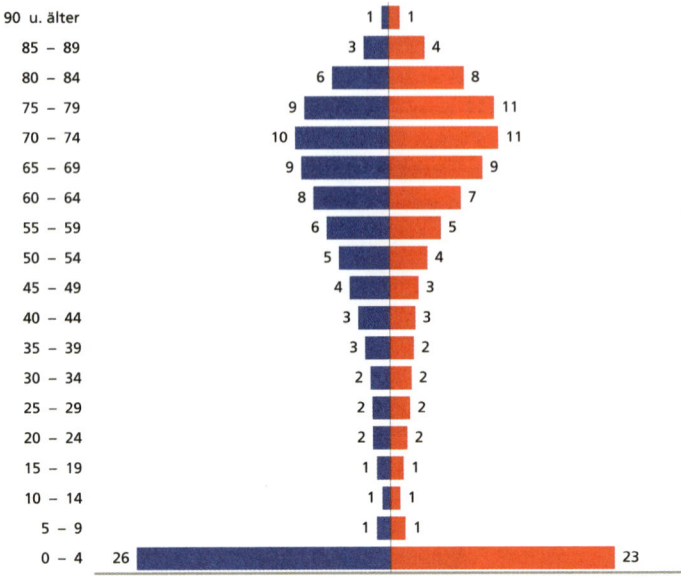

Nach der Sterbetafel des Deutschen Reiches von 1901/1910 hätten von 100 damals Geborenen ... männliche oder weibliche Personen im Alter von ... sterben müssen

Alter	männliche	weibliche
90 u. älter	1	1
85 – 89	3	4
80 – 84	6	8
75 – 79	9	11
70 – 74	10	11
65 – 69	9	9
60 – 64	8	7
55 – 59	6	5
50 – 54	5	4
45 – 49	4	3
40 – 44	3	3
35 – 39	3	2
30 – 34	2	2
25 – 29	2	2
20 – 24	2	2
15 – 19	1	1
10 – 14	1	1
5 – 9	1	1
0 – 4	26	23

StaLa Ba-Wü

Aber auch damals wurden die Menschen bemerkenswert alt, wenn sie die ersten Lebensjahre wohlbehalten überstanden hatten. Die Hälfte der überlebenden Mädchen ist etwa 70 Jahre, die Hälfte der überlebenden Jungen etwa 67 Jahre alt geworden. Das 90. Lebensjahr hatten in Baden-Württemberg 1900 allerdings nur 262 Männer und 374 Frauen erreicht.

Im Laufe eines Jahrhunderts haben sich die Verhältnisse in Deutschland und in den Bundesländern zu mehr oder weniger bizarren Bildern geändert. Die ‚kranken‘ oder deformierten Pyramiden, die eher einer Morchel gleichen, zeigen, wann und wenn Medizin und Hygiene Erfolge hatten, wenn Kriege viele Opfer verlangten, wenn eine Gesellschaft aus welchen Gründen auch immer weniger Kinder haben will oder sich wieder mehr Nachwuchs wünscht. Ohne Kenntnis der Sterblichkeit sagen sie allerdings nur wenig über die Bestandserhaltung der Bevölkerung aus; und die Sterblichkeit hat sich in höhere Altergruppen verschoben, zum Beispiel in Baden-Württemberg.

Die Kindersterblichkeit ist sehr gering geworden und die statistische Wahrscheinlichkeit, das 80. oder gar das 90. Lebensjahr zu erreichen, hat stark zugenommen. In Deutschland fällt z.B. auf, dass in den neuen Bundesländern sowohl

Alterspyramide der 10,5 Mill. Baden-Württemberger 2000

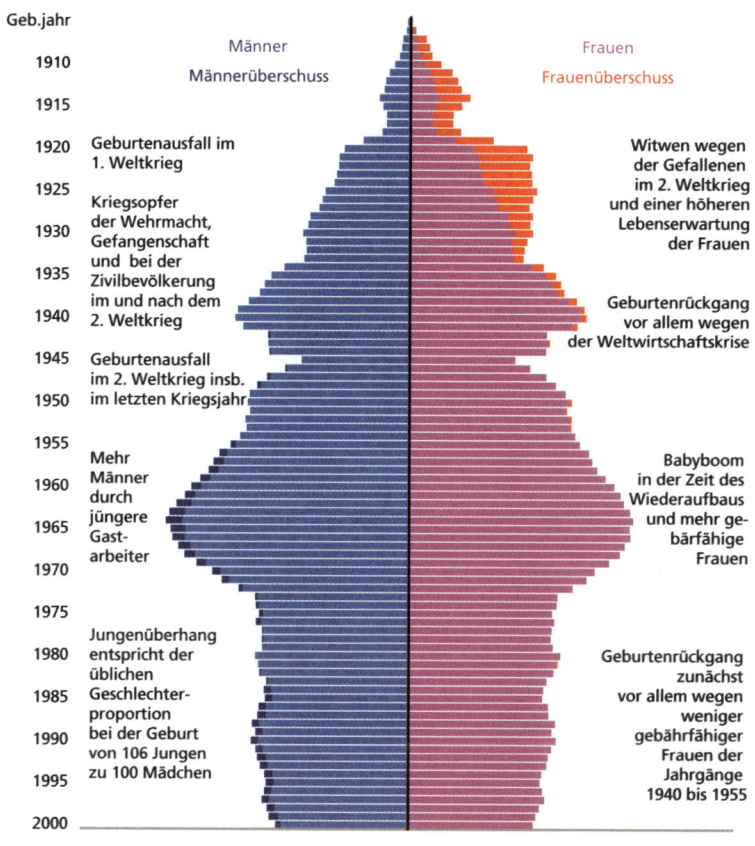

StaLa Ba-Wü

Für 100 000 der in den angegebenen Zeiträumen Geborenen wurde errechnet, dass ... das 90. Lebensjahr erreichen würden					
	Deutschland		Westdeutschland		Ostdeutschland
	1901/10	1996/98	1949/51	1996/98	1952/53	1996/98
Jungen	1.966	9.239	3.175	9.715	2.781	7.203
Mädchen	2.868	21.433	4.815	22.089	4.796	18.693
Quelle: StaLa Ba-Wü.					

weniger Männer als auch Frauen das Alter von 90 Jahren erreichen werden als in den alten Bundesländern.

Von je 100 männlichen und weiblichen Baden-Württembergern starben 2002 in der Altersgruppe von ... Jahren

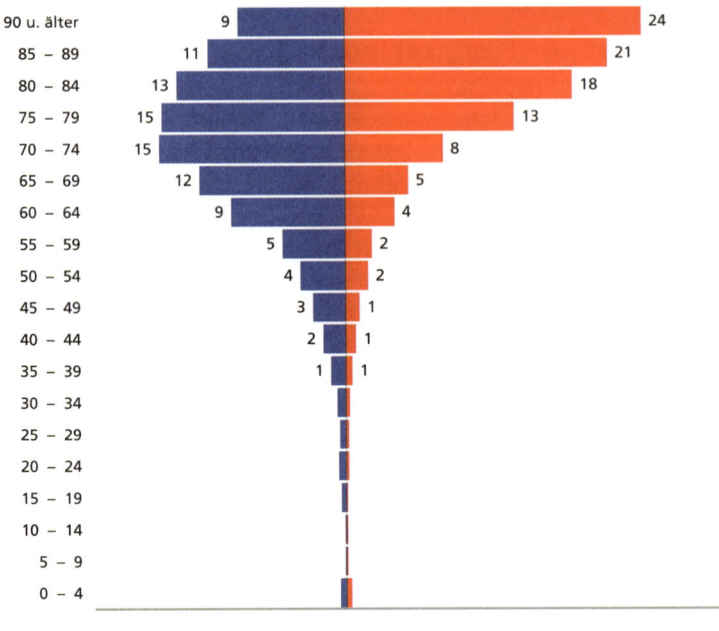

StaLa Ba-Wü

Von 100 heute geborenen Babys werden wegen der geringen Säuglings- und Kindersterblichkeit 99 mindestens 20 Jahre alt werden. Die Hälfte der Männer dürfte älter als 76 Jahre und die Hälfte der Frauen älter als 80 Jahre werden. Etwa jeder achte Mann und jede vierte Frau würden sogar das 90. Lebensjahr erreichen.

Die Zukunft kann auch anders aussehen. Die Sterbetafeln des Deutschen Reiches für das frühe 20. Jahrhundert waren dank der medizinischen und hygienischen Entwicklung schnell überholt.[5] Einen positiven Einfluss auf die tatsächliche Altersstruktur und auf die Sterbetafeln übte die Senkung der Kindersterblichkeit aus, negativ wirkten die Kriegsopfer der Weltkriege. In Zukunft könnten z.B. ökologische oder klimatische Gründe die Sterblichkeit beeinflussen.

---

5 Am Rande und doch bemerkenswert ist: Im deutschsprachigen Raum spricht man von Sterbetafel, im angelsächsischen von Lebenstafel, Life Table.

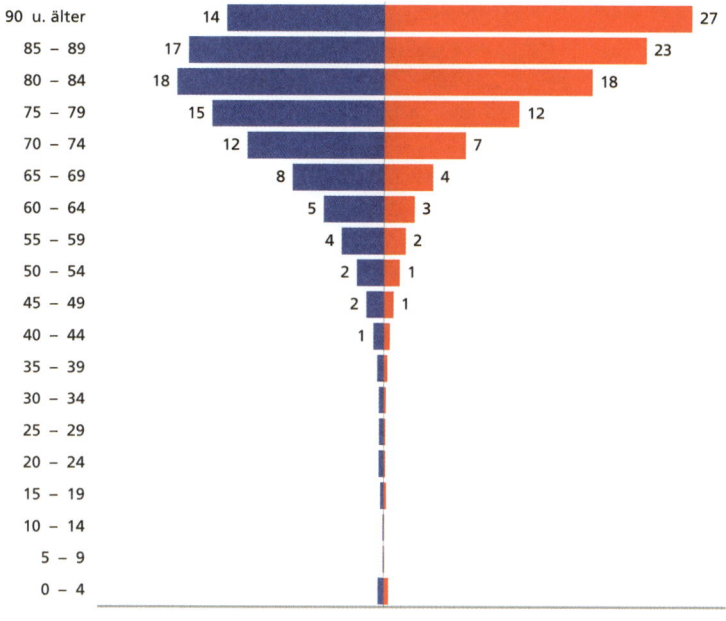

**Nach der Sterbetafel Baden-Württembergs
müssten von 100 in den Jahren 2000-2002 Geborenen
... männliche oder weibliche Personen im Alter von ... sterben**

Alter	männlich	weiblich
90 u. älter	14	27
85 – 89	17	23
80 – 84	18	18
75 – 79	15	12
70 – 74	12	7
65 – 69	8	4
60 – 64	5	3
55 – 59	4	2
50 – 54	2	1
45 – 49	2	1
40 – 44	1	
35 – 39		
30 – 34		
25 – 29		
20 – 24		
15 – 19		
10 – 14		
5 – 9		
0 – 4		

StaLa Ba-Wü

Dank der hohen Lebenserwartung und der niedrigen Geburtenrate wird sich die Pyramide über eine Morchel zu einer Birne entwickeln. Wollte man im Laufe der nächsten Jahrzehnte wenigstens eine mehr oder weniger den Bestand erhaltende Form erreichen, müssten die Geburtenraten ab sofort jährlich um zwei Kinder je 100 Frauen steigen. Im Jahr 2050 brächten 100 Frauen dann etwa 220 Kinder zur Welt. Aber selbst dann hätte Baden-Württemberg noch auf Jahre hinaus ein Geburtendefizit zu erwarten.

Alterspyramide für Baden-Württemberg im Jahr 2050

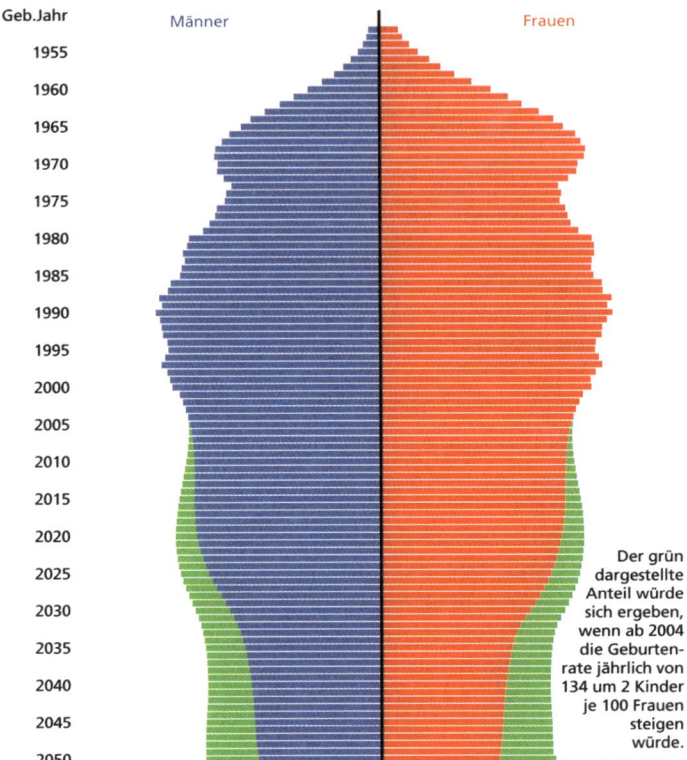

Geb.Jahr — Männer — Frauen

1955
1960
1965
1970
1975
1980
1985
1990
1995
2000
2005
2010
2015
2020
2025
2030
2035
2040
2045
2050

Der grün dargestellte Anteil würde sich ergeben, wenn ab 2004 die Geburtenrate jährlich von 134 um 2 Kinder je 100 Frauen steigen würde.

StaLa Ba-Wü

2.8 Bevölkerungsbilanzen

Die Entwicklung territorialer Bevölkerungsstände wird durch *drei* Salden aus *sechs* Bewegungsgrößen bestimmt:

1. Natürliche Bevölkerungsbewegung aus *Geburten* und *Sterbefällen* sowie dem natürlichen Saldo: Geburtendefizit oder Sterbefallüberschuss.
2. Räumliche Bevölkerungsbewegung der Außenwanderung aus *Zuzügen* und *Wegzügen* über die territoriale Grenze und dem Wanderungssaldo als Wanderungsgewinn oder Wanderungsverlust.
3. Gebietsstandsänderungen durch *Vergrößerung* des Gebiets infolge des Zugangs bewohnter Gebietsteile oder durch *Verkleinerung* wegen des Abgangs solcher Teile und bei Gebietsaustauschen durch deren Saldo.

Beispiel: Bevölkerungsbilanz der EU25 für das Jahr 2002	
Bestands- und Bewegungsgrößen	in Millionen
Bevölkerungsstand am 01.01.2002 der EU15	378,3
+ Lebendgeborene	+4,7
- Gestorbene	-4,5
Natürlicher Bevölkerungsbewegung (Geburten-, Sterbefallüberschuss)	+0,2
+ Zugezogene	.
- Fortgezogene	.
Räumliche Bevölkerungsbewegung (Wanderungssaldo)	+1,7
+ Gebietsgewinne	+74,2
- Gebietsverluste	0
Gebietsstandsänderung (geplante Aufnahme neuer Mitglieder) [1]	+74,2
Bevölkerungsstand am 01.01.2003 der EU25 [2]	454,6

1) Die tatsächliche Aufnahme fand im Mai 2004 statt.
2) Abweichung der Gesamtsumme durch Rundungsdifferenzen.
Quelle: Datenbank New Cronos, Eurostat.

Da das Meldewesen in den Staaten verschiedenartig ist, lassen sich die Zu- und Fortzüge nicht überall einheitlich feststellen. Deshalb werden von nationalen und internationalen statistischen Instituten für manche Staaten die Wanderungssalden geschätzt. Für globale Betrachtungen reduziert sich die Bilanz auf die natürliche Bevölkerungsbewegung, da Wanderungen auf nur einem Gebiet – der gesamten Welt – ablaufen und Gebietsstandsänderungen nicht möglich sind.

Die Bilanzdaten für 2002 sind weder für die vergangenen Jahrzehnte repräsentativ noch müssen sie es für die Zukunft sein. Zwei Triebfedern für die Bevölkerungsentwicklung werden dennoch überdeutlich:

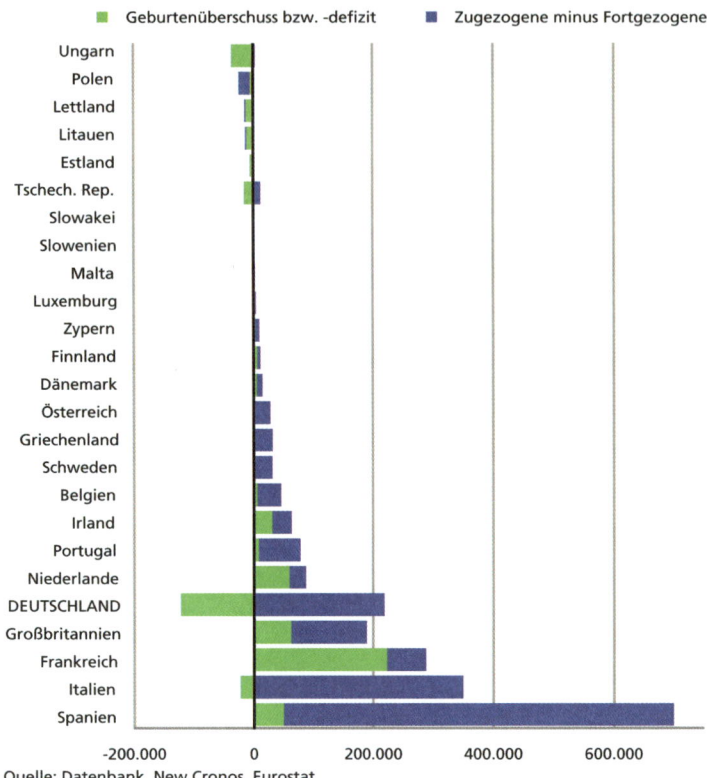

Natürliche und räumliche Bevölkerungsbewegung in den EU25-Ländern 2002

■ Geburtenüberschuss bzw. -defizit   ■ Zugezogene minus Fortgezogene

Ungarn
Polen
Lettland
Litauen
Estland
Tschech. Rep.
Slowakei
Slowenien
Malta
Luxemburg
Zypern
Finnland
Dänemark
Österreich
Griechenland
Schweden
Belgien
Irland
Portugal
Niederlande
DEUTSCHLAND
Großbritannien
Frankreich
Italien
Spanien

-200.000   0   200.000   400.000   600.000

Quelle: Datenbank New Cronos, Eurostat .

Erstens, dass nur die Zuwanderung mit einem positiven Saldo von rund 1,7 Mill. einen relevanten Beitrag zum Bevölkerungsgewinn der EU von fast 1,9 Mill. Menschen leistete. Zweitens, dass die 1,7 Mill. per Saldo in der EU verbliebenen Zuwanderer von außerhalb des Schengen-Raumes in die EU zugewandert sein müssen, da nur Polen, Lettland und Litauen einen Wanderungsverlust von zusammen 22 000 Menschen hatten. Besonders betroffen waren Spanien und Italien.[1] In die süd- und südwesteuropäischen Länder sind 1,1 Mill. Menschen mehr zu- als abgewandert, in die westeuropäischen und in die deutschsprachigen Länder jeweils etwa eine Viertel Million. Im Süden und im Südwesten macht sich der Wanderungsdruck aus Nordafrika Luft; in Spanien außerdem die Zuwanderung aus Lateinamerika, in Deutschland vor allem jene aus osteuropäischen Staaten.

---

1 Teilweise handelte es sich um nachträgliche Legalisierungen von Migranten.

Die natürliche Bevölkerungsentwicklung trägt fast nur noch in den Benelux-Staaten und in den westeuropäischen Ländern nennenswert zu einem Bevölkerungsgewinn bei. Vereinfachend darf man sagen, dass im Jahr 2002 östlich des Rheins mehr Menschen starben als geboren wurden und westlich des Rheins mehr geboren wurden als starben.

Bevölkerungsverluste von zusammen 87 000 Menschen hatten nur die baltischen und zentraleuropäischen Länder – außer der Slowakei und Slowenien, die noch ein Plus von 1 200 Menschen verbuchen konnten.

Natürliche und räumliche Bevölkerungsbewegung 2002 nach lageorientierten Ländergruppen der EU

Ländergruppen (Sortiert nach der Bevölkerungszu- oder -abnahme je 1 000 Einwohner 1.1.2002)	Natürliche Bevölkerungsbewegung		Räumliche Bevölkerungsbewegung		Bevölkerungsentwicklung insges.	
	1.000	Je 1.000 Einwohner	1.000	Je 1.000 Einwohner	1.000	Je 1.000 Einwohner
EU25-Länder insgesamt	225	0	1.694	4	1.919	4
Baltische Staaten [1]	-29	-4	-4	-1	-33	-5
Zentraleuropäische Staaten [2]	-59	-1	1	0	-58	-1
Deutschland und Österreich	-120	-1	245	3	125	1
Skandinavische Staaten [3]	13	1	46	2	58	3
Südosteuropäische Staaten [4]	1	0	39	3	40	3
Westeuropäische Staaten [5]	317	3	224	2	541	4
Benelux-Staaten [6]	67	2	71	3	138	5
Südeuropäische Staaten [7]	- 22	0	352	6	330	6
Iberische Staaten [8]	58	1	720	14	778	15

1) Estland, Lettland, Litauen. 2) Polen, Slowenien, Slowakei, Tschechische Republik, Ungarn.
3) Dänemark, Finnland, Schweden. 4) Griechenland, Zypern. 5) Frankreich, Großbritannien, Irland.
6) Belgien, Niederlande, Luxemburg. 7) Italien, Malta. 8) Portugal, Spanien.

Quelle: Datenbank New Cronos, Eurostat.

Deutschlands Bevölkerungsbilanzen – von Konjunktur- zur Krisenabhängigkeit

Bereits Anfang der 70er-Jahre erbrachte die natürliche Bevölkerungsentwicklung in Deutschland bzw. im früheren Bundesgebiet keine positiven Beiträge zum Bevölkerungswachstum. Der Wanderungsbeitrag war bis in die späten 70er-Jahre überwiegend konjunkturabhängig. Deutlich sind der minimale Konjunktureinbruch Anfang der 60er-Jahre sowie die Folgen der 1. und 2. Erdölkrise 1973 und

1979 zu erkennen. Danach werden die konjunkturellen Einflüsse durch politische und kriegerische Ereignisse überlagert: der Äthiopien-Somalia-Konflikt 1977/78, der Zusammenbruch des Ostblocks, die Wiedervereinigung Deutschlands, die Einwanderung Deutschstämmiger aus der ehemaligen Sowjetunion und der Balkankrieg.

Bevölkerungsbilanzen für Deutschland seit 1950
positive oder negative Beiträge der natürlichen und räumlichen Salden*

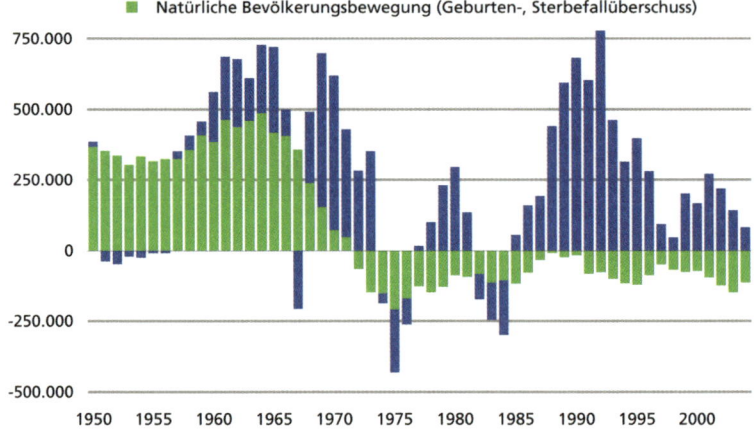

* Wanderung: bis 1990 früheres Bundesgebiet, 1950 bis 1957 ohne Saarland.
Bis 1990 ohne Herkunfts-/Zielgebiet 'ungeklärt' und 'ohne Angabe'.
StaLa Ba-Wü

Die jüngere Entwicklung deutet an, dass Deutschland auf Dauer weder durch Wanderungsüberschüsse noch durch Geburtenüberschüsse seine Bevölkerungszahl wird halten können. Im Gegenteil: Der Wanderungssaldo tendiert gegen Null, und die Geburtendefizite werden mittelfristig eher zu- als abnehmen.

Baden-Württemberg – ein demographischer Seismograph

Viel prägnanter als auf Bundesebene offenbaren sich einzelne Bilanzphasen in einer kleineren, ökonomisch relevanten Raumeinheit wie Baden-Württemberg. Der Beitrag der natürlichen Bevölkerungsentwicklung ähnelt der Deutschlands, nur dass bislang fast keine Geburtendefizite festgestellt wurden. Fast seismographisch bilden sich die konjunkturellen und politischen Einflüsse auf das

74

Wanderungsgeschehen ab. Der erste große Exodus aus der DDR nach der dortigen Verwaltungsreform Anfang der 50er-Jahre, die Zuwanderung aus der DDR vor dem Mauerbau 1961 und der dann folgende Wanderungseinbruch, die Zuwanderung von dringend benötigten Arbeitskräften und deren temporäre Rückwanderung während der wirtschaftlichen Rezession 1966, die Folgen der ersten Ölkrise 1973, die zu einer Weltwirtschaftskrise führte, der geringere Einbruch nach der zweiten Erdölkrise 1979, der Zusammenbruch des Ostblocks seit 1989, der mit Stichworten wie Mauerfall, Aussiedler aus Osteuropa, Balkankrieg verbunden ist.

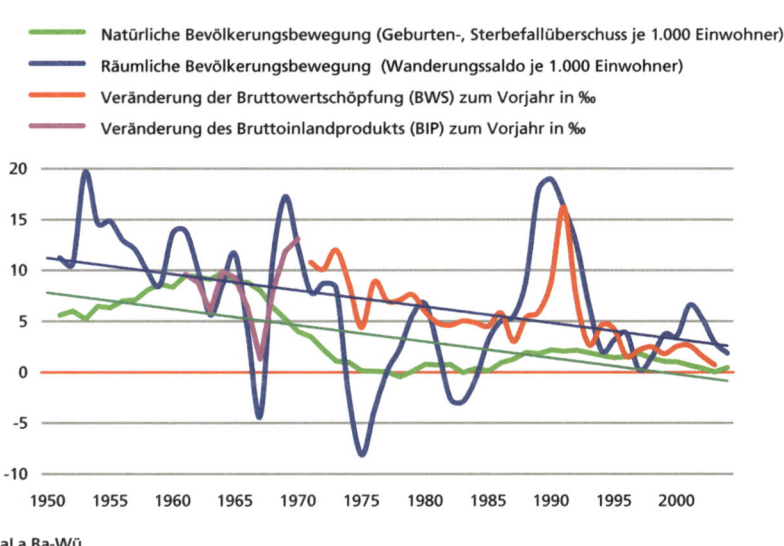

**Bevölkerungsbilanzen für Baden-Württemberg seit 1950
und Konjunkturverlauf in der BRD bis 1970 bzw. Deutschland seit 1971**

— Natürliche Bevölkerungsbewegung (Geburten-, Sterbefallüberschuss je 1.000 Einwohner)
— Räumliche Bevölkerungsbewegung (Wanderungssaldo je 1.000 Einwohner)
— Veränderung der Bruttowertschöpfung (BWS) zum Vorjahr in ‰
— Veränderung des Bruttoinlandprodukts (BIP) zum Vorjahr in ‰

StaLa Ba-Wü

Die linearen Trends beider Bilanzkomponenten deuten nach unten, eine Trendumkehr scheint für die nähere Zukunft eher unwahrscheinlich.

3 Gesellschaftliche Auswirkungen und Herausforderungen

‚Alles bewegt sich' – ‚und immer schneller' möchte man Heraklit hinzufügen. Während sich z. B. die europäische Völkerwanderung über Jahrhunderte erstreckte, laufen neuere demographische, gesellschaftliche oder technische Umbrüche in einer oder zwei Generationen ab. Der Wandel und dessen Dynamik fordern Bildungs- und Gesundheitspolitiker ebenso heraus wie Unternehmer und Kommunalvertreter.

Zur Dynamik kommt eine noch nie da gewesene gegenseitige Abhängigkeit von Strukturen und Geschehnissen. So wirkt beispielsweise der Wunsch nach Wohlstand auf das Bildungsverhalten, auf das generative Verhalten und auf die Wanderungsbewegung; neue naturwissenschaftliche Erkenntnisse wirken auf das medizinische Versorgungsniveau und die Lebenserwartung; die verlängerte Lebenserwartung hat Auswirkungen auf die sozialen Sicherungssysteme und den künftigen Konsummarkt; der Kapitalmarkt beeinflusst die technische Entwicklung, die Arbeits- und Absatzmärkte und dadurch auch die Familienstrukturen.

Die demographischen Herausforderungen implizieren keine Katastrophen. Aber um ein funktionierendes Gesellschaftssystem zu gewährleisten, sind die Auseinandersetzung mit dieser Entwicklung und die Anpassung verschiedener gesellschaftlicher Bereiche notwendig.

Dynamik, Vernetzung und Abhängigkeiten umfassend und gleichzeitig kurz darzustellen, ist weder hier, noch anderswo möglich. Deshalb beschränken sich die Autoren auf ausgewählte Aspekte.

3.1 Familie

3.1.1 Familienbildung und Formen des Zusammenlebens
3.1.2 Kinderlos trotz Kinderwunsch – Gründe für niedrige Geburtenraten
3.1.3 Kinder machen glücklich
3.1.4 Gespräch mit einer Elternbeirätin und einer Studentin
3.1.5 Familienförderung in der EU und in Deutschland

Die Anzahl der Geburten bestimmt wesentlich die demographische Entwicklung. Die Entscheidung eine Familie zu gründen und die Entscheidung, wie groß diese Familie werden soll, wirkt auf die Zahl und Altersstruktur einer Bevölkerung. Dabei treten semantische Probleme auf. Bis vor drei Jahrzehnten war wohl klar, was eine Familie ist: Mann und Frau, verheiratet und mit Kindern; er der Haushaltsvorstand. Heute gibt es zumindest den Haushaltsvorstand oft nicht mehr. Familie erklärt sich heute über den Generationenzusammenhang und ist dadurch verschiedener denn je: Ehepaare mit Kindern, allein Erziehende, Patchwork-Familien aus Teilen früherer oder bestehender Beziehungen, auf Dauer angelegte nicht eheliche Lebensgemeinschaften oder von Standesämtern ‚getraute‘ gleichgeschlechtliche Partnerschaften mit Kindern sind neue Formen von Familie.

Frauen und Männer haben Kinderwünsche, die sie mehr oder weniger umsetzen. Viele bleiben aber kinderlos. Neben sich wandelnden Wertvorstellungen gibt es gesellschaftliche, monetäre und auch infrastrukturelle Gründe für den Trend zur Kleinfamilie oder Kinderlosigkeit.

Viele Länder und Kommunen versuchen, durch unterschiedliche Maßnahmen, in unterschiedlicher Intensität und mit wechselndem Erfolg, Familien zu fördern und dadurch letztlich die Kinderlosigkeit zu reduzieren und die Geburtenzahlen zu erhöhen.

3.1.1 Familienbildung und Formen des Zusammenlebens

Die Formen des menschlichen Zusammenlebens und die demographische Entwicklung hängen eng zusammen. Einer der wichtigsten Einflussfaktoren auf die demographische Entwicklung ist die Geburtenrate. Der Entschluss, eine Familie zu gründen, hat einen unmittelbaren Einfluss auf die Größe und Alterszusammensetzung einer Bevölkerung. Zum anderen wirkt die demographische Entwicklung auf die Familien. Je weniger Familien sich in einer Gesellschaft bilden, desto weniger sind die Rahmenbedingungen an deren Bedürfnissen ausgerichtet. Das führt dazu, dass potenzielle Eltern sich Herausforderungen gegenübersehen, die nicht dazu motivieren, sich für eine Familie zu entscheiden.

Familie mit Kindern: Nur eine von mehreren Möglichkeiten

Früher galt für einen Großteil der Bevölkerung folgender standardisierter Lebenslauf: Heirat, Familiengründung und lebenslanger Bestand der Ehe. Durch die gesellschaftliche Pluralisierung ist für den Einzelnen eine Vielzahl heterogener Lebensmodelle möglich geworden, zwischen denen er im Laufe seines Lebens wechseln kann.

Formen des Zusammenlebens der erwachsenen Bevölkerung in Westdeutschland		
Lebensformen	1972	2003
Von je 100 aller Haushalte lebten ... ohne Kinder		
Ehepaare	25	32
Nicht eheliche Lebensgemeinschaften	(0)	5
Allein lebende Männer	12	11
Allein lebende Frauen	16	15
Von je 100 aller Haushalte lebten ... mit Kindern		
Ehepaare	44	32
Nicht eheliche Lebensgemeinschaften	(0)	2
Allein erziehende Männer	(0)	1
Allein erziehende Frauen	3	3

Quelle: StaLa Ba-Wü.

Familie ist nur *eine* Option, die realisiert werden kann, aber nicht muss. Mann oder Frau können heute selbstverständlich auch als Single, als nicht eheliche Lebensgemeinschaft ohne Kind oder als Ehepaar ohne Kind leben. Während 1972 noch 57 % der erwachsenen deutschen Bevölkerung in Familien lebten, trifft dies 20 Jahre später nur noch auf 41 % zu. Verglichen mit dem ‚Golden Age of Marriage‘ nach dem Zweiten Weltkrieg hat die Anzahl der Menschen, die sich für Heirat und Familie entscheiden, abgenommen.

Wird der geschichtliche Horizont weitergespannt, stellt man fest, dass es sowohl im 19. als auch im 20. Jahrhundert neben der bürgerlichen Kleinfamilie durchaus eine Reihe davon abweichender Formen des Zusammenlebens gab.[1] Kinderlose ‚ledige Fräuleins‘, ‚Hagestolze‘ und ‚Onkelehen‘ gehörten zum Alltag. Und der Anteil der nicht ehelich geborenen Kinder war in der Mitte des 19. Jahrhunderts so groß wie heute; erst mit der Einführung der Zivilehe halbierte sich der Anteil der nicht ehelichen Kinder.

Auf dem Weg zur Kleinfamilie

Ein immer größerer Anteil an Frauen und Männern entschließt sich nicht mehr zu einer Familiengründung. 2004 war in Deutschland jede vierte Frau in der Altersgruppe zwischen 40 und 45 Jahren und damit am Ende ihrer reproduktiven Phase kinderlos.

Von je 100 der 1955 geborenen Frauen waren im Jahr 2001 kinderlos

WESTDEUTSCHLAND	22
Finnland	18
Großbritannien	17
Schweden	13
Irland	13
Dänemark	13
Spanien	11
Italien	11
Belgien	11
Frankreich	8
Portugal	7

Quelle: BMFSFJ (2003).

Besonders in Westdeutschland verzichten viele Frauen – und Männer – ganz auf Kinder. Mit 27 % liegt der Anteil der kinderlosen Frauen im Westen um 9 Prozentpunkte höher als im Osten. Deutschland gehört damit weltweit zu den Ländern mit der höchsten Kinderlosigkeit.

---

1 Mitterauer, Michael; Sieder, Reinhard (1991): Vom Patriarchat zur Partnerschaft, München.

Auch in anderen europäischen Ländern sind die Geburtenraten niedrig, zum Teil niedriger als in Deutschland, wie in Italien, Spanien oder Griechenland. Das liegt aber nur zum Teil an gestiegenen Anteilen der Kinderlosen, sondern vor allem an einer Verkleinerung der Familien. Aus der Zwei-Kind-Familie ist oft die Ein-Kind-Familie geworden.

Auch in Deutschland hat sich die Größe der Familien verändert, wobei sich für die alten und neuen Bundesländer unterschiedliche Muster herausgebildet haben. In Westdeutschland fällt die Entscheidung meistens gegen eigene Kinder oder für eine Familie mit mehr als einem Kind. Rund ein Drittel und damit die größte Frauengruppe entscheidet sich für zwei Kinder. Der Anteil der Ein-Kind-Familien ist abnehmend. In Ostdeutschland dagegen entscheiden sich die meisten Frauen (rund 40 %) nur für ein Kind.

Beiden Landesteilen ist gemein, dass der Anteil kinderreicher Familien, das heißt derjenigen Familien, in denen drei oder mehr Kinder leben, abnimmt. Betrug ihr Anteil in Westdeutschland 1972 noch 26 %, hat sich diese Zahl inzwischen mit knapp 14 % fast halbiert. Die Ostdeutschen entscheiden sich selten für drei oder mehr Kinder. Der Anteil der kinderreichen Familien liegt im Osten unter 7 % und ist damit nur halb so hoch wie im Westen. Eine Folge sind die verkleinerten familiären Netzwerke, die immer weniger tragfähig sind.

Kinderlosigkeit und Schulbildung

Deutschland gehört zu den Ländern, in denen der Bildungsabschluss der Kinder vom erreichten Bildungsabschluss der Eltern mitbestimmt wird. Und der Bildungsabschluss beeinflusst die Entscheidung für oder gegen Kinder.

Kinderlosigkeit kommt bei Frauen mit Volks- oder Hauptschulabschluss weniger häufig vor als bei Frauen mit Abitur. Der allgemein bildende Schulabschluss hat bei Frauen heute allerdings einen geringeren Einfluss auf die Entscheidung für oder gegen Kinder als noch vor zwei Jahrzehnten. Deutlicher werden die Unterschiede bei den beruflichen Bildungsabschlüssen.[2] Bemerkenswert ist die Entwicklung bei Frauen mit einem Volks- oder Hauptschulabschluss. Deren Kinderlosigkeit ist stark gestiegen, wobei diese Entwicklung auch auf die zunehmenden Einkommensunterschiede gut und weniger gut Ausgebildeter zurückzuführen sein dürfte.

---

2 Siehe Kapitel 3.2.4 Bildungsstand, Kinder, Partnerwahl und Einkommen.

Kinderlosigkeit nach Bildungsabschluss in Deutschland Von je 100 Frauen im Alter von 40 bis unter 45 Jahren hatten ... einen kinderlosen Haushalt *			
Bildungsabschluss	1982	2003	Zunahme der Kinder- losigkeit in %-Punkten
Volks- oder Hauptschulabschluss	16	24	+ 8
Realschulabschluss	21	22	+ 1
Fachhochschulreife oder Abitur	24	28	+ 4

* 1982 früheres Bundesgebiet.
Quelle: StaLa Ba-Wü.

Bei einer voraussichtlich sinkenden Bevölkerungszahl hängt die Aufrechterhaltung des Wohlstandes davon ab, ob die noch verbleibende Bevölkerung besonders gut qualifiziert ist.[3]

Eine Gesellschaft, die auf höhere Qualifikation setzt, muss diesen Zusammenhang auf allen Ebenen erkennen und Kinder von Eltern mit einer geringeren schulischen und beruflichen Qualifikation fördern – eine Herausforderung, der sich alle gesellschaftlichen Gruppen stellen müssen, von den Familien über die Schulen, Kommunen bis hin zur Landes- und Bundespolitik.

Ehe und Familie – Auslaufmodelle?

Früher gehörten Ehe und Familiengründung selbstverständlich zusammen. So haben die Verfasser des Grundgesetzes explizit den Schutz von Ehe und Familie als Einheit formuliert. Diese Einheit ist auch heute noch weitgehend gegeben. Eine Ursache für diese Verknüpfung ist, dass die privat zu tragenden Kinderkosten wesentlich leichter in einer auf Dauer angelegten Partnerschaft bewältigt werden können. Für finanziell abgesicherte Frauen oder in Ländern mit einer familienfreundlichen Politik relativiert sich die Notwendigkeit einer Eheschließung. So haben die skandinavischen Länder einen relativ hohen Anteil an nicht ehelichen Lebensgemeinschaften mit Kind. Ähnliches entwickelt sich in den neuen Bundesländern. Während in Westdeutschland noch drei Viertel der Kinder von verheirateten Frauen geboren werden, ist es in Ostdeutschland bereits weniger als die Hälfte.[4]

Das durchschnittliche Heiratsalter ist stetig angestiegen. Im Jahr 2002 heirateten Frauen in Deutschland (bei der ersten Eheschließung) mit 28 Jahren, die Männer

---

3 Bundesministerium für Familie, Senioren, Frauen und Jugend (BMFSFJ) (2004): Bevölkerungsorientierte Familienpolitik – ein Wachstumsfaktor, Berlin.

4 Bundesministerium für Familie, Senioren, Frauen und Jugend (2003): Familie im Spiegel der amtlichen Statistik, Berlin.

mit 31 Jahren. Damit wurde so spät wie noch nie geheiratet. Es sind unter anderem die langen Ausbildungszeiten, die zu einer späten Familiengründung und zu späten Geburten führen.

Durchschnittliches Alter der Mütter bei der Geburt des ersten Kindes in Deutschland seit 1961*

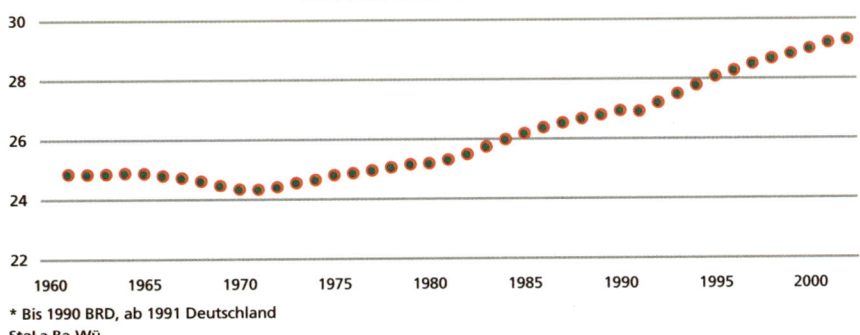

* Bis 1990 BRD, ab 1991 Deutschland
StaLa Ba-Wü

Verheiratete Frauen waren im Jahr 2000 bei der Geburt ihres ersten Kindes 29 Jahre alt, 1972 lag das Alter noch bei 24 Jahren.

Liegt das Heiratsalter über dem 30. Lebensjahr, steigt die Wahrscheinlichkeit, dass die Ehe kinderlos bleibt. Zum einen ist die biologisch günstigste Phase der weiblichen Fertilität bereits überschritten, das heißt, die durch die körperlichen Bedingungen bestimmte Wahrscheinlichkeit, schwanger zu werden, nimmt deutlich ab. Zum anderen wird das für die Geburt von Kindern noch verbleibende Zeitfenster immer kleiner. Es ist davon auszugehen, dass die endgültige Kinderzahl einer Frau auch davon abhängig ist, wie viele Jahre ihr für die Realisation dieser Geburten zur Verfügung stehen. Je kleiner das Zeitfenster ist, umso geringer die realisierte Kinderzahl. Wollte die Gesellschaft die Entwicklung umkehren, müssten z.B. die Ausbildungszeiten gesenkt werden. Die Einführung des 8-jährigen Gymnasiums ist ein erster Schritt. Wirksamer wäre es, die Studienzeiten merklich – um Jahre – zu verkürzen. Die Umsetzung der Bologna-Erklärung, nach der an den Universitäten kurze und eher berufsbildende Bachelor-Studiengänge und wissenschaftlich orientierte Master-Studiengänge eingeführt werden müssen, ist eine Möglichkeit, das Zeitfenster vergrößern.

Familie = Vater – Mutter – Kind?

Die Entscheidung für die Familiengründung sagt noch nichts über die Familienform aus. In den alten Bundesländern finden wir vor allem die traditionelle Kleinfamilie, in der die Kinder mit ihren verheirateten leiblichen Eltern zusammenleben.

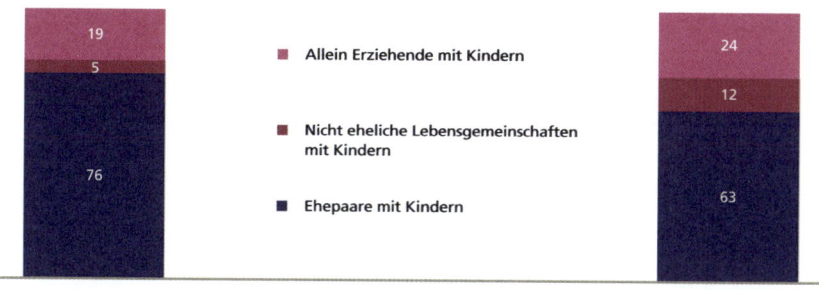

**Formen des Zusammenlebens mit Kindern
in Ost- und Westdeutschland, 2004
Von 100 Haushalten mit Kindern waren ...**

■ Allein Erziehende mit Kindern

■ Nicht eheliche Lebensgemeinschaften
mit Kindern

■ Ehepaare mit Kindern

Westdeutschland: 19 / 5 / 76

Ostdeutschland: 24 / 12 / 63

Westdeutschland
StaLa Ba-Wü

Ostdeutschland

In den neuen Bundesländern wird dagegen jedes zweite Kind nicht ehelich geboren. In vielen Fällen wird auch hier die Eheschließung nachgeholt. Rund ein Fünftel der Familien sind nicht eheliche Lebensgemeinschaften mit Kind. Eine Familienform, die mit der amtlichen Statistik nicht abgebildet werden kann, die aber zunehmend bedeutsam geworden ist, ist die Patchwork-Familie. Diese Familien setzen sich aus schon bestehenden Teilfamilien neu zusammen. In diesen ‚Fortsetzungsfamilien' entsteht zunehmend eine Gleichwertigkeit von biologischer und sozialer Elternschaft.

Selbst wenn viele Familien in der Form ‚Vater-Mutter-Kind' äußerlich früheren Familien gleichen, heißt das noch nicht, dass sie in der Ausgestaltung ihres Familienlebens den damaligen entsprechen. Neben den unterschiedlichen Familiengrößen und -formen bietet unsere Gesellschaft mit den sich ändernden Wertvorstellungen verschiedene Möglichkeiten zur inneren Ausgestaltung des Familienlebens. Es gibt nur noch wenige verbindliche Normen und Muster, wie Familie gelebt werden soll. Das führt nicht selten zur Verunsicherung von Familien. Sie wissen manchmal nicht, wie sie ihr Familienleben richtig gestalten sollen. Deshalb müssen Kindererziehung, Rollenverständnis, Handlungsabläufe innerhalb von Familien erst ‚ausgehandelt' werden. So konkurriert Emanzipatorisches mit Patriarchalischem, Disziplin mit Laissez-faire. Um in solchen Fragen miteinander eine Einigung zu erzielen, ist ein großes Maß an kommunikativen Fähigkeiten und an Aushandlungsbereitschaft notwendig.

Hinzu kommt, dass die Anforderungen an ein gutes Gelingen des Familienlebens gestiegen sind. Familie soll als Privatraum die Bedürfnisse nach Glück, Intimität und Geborgenheit sicherstellen und intensive soziale Beziehungen gewährleisten. Demgegenüber stehen die zunehmend schwieriger werdenden strukturellen Rahmenbedingungen und die sich daraus ergebenden Herausforderungen (z.B.

berufliche Mobilität, Arbeitslosigkeit, passenden Wohnraum zu finden), die von Familien gemeistert werden müssen.

Hoher Anspruch und gestiegene Anforderungen führen letztlich dazu, dass immer mehr Paare verunsichert sind, ob sie der Herausforderung einer Familiengründung mit Kindern gewachsen sind und wann ein geeigneter Zeitpunkt für eine Familiengründung ist.

Wie sich der hier beschriebene gesellschaftliche Wandel in den vergangenen Jahrzehnten durch statistische Daten abbildet, wird im Folgenden am Beispiel Baden-Württembergs gezeigt.

Baden-Württemberg – ein Blick zurück

In den letzten 40 Jahren haben sich manche demographischen Prozesse zum Teil dramatisch verändert. Die Zahl der Eheschließungen ist rückläufig, die der Ehescheidungen steigt kontinuierlich. Im Jahre 2003 wurde mit 51 000 Ehen die geringste Anzahl seit der Gründung des Bundeslandes Baden-Württemberg geschlossen. Gleichzeitig erreichten die Ehescheidungen mit 25 000 eine neue Rekordhöhe. Wenn geheiratet wird, dann in einem immer späteren Alter. Das durchschnittliche Heiratsalter lediger Männer liegt inzwischen bei 32 Jahren, das lediger Frauen bei 29 Jahren.

Durchschnittliches Heiratsalter von ledigen Männern und Frauen in Baden-Württemberg seit 1911

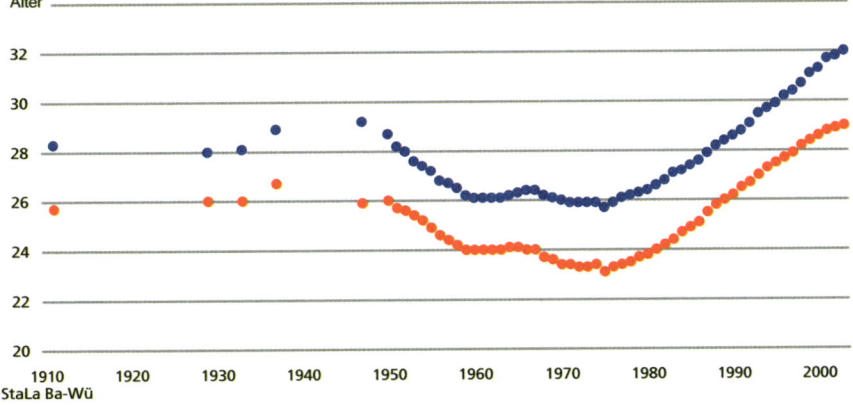

Im Laufe des letzten Jahrhunderts war das Heiratsalter Lediger allerdings starken Schwankungen unterworfen. So früh wie in den 60er- und 70er-Jahren hatte man nie zuvor und nie wieder danach geheiratet. Dass die so genannten ‚68er‘

84

das ‚Institut' Ehe ablehnten, lässt sich mit diesen Zahlen nicht belegen. Es sind deren Kinder, die später und weniger heiraten.

Dass spätes Heiraten die Geburtenrate negativ beeinflusst, muss bezweifelt werden. Wenn dem so wäre, hätten die jährlichen Geburtenraten in den letzten Jahrzehnten sinken müssen, sie stagnierten aber mehr oder weniger. Wie bereits dargelegt, war der Babyboom der späten 60er- und 70er-Jahre durch das zeitliche Zusammentreffen von frühem Heiratsalter und nachgeholter Geburten der Kriegsgeneration bestimmt.

Die folgende Tabelle offenbart weitere Verhaltensänderungen. Das Wiederverheiratungsalter von Wittwern ist im Laufe eines Jahrhunderts um fast zwei Jahrzehnte gestiegen, das der Witwen um 10 Jahre, wobei die jungen Kriegerwitwen des 2. Weltkriegs das Heiratsalter um gut drei Jahre unter den Wert von 1911 sinken ließen. Die Ehe ist mit zunehmendem Alter für manche ein offensichtlich anstrebenswertes Ziel – ob dabei Versorgungsaspekte eine Rolle spielen, kann an dieser Stelle nicht geklärt werden.

Durchschnittliches Heiratsalter in Baden-Württemberg seit 1910/12								
	Familienstand vor Eheschließung							
Jahr	insgesamt	ledig	verwitwet	geschieden	insgesamt	ledig	verwitwet	geschieden
	Männer				Frauen			
	Durchschnittliches Heiratsalter in Jahren							
1910/12	29,7	28,3	42,0	38,7	26,4	25,7	38,9	35,8
1928/30	29,6	28,0	46,5	39,7	26,5	26,0	40,1	35,5
1946/48	31,7	29,2	47,2	38,7	27,5	25,9	35,3	35,0
1950	31,3	28,7	49,6	39,6	27,7	26,0	36,3	35,2
1960	28,3	26,1	54,0	40,1	25,1	24,0	44,6	36,1
1970	28,3	26,0	56,3	38,4	24,9	23,4	46,7	34,6
1980	28,9	26,4	56,9	38,5	25,6	23,8	48,3	35,3
1990	31,2	28,6	57,4	41,2	28,3	26,2	47,7	37,3
2000	34,5	31,3	60,6	44,2	31,4	28,6	49,4	40,2
2001	35,1	31,7	61,1	44,7	31,8	28,8	50,0	40,9
2003	35,2	32,0	60,8	45,6	31,9	29,0	48,7	40,8

Niedrigstes durchschnittliches Heiratsalter.
Höchstes durchschnittliches Heiratsalter.
Quelle: StaLa Ba-Wü.

Es zeigt sich, dass gesellschaftliche Änderungen in der Regel sehr stetig ablaufen. Das gilt auch für den Anteil der nicht ehelich Geborenen an der Gesamtzahl der Geborenen.[5]

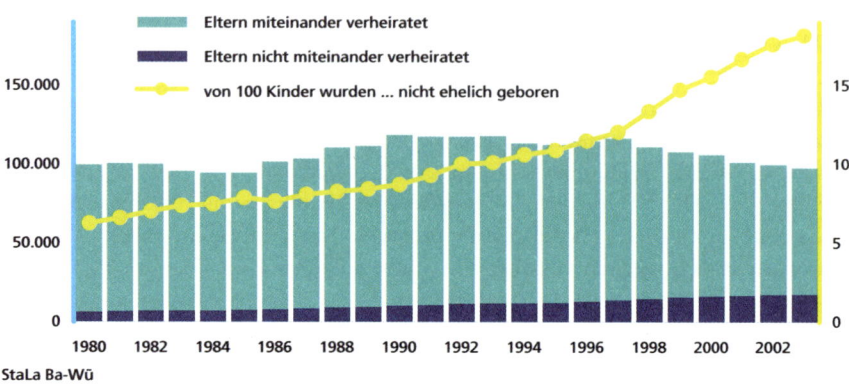

Ehelich und nicht ehelich geborene Kinder in Baden-Württemberg, seit 1980

StaLa Ba-Wü

Menschen entscheiden heute individueller und pragmatischer wie sie ihre Paarbeziehung gestalten möchten, und sie sind leichter bereit, Entscheidungen wieder zu revidieren, wenn das reale Zusammenleben nicht mehr ihren Vorstellungen entspricht. In der Folge haben sich die Lebens- und Familienformen der erwachsenen Bevölkerung in Baden-Württemberg stark ausdifferenziert.

Ausgewählte Formen des Zusammenlebens in Baden-Württemberg 1972 und 2003					
Jahr	Erwachsene Baden-Württem-berger	Von 100 erwachsenen Baden-Württembergern lebten als ...			
		Ehepaare mit Kindern	Ehepaare ohne Kinder	Allein Erzie-hende	Andere Formen des Zusammen-lebens[1)]
1972	5.400.000	54	29	3	14
2003	7.600.000	36	30	4	30

[1)] Allein stehende Frauen und Männer, nicht eheliche Lebensgemeinschaften ohne und mit Kindern.
Quelle: StaLa Ba-Wü.

Die lebenslange Ehe *mit* Kindern war 1972 das normative Modell. Der größte Teil der Menschen lebte in dieser Familienform. Abweichungen z.B. durch Scheidung

---

5 Die aktuelle Quote nicht ehelich Geborener entspricht etwa jener um 1860, damals waren 16 % der Kinder nicht ehelich geboren. Erst mit Einführung der Zivilehe nahm der Anteil nicht ehelich Geborener ab.

wurden negativ bewertet. Heute, drei Jahrzehnte später, leben nur noch zwei Drittel der erwachsenen Baden-Württemberger als Ehepaar.

Während sich die Familienformen der erwachsenen Bevölkerung in den letzten 40 Jahren sehr verändert haben, waren die familiären Lebensumstände der Kinder weniger betroffen. Der ganz überwiegende Teil der Kinder lebt auch heute noch in Familien verheirateter Eltern. In den 70er-Jahren des vergangenen Jahrhunderts waren dies knapp 91 %, heute sind es 83 % aller minderjährigen Kinder. In diesen Zahlen sind Wiederverheiratungen zu berücksichtigen.

In Deutschland steigen stetig die Scheidungszahlen der Ehen mit Kindern. Jedes siebte Kind erlebt mittlerweile die Scheidung seiner Eltern. Dadurch hat sich die Bedeutung von Stieffamilien und Patchwork-Familien, das sind Familien, die sich aus verschiedenen Teilfamilien zusammensetzen, erhöht.

Dennoch bleibt ein Widerspruch zwischen der Pluralisierung der Lebensformen und der relativen Stabilität der Familienformen der Kinder. Eine Erklärung kann darin liegen, dass die neuen Lebensformen kinderärmer gelebt werden (wollen). Die Normen der Ehe scheinen an Verbindlichkeit verloren zu haben, nicht jedoch die Normen der Elternschaft.

Geändert haben sich allerdings die Familiengrößen. Familien sind kleiner geworden. Kinder haben heute weniger Geschwister als früher. 1972 war jedes zehnte Kind ein Einzelkind und jedes zweite hatte zwei oder mehr Geschwister. Der Anteil der Einzelkinder liegt heute bei 14 %, die Hälfte der Kinder hat nur noch ein Geschwister und nur noch jedes dritte Kind hat zwei oder mehr.

In den Familien werden weniger Kinder geboren. Zunehmend mehr Frauen und Männer haben weniger Kinder oder verzichten sogar ganz auf Kinder. Sechs von zehn Baden-Württembergern sind oder waren verheiratet. Erst in den 70er-Jahren scheint die Ehe etwas aus der Mode gekommen zu sein. Von drei nicht verheirateten über 20-jährigen Männern und Frauen waren zwei ledig. Das muss nicht unbedingt partnerlos bedeuten, wie heutzutage die zahlreichen nicht ehelichen Lebensgemeinschaften belegen.

Noch ist die vor dem Standesbeamten geschlossene Ehe die am häufigsten gewählte Lebensform zweier Erwachsener. Daneben wächst seit Jahrzehnten der Anteil eheähnlicher Partnerschaften unterschiedlichen und gleichen Geschlechts. In Baden-Württemberg wurden im Jahr 2003 etwa 7 % der Erwachsenen gezählt, die diese Form des Zusammenlebens bevorzugten.

Nach einer Prognose des Statistischen Landesamtes Baden-Württemberg werden allerdings 40 % der um 1990 geschlossenen Ehen vor dem Scheidungsrichter enden.[6]

---

6 Cornelius, Ivar (2003): Zur aktuellen Entwicklung der Ehescheidungen, in: Statistisches Monatsheft Baden-Württemberg, Heft 8, S. 18.

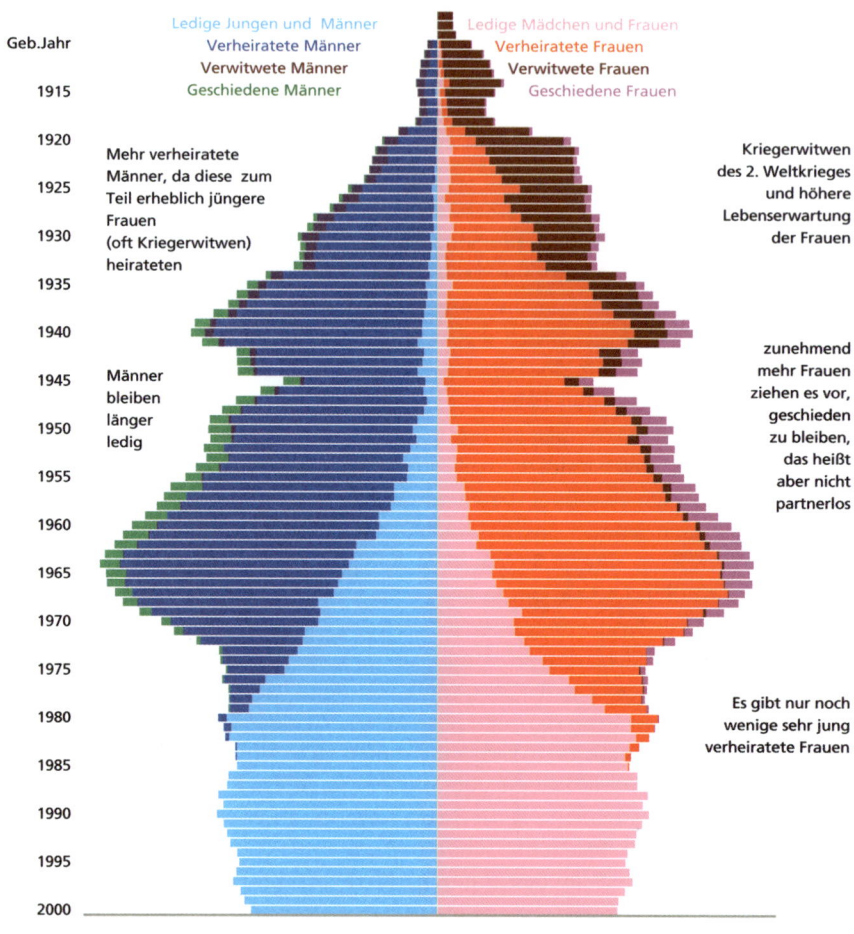

**Alterspyramide der 10,5 Mill. Baden-Württemberger 2002
nach dem Familienstand**

Geb.Jahr

Ledige Jungen und Männer
Verheiratete Männer
Verwitwete Männer
1915   Geschiedene Männer

Ledige Mädchen und Frauen
Verheiratete Frauen
Verwitwete Frauen
Geschiedene Frauen

1920

1925   Mehr verheiratete
Männer, da diese zum
Teil erheblich jüngere
Frauen
1930   (oft Kriegerwitwen)
heirateten

1935

1940

1945   Männer
bleiben
1950   länger
ledig

1955

1960

1965

1970

1975

1980

1985

1990

1995

2000

Kriegerwitwen
des 2. Weltkrieges
und höhere
Lebenserwartung
der Frauen

zunehmend
mehr Frauen
ziehen es vor,
geschieden
zu bleiben,
das heißt
aber nicht
partnerlos

Es gibt nur noch
wenige sehr jung
verheiratete Frauen

StaLa Ba-Wü

In den letzten Jahrzehnten wurden immer mehr Ehen geschieden. Dabei zeigte
sich eine Verschiebung bei der Ehedauer. ,Jung gefreit – nie gereut' scheint nicht
zu stimmen. Um 1970 wurde so jung wie nie zuvor und danach geheiratet.
Damals wurde aber jede 8. Ehe innerhalb der ersten drei Ehejahre geschieden,
heute ist es jede 25. Ehe. Dagegen hat sich in den letzten drei Jahrzehnten der
Anteil jener Eheleute verdoppelt, die sich erst nach über 20-jähriger Ehedauer
scheiden lassen.

88

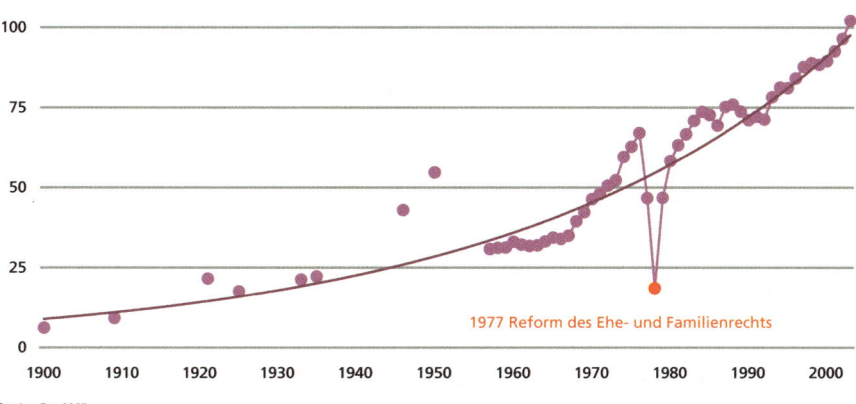

Ehescheidungen je 10 000 bestehender Ehen in Baden-Württemberg, 1900 bis 2003

1977 Reform des Ehe- und Familienrechts

StaLa Ba-Wü

Ehescheidungen in Baden-Württemberg 1970 und 2002 nach der Ehedauer

Jahr	Ehescheidungen insgesamt	Davon nach einer Ehedauer von ... bis unter ... Jahren in %						Durchschnittliche Ehedauer in Jahren
		< 3	3 - 6	6 -11	11 - 16	16 - 21	> 21	
1970	9.926	13,2	25,2	27,4	15,2	9,2	9,7	10,0
1990	16.669	6,7	20,3	25,6	15,3	12,4	19,6	12,4
2002	23.700	4,1	17,5	28,1	19,3	13,1	18,0	12,8

Quelle: Stala Ba-Wü.

In den 50er-Jahren des letzten Jahrhunderts wurden weniger Ehen geschieden als heute. Das hat nicht unbedingt etwas mit besserer ehelicher Harmonie als vielmehr mit der Tatsache zu tun, dass das Zerrüttungsargument noch nicht eingeführt war und dass gerade Frauen nicht selten in Armut fielen, wenn sie sich scheiden ließen. Zudem trugen geschiedene Frauen – aber kaum die geschiedenen Männer – ‚einen Makel‘ mit sich. Die Ursache lag an den damaligen Scheidungsgründen, die fast ausschließlich Ehebruch (§ 42) und andere Eheverfehlungen (§ 43 des Ehegesetzes von 1946) waren. Die Schuldzuweisungen durch die Gerichte trafen Männer und Frauen zu etwa gleichen Teilen.

Wie Cornelius für 2002 ermittelte, werden sechs von zehn Scheidungsanträgen von den Ehefrauen eingereicht. Das heißt nicht, dass die Frauen die treibenden Kräfte sind, denn in 93 % aller Anträge lag eine Zustimmung des jeweils anderen Partners vor.

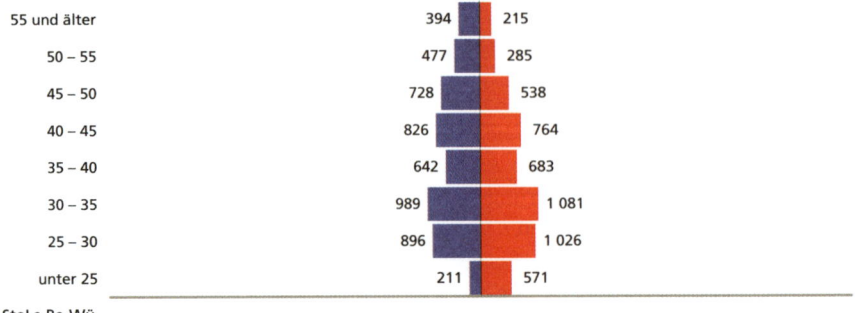

**Anzahl der Ehescheidungen von Männern und Frauen
in Baden-Württemberg im Jahr 1955 nach dem Alter der Geschiedenen**

Alter	Männer	Frauen
55 und älter	394	215
50 – 55	477	285
45 – 50	728	538
40 – 45	826	764
35 – 40	642	683
30 – 35	989	1 081
25 – 30	896	1 026
unter 25	211	571

StaLa Ba-Wü

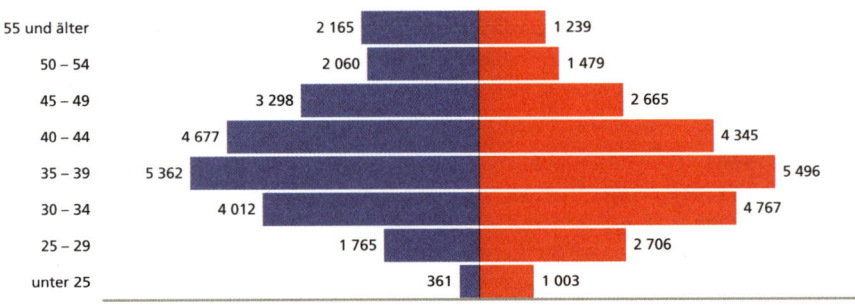

**Anzahl der Ehescheidungen von Männern und Frauen
in Baden-Württemberg im Jahr 2002 nach dem Alter der Geschiedenen**

Alter	Männer	Frauen
55 und älter	2 165	1 239
50 – 54	2 060	1 479
45 – 49	3 298	2 665
40 – 44	4 677	4 345
35 – 39	5 362	5 496
30 – 34	4 012	4 767
25 – 29	1 765	2 706
unter 25	361	1 003

StaLa Ba-Wü

3.1.2 Kinderlos trotz Kinderwunsch – Gründe für niedrige Geburtenraten

Ausmaß und Verlauf des demographischen Wandels werden im Wesentlichen durch niedrige Geburtenraten bedingt. Etwa 25 % eines Jahrganges bleiben in Deutschland voraussichtlich kinderlos. Damit hat Deutschland im EU-Vergleich den höchsten Anteil derjenigen, die keine eigene Familie gründen. Bei denjenigen, die Kinder bekommen, liegt die gewünschte Kinderzahl niedrig. Lange Zeit war in Deutschland eine Bevölkerungspolitik zur Förderung von Geburten wegen der nationalsozialistisch belasteten Vergangenheit kein Thema.[1] Die Entscheidung für Kinder galt als Privatsache, für die sich der Staat nicht zu interessieren hatte. In anderen europäischen Ländern (z.B. Frankreich) ist eine Bevölkerungspolitik, die Geburten fördert, durchaus üblich.

Die Entscheidung, eine Familie zu gründen oder sie um weitere Kinder zu vergrößern, wird nicht nur durch ein Kriterium bestimmt. In der Regel bedenken potenzielle Eltern viele Aspekte. Neben individuellen Gründen bestimmen strukturelle Herausforderungen und gesellschaftliche Rahmenbedingungen die Entscheidung. Im Folgenden werden Gründe, die einen relevanten Einfluss auf das Geburtenverhalten junger Paare in Deutschland haben, dargestellt.[2]

– Erster Grund: Pluralisierung der Gesellschaft und Wertewandel

Wir leben in einer offenen Gesellschaft, in der sich Lebensformen ausdifferenziert haben. Während früher Heirat und Familiengründung selbstverständlich zu einer für den größten Teil der Bevölkerung weitgehend standardisierten Biographie gehörten, ist das heute nicht mehr der Fall. Nur noch ein Teil der möglichen Lebensformen sieht überhaupt Kinder vor. Das Leben als Single, Ehepaar oder in einer nicht ehelichen Lebensgemeinschaft kann durchaus kinderlos verlaufen.

Eine normative Verbindlichkeit, Kinder zu bekommen, besteht nicht mehr. Die Familiengründung ist eine denkens- und planenswerte Option neben anderen geworden. Paare haben sich oft schon an ein Leben ohne Kinder gewöhnt und setzen andere Prioritäten. Freiheit, Selbstverwirklichung, Erlebnisorientierung, Mobilität und Flexibilität sind mit Kind nur noch schwer zu verwirklichen. Die Entscheidung für ein Kind bedeutet für Eltern zumeist den Verzicht auf andere Möglichkeiten der Lebensgestaltung.

---

1 Ministerium für Gesundheit, Soziales, Frauen und Familie des Landes Nordrhein-Westfalen (2005): Familienforschung für die Familienpolitik, Bochum.

2 Lipinski, Heike; Stutzer, Erich (2004): Wollen die Deutschen keine Kinder? Sechs Gründe für die anhaltend niedrigen Geburtenraten, in: Statistisches Monatsheft Baden-Württemberg, Heft 6, S. 3-8.

– Zweiter Grund: Eine stabile Partnerschaft ist Voraussetzung
Frauen und Männer nennen eine harmonische und stabile Partnerschaft als
wichtiges Kriterium für die Realisierung ihres Kinderwunsches.[3] Sehen sie
das nicht als gegeben an, verzichten sie eher auf Kinder als das Risiko einzu-
gehen, dem Kind keine Familie im traditionellen Sinne bieten zu können. In
Zeiten brüchiger Beziehungen und selbstverständlicher Singlephasen ist diese
Bedingung zu dem Zeitpunkt, an dem Frau oder Mann sich ein Kind vorstellen könnte, nicht unbedingt gegeben. Innerhalb der Gruppe der Kinderlosen
befinden sich überdurchschnittlich viele Menschen ohne Lebenspartner.
Bei denjenigen, die diese Bedingung für sich als erfüllt ansehen und dies
durch eine Eheschließung dokumentiert haben, ist der Kinderwunsch signifikant höher. Die Ehe ist für viele Menschen immer noch der Ausdruck für
die Verbindlichkeit einer Beziehung. Ehe und Familiengründung gehören in
Westdeutschland daher immer noch eng zusammen. Viele Menschen schließen
aber keine Ehe mehr. Ein Viertel der Frauen der Geburtsjahrgänge ab 1960
werden voraussichtlich unverheiratet bleiben; bei Frauen der Geburtsjahrgänge
bis 1940 waren es nur 10 %.
– Dritter Grund: Optimaler Zeitpunkt und verkleinertes Zeitfenster
Früher ‚bekam man Kinder einfach so‘, heutzutage ist Elternschaft planbarer
geworden und Paare entscheiden oft sehr bewusst über den Zeitpunkt der
Familiengründung. Sie haben einen hohen Anspruch, was sie ihren Kindern
bieten möchten und wollen den Zeitpunkt abwarten, an dem die Rahmenbedingungen für ein gelingendes Familienleben optimal sind. Den Kindern soll
ermöglicht werden, in unserer Leistungsgesellschaft bestmöglich in ein erfolgreiches und glückliches Leben zu starten. Sie sollen keine materiellen Sorgen
haben, pädagogisch wertvoll erzogen werden, genug Zeit und Zuwendung von
den Eltern bekommen.
Damit Eltern das gewährleisten können, suchen sie den idealen Zeitpunkt für
die Geburt ihrer Kinder. Das ‚Nest‘ soll gemacht sein, die Bedingungen für den
neuen Erdenbürger sollen möglichst perfekt sein. Das impliziert für die Eltern
in der Regel, dass sie eine abgeschlossene Berufsausbildung und eine gesicherte
berufliche Position haben, dass die finanziellen Verhältnisse gut sind und dass
ausreichender Wohnraum zur Verfügung steht. Ist das nicht gegeben, entscheiden sich Paare oft lieber gegen ein Kind, bevor sie es ihm zumuten, in weniger
idealen Verhältnissen aufzuwachsen. Diese Einstellung ist überdurchschnittlich
oft bei Männern und Frauen mit einer hochqualifizierten Berufsausbildung
anzutreffen. Paradoxerweise ist die hohe Wertschätzung von Kindern eine der

---

3 In der Studie vom Institut für Demoskopie Allensbach (2004): Einflussfaktoren auf die Geburtenrate,
Allensbach, nennen 84 % eine stabile Beziehung als Voraussetzung für eine Familiengründung.

Ursachen, auf diese zu verzichten. Durch den Anspruch, für die eigenen möglichen Kinder das Beste zu wollen, verkleinert sich das (generative) Zeitfenster. Die als optimal angesehenen Bedingungen beschränken sich in vielen Fällen auf wenige Jahre jenseits der 30.

– Vierter Grund: (Un-)Vereinbarkeit von Berufstätigkeit und Familie
Noch vor 40 Jahren wurden Frauen darauf vorbereitet, ihre wesentliche Lebensaufgabe in der Geburt und Erziehung von Kindern zu sehen. Heutzutage werden jungen Frauen zwei sinnstiftende Bereiche für ihr Leben vermittelt. Zum einen weiterhin die Mutterschaft und zwar mit dem Anspruch, für das Kind ganz da zu sein, Liebe, Kraft und Zeit zu investieren; zum anderen die Verwirklichung über eine Erwerbstätigkeit und das Erreichen von beruflichen Zielen als Lebensinhalt. Damit haben junge Frauen zwei Ziele: Familie *und* Beruf. Eine Vereinbarkeit dieser beiden Lebensbereiche ist in unserer Gesellschaft nur bedingt möglich, und das hat Folgen.

Die Geburt des ersten Kindes wird in ein höheres Lebensalter verschoben, es liegt im Durchschnitt bei über 29 Jahren. Viele Frauen möchten die oft hohen Investitionen in ihre Ausbildung nutzen und sich vor der Familiengründung erst beruflich etablieren. Sie wissen, dass sie nach Unterbrechung der Erwerbstätigkeit durch die Geburt eines Kindes unter Umständen keine Tätigkeit mehr finden, die ihrer Qualifikation entspricht.

Die Babypause ist oft gleichbedeutend damit, beruflich den Anschluss zu verpassen. Frauen, die bereits in jungen Jahren Karriere machen oder machen wollen, verzichten daher überdurchschnittlich häufig auf Kinder, weil ihre Opportunitätskosten besonders hoch sind. Das heißt, Verdienstausfall und der Verzicht auf die persönlichen Gestaltungsspielräume, die eine qualifizierte berufliche Position bietet, werden als zu große Beeinträchtigung empfunden. Das trifft europaweit und insbesondere auf Hochschulabsolventinnen und freiberuflich tätige Frauen zu.

Männer haben ganz ähnliche Befürchtungen. Jeder fünfte Mann kann sich prinzipiell vorstellen, die Elternzeit wahrzunehmen, aber noch nicht einmal 5 % entschließen sich konkret dazu.[4] Als Gründe werden die zu hohen finanziellen Einbußen für die Familie genannt, da in den meisten Fällen Männer immer noch ein höheres Einkommen erzielen als ihre Partnerinnen. Zum Anderen spielt die Befürchtung eine große Rolle, dass die Entscheidung für die Inanspruchnahme der Elternzeit oder eine Reduzierung der wöchentlichen Arbeitszeit zugunsten der Familie die beruflichen Möglichkeiten drastisch verringert.

---

4 Bundesministerium für Familie, Senioren, Frauen und Jugend (2002): Väter und Erziehungsurlaub, Schriftenreihe, Bd. 179, Berlin.

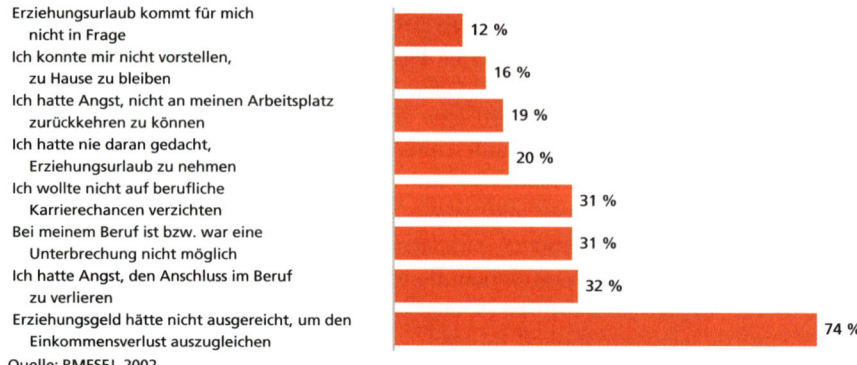

Von Vätern vorgebrachte Gründe gegen ihre Beteiligung an der Elternzeit

Erziehungsurlaub kommt für mich nicht in Frage — 12 %
Ich konnte mir nicht vorstellen, zu Hause zu bleiben — 16 %
Ich hatte Angst, nicht an meinen Arbeitsplatz zurückkehren zu können — 19 %
Ich hatte nie daran gedacht, Erziehungsurlaub zu nehmen — 20 %
Ich wollte nicht auf berufliche Karrierechancen verzichten — 31 %
Bei meinem Beruf ist bzw. war eine Unterbrechung nicht möglich — 31 %
Ich hatte Angst, den Anschluss im Beruf zu verlieren — 32 %
Erziehungsgeld hätte nicht ausgereicht, um den Einkommensverlust auszugleichen — 74 %

Quelle: BMFSFJ 2002.

Verstärkt wird die Angst, an beruflichen Chancen einzubüßen, durch die anhaltend hohe Arbeitslosigkeit. Die Instabilität des Arbeitsmarkts ist eine Barriere für die Verwirklichung von Kinderwünschen. Um den Berufseinstieg überhaupt wieder realisieren zu können, wird auf ein zweites oder drittes Kind verzichtet.

Arbeitszeitmodelle von Eltern mit einem Kind von unter 3 Jahren in Westdeutschland 2000

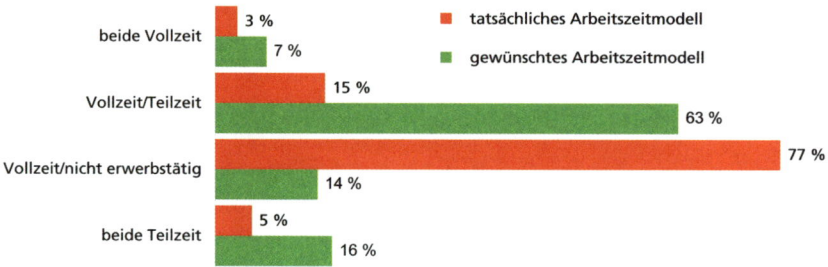

beide Vollzeit — 3 % / 7 %
Vollzeit/Teilzeit — 15 % / 63 %
Vollzeit/nicht erwerbstätig — 77 % / 14 %
beide Teilzeit — 5 % / 16 %

tatsächliches Arbeitszeitmodell
gewünschtes Arbeitszeitmodell

Quelle: Beckmann 2002.

Die meisten Paare wünschen sich bereits dann eine Erwerbstätigkeit beider Partner, wenn die Kinder das dritte Lebensjahr noch nicht vollendet haben.[5] Ein Großteil wünscht sich Teilzeitmodelle, um Familie und Beruf zu vereinbaren. Dass ein Partner Teilzeit, der andere Vollzeit erwerbstätig ist oder dass sogar beide Teilzeit arbeiten, ist mit kleinen Kindern zumeist nicht umsetzbar. Um das möglich zu machen, ist eine bedarfsgerechte Ausgestaltung der Kinderbetreuungsplätze wichtig. Das ist in Ostdeutschland bereits deutlich besser gelöst. Im Westen Deutschlands dagegen fehlt es an Kinderbetreuungsplätzen

---

5 Beckmann, Petra (2002): Zwischen Wunsch und Wirklichkeit, IAB-Werkstattbericht, Nürnberg.

für die unter 3-Jährigen. Für über 3-Jährige sind zwar genügend Plätze vorhanden, diese müssen aber einen größeren Stundenumfang (Ganztagsbetreuung) umfassen und Eltern mehr Flexibilität bieten.

Zur ungenügenden institutionellen Kinderbetreuung kommen besonders in Westdeutschland Bedenken gegen eine außerhäusige Kinderbetreuung hinzu. 37 % befürchten, dass kleine Kinder unter der Berufstätigkeit der Mutter leiden könnten. Mütter, die beides vereinbaren, müssen sich oft neben anderen Schwierigkeiten mit einem negativen gesellschaftlichen Urteil auseinandersetzen. In anderen europäischen Ländern mit höheren Geburtenraten unterscheiden sich die gesellschaftlichen Bedingungen erheblich: Über 60 % der Schweden meinen, dass die Berufstätigkeit der Frau mit einem kleinen Kind im Haushalt selbstverständlich möglich sein sollte und sich nicht negativ auf die Entwicklung des Kindes auswirkt. In Dänemark steht für jedes zweite Kind unter drei Jahren eine Betreuungsmöglichkeit zur Verfügung; ähnlich ist die Situation in Norwegen oder Frankreich. In Frankreich müssen sich die Eltern keine Gedanken machen, wie und wo sie ihre Schulkinder nachmittags unterbringen, weil es flächendeckend die Ganztagsschule gibt. In Schweden hat sich der Staat aktiv um Arbeitszeitmodelle bemüht; Teilzeitarbeit für Eltern ist weit gehend eine Selbstverständlichkeit.

**Von 100 Kindern besuchten in Ost- oder in Westdeutschland
... einen Kindergarten**

■ Kinder unter 3 Jahren in Westdeutschland
■ Kinder von 3 bis unter 6 Jahren in Westdeutschland
■ Kinder unter 3 Jahren in Ostdeutschland
■ Kinder von 3 bis unter 6 Jahren in Ostdeutschland

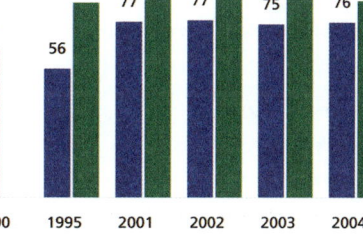

StaLa Ba-Wü

– Fünfter Grund: Zukunftsunsicherheit

Wer die Zukunft nicht einschätzen kann, überlegt noch genauer, ob er sich für ein Kind entscheidet. In Krisen- und Umbruchsituationen verzichten Menschen auf Kinder. Dies zeigt das deutliche Absinken der Geburtenraten während der Weltkriege und in den neuen Bundesländern nach dem Mauerfall. Diese Entwicklung wurde auch in allen ehemals kommunistischen Ländern festgestellt. Allerdings trifft der Umkehrschluss nicht zu. Mit einer Stabilisierung der wirtschaftlichen und gesellschaftlichen Situation kehrt die Geburtenrate nicht wieder auf ihr altes Niveau zurück. Unsicherheiten, wie sie in der deutschen Gesellschaft bestehen, in Form von hoher Arbeitslosigkeit, Unwägbarkeiten im Bezug auf die sozialen Sicherungssysteme, hoher Staatsverschuldung, einer lahmenden Wirtschaft und nicht zuletzt Befürchtungen über die Folgen des demographischen Wandels selbst, tragen dazu bei, dass Menschen die Realisation ihres Kinderwunsches erst einmal aufschieben oder ganz auf Kinder verzichten.

– Sechster Grund: Schwierige ökonomische Situation von Familien
Obwohl Deutschland zu den Ländern gehört, die im europäischen Vergleich viel in die finanzielle Förderung von Familien investieren, gelten viele Familien als arm. Besonders Familien mit mehreren Kindern, allein Erziehende und Familien in der Familiengründungsphase gehören zu den am stärksten von relativer Armut betroffenen Gruppen. Viele Familien müssen mit dem Einkommen eines Verdieners auskommen und haben damit pro Familienmitglied deutlich weniger zur Verfügung als Kinderlose. Familien stehen gegenüber dem, was sich Singles oder Doppelverdiener ohne Kind leisten können, im Abseits.[6] Auch Transferleistungen gleichen diese Unterschiede nicht aus. Das Einkommen eines deutschen Arbeiters mit drei Kindern erhöht sich durch Transferleistungen

**Formen des Zusammenlebens in Baden-Württemberg
nach durchschnittlichem Pro-Kopf-Einkommen der Haushalte 2001**

Haushalte insgesamt	1.135 EUR
Nicht eheliche Lebensgemeinschaften	1.522 EUR
ohne Kinder	1.277 EUR
Allein stehende Männer	1.246 EUR
Ehepaare ohne Kinder	1.094 EUR
Allein erziehende Männer	1.080 EUR
Nicht eheliche Lebensgemeinschaften	1.058 EUR
mit Kindern	1.002 EUR
Allein stehende Frauen	812 EUR

StaLa Ba-Wü

---

6 Bundesministerium für Familie, Senioren, Frauen und Jugend (2003): Nachhaltige Familienpolitik im Interesse einer aktiven Bevölkerungsentwicklung, Berlin.

noch nicht einmal um ein Viertel. In Frankreich oder Belgien beträgt die familienbedingte Einkommenserhöhung dagegen mehr als 60 %.[7]

– Siebter Grund: Eine kinderunfreundliche Gesellschaft

Eltern beurteilen die deutsche Gesellschaft als kinderunfreundlich, weil eine gut ausgebaute Kinderbetreuung fehlt, die für jeden Zweiten das wichtigste Merkmal einer familienfreundlichen Gesellschaft ist. Ähnlich beurteilen Eltern auch Wohnungsbau, Verkehrsgestaltung und Freizeitangebote. Viele Eltern erleben, dass sie in einer zunehmend Kinder entwöhnten Gesellschaft mit ihrem Nachwuchs als Störfaktor empfunden werden. Und das sehen nicht nur Eltern so. Drei Viertel derjenigen, die kein eigenes Kind haben, sind ebenfalls der Meinung, dass Deutschland wenig kinder- und familienfreundlich ist.

---

7 Dienel, Christiane (2002): Familienpolitik – Eine praxisorientierte Gesamtdarstellung der Handlungsfelder und Probleme, Weinheim und München.

3.1.3 Kinder machen glücklich

Die demographische Realität in Deutschland ist durch niedrige Geburtenraten geprägt. Fast ein Viertel der Deutschen gründet dauerhaft keine Familie, nur drei von vier Deutschen entscheiden sich für Kinder. Dennoch zeigen Befragungen von Jugendlichen, dass Familie kein Auslaufmodell ist.[1] Ein Großteil will später einmal Kinder haben. Nur ein geringer Teil der Jugendlichen schließt eine Familiengründung aus.

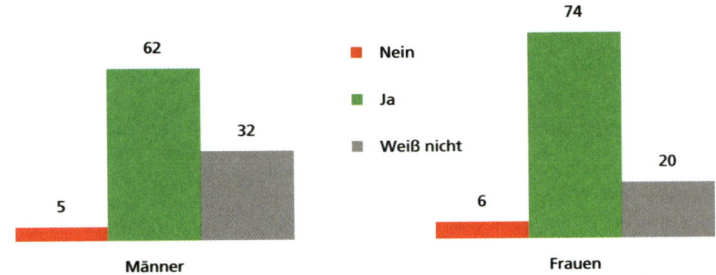

Von 100 Frauen und Männern im Alter von 16 bis unter 25 Jahren antworteten in Deutschland 2002 auf die Frage: Möchten Sie später Kinder haben ?

Quelle: Deutsche Shell 2002.

Im Alter von Anfang 20 wünschen sich über 90 % der Frauen und Männer ein Kind.[2] Im Laufe der Lebensjahre verändert sich dieser Kinderwunsch. Im Alter zwischen 31 und 35 Jahren wünschen sich noch 78 % der kinderlosen Frauen und 76 % der kinderlosen Männer ein Kind, in der Altersgruppe zwischen 36 und 40 Jahren sind es nur noch 39 % bzw. 24 %. Bei Frauen ist das Ende der reproduktiven Phase biologisch festgelegt, aber auch für Männer gibt es eine selbst definierte Grenze für die Vaterschaft, die meistens mit dem 50. Lebensjahr endet.[3] Eine Vaterschaft jenseits der 40 ist bereits selten.[4] Die Höhe des Kinderwunsches ist von verschiedenen Einflüssen abhängig. Besonders Bildungsstand und Einkommensverhältnisse spielen eine Rolle: Bei Frauen bewirken eine hohe Qualifikation, ein hohes Einkommen und eine hohe Berufsorientierung eher Unentschlossenheit.[5] Bei Männern wirkt

---

1 Deutsche Shell (2002): Jugend 2002, 14. Shell Jugendstudie, Hamburg.
2 Bien, Walter; Marbach, Jan (2003): Partnerschaft und Familiengründung, Opladen.
3 Bundesministerium für Familie, Senioren, Frauen und Jugend (2005): Monitor Familiendemographie, September.
4 Schmitt, Christian (2004): Kinderlose Männer in Deutschland, DIW-Materialien Nr. 34, Berlin.
5 Klein, Thomas; Eckard, Jan (2004): Sonderauswertung des Familiensurvey, Kinderwunsch, Kinderzahl und Kinderlosigkeit von Männern, Heidelberg.

sich ein überdurchschnittliches Einkommen positiv auf den Kinderwunsch und seine Umsetzung aus. Bei arbeitslosen Männern ist der Kinderwunsch dagegen deutlich geringer.

Die Anzahl der Kinder, die im Falle einer Familiengründung gewünscht werden, ist relativ niedrig. Die meisten Befragten geben an, sich nur ein oder zwei Kinder zu wünschen. Der statistische Durchschnitt liegt bei 1,8.[6] Damit ist nicht nur die Geburtenrate in Deutschland eine der niedrigsten in Europa, sondern auch die Anzahl der gewünschten Kinder. Im europäischen Vergleich liegt Deutschland bei der gewünschten Kinderzahl an viertletzter Stelle von allen EU25-Ländern. Nur in Österreich, Litauen und Italien hatten Frauen einen noch geringeren Kinderwunsch. Die Lücke zwischen gewünschter und tatsächlicher Kinderzahl ist damit geringer, als oft angenommen. Diejenigen, die eine Familiengründung realisieren, tun das im Hinblick auf die Familiengröße zumeist so, wie sie es sich gewünscht haben.

Kosten und Nutzen von Kindern

Nach der Theorie des Value-of-Children treffen Eltern, die sich für ein Kind entscheiden, bewusst oder unbewusst eine persönliche Kosten-Nutzen-Entscheidung.[7] Sie verbinden positive Aspekte mit ihrem Kinderwunsch und dessen Umsetzung. Sie wägen ab, welche Kosten mit einem Kind verbunden sind, und dabei handelt es sich neben materiellen Aspekten (z.B. finanzielle Situation, vorhandener Wohnraum) um immaterielle, wie den Verlust von Zeit und Unabhängigkeit. Die Theorie des Value-of-Children unterscheidet Arten des Nutzens, den Eltern durch ihre Kinder haben können.[8]

Eine Dimension ist der materiell-ökonomische Nutzen. Darunter fallen der direkte Einkommensnutzen von Kindern und die damit verbundene zu erwartende Wohlstandssteigerung des eigenen Haushaltes sowie der Versicherungsnutzen, der insbesondere bei der Altersversorgung der Eltern zum Tragen kommt.

Eine weitere Dimension des Nutzens von Kindern ist die psychische Ebene. Dazu gehört erstens der sozial-normative Nutzengewinn, wie z.B. die Steigerung des sozialen Status durch Familiengründung, die Entstehung von neuen Kontakten oder die persönliche Identitätsstiftung durch Elternschaft, und zweitens der emo-

---

6 McKinsey (2004): Perspektive Deutschland, 3. Sonderauswertung.

7 Der Value-of-Children-Approach (VoC) ist ein theoretisch fundiertes und empirisch überprüftes Konzept, das den Nutzen von Kindern für ihre Familie und insbesondere für die Eltern darstellt.

8 Nauck, Berhard (2001): Der Wert von Kindern, Value of Children als spezielle Handlungstheorie des generativen Verhaltens, in: Kölner Zeitschrift für Soziologie und Sozialpsychologie, Jg. 53, Heft 3, S. 407–435.

tional-dialogische Nutzen, der sich u.a. aus einer guten Qualität der Eltern-Kind-Beziehung ergibt.

Wird eine ‚Maximierung des Gewinns durch Kinder‘ angestrebt, ist es entscheidend, in welcher Zeit, an welchem Ort man lebt oder lebte. Denn welche Nutzendimensionen für Eltern bedeutend sind, hängt und hing von den gesellschaftlichen Bedingungen ab.

In der vorindustriellen, landwirtschaftlich und kleingewerblich geprägten Zeit kam der materiell-ökonomische Nutzen eher zum Tragen. Das gilt heute noch in manchen weniger entwickelten Ländern mit niedrigem Wohlstandsniveau und mangelhaften sozialen Sicherungssystemen. Es war oder ist dort heute noch opportun, viele Kinder zu haben, die zur Versorgung und zum Wohlstand der Familie und zur Alterssicherung beitragen sollen. In industrialisierten und dienstleistungsorientierten Ländern spielt vor allem der psychische Nutzen eine Rolle. Arbeits- und Versicherungsnutzen von Kindern sind durch gestiegenen Wohlstand und staatliche Sozialsysteme scheinbar unwichtig geworden. Unter sozial-normativen oder emotional-dialogischen Gesichtspunkten ist es nicht notwendig, eine große Familie zu gründen. Im Gegenteil, eine große Zahl von Kindern kann den Nutzen senken. So kann z.B. die Eltern-Kind-Beziehung weniger intensiv sein oder der soziale Status fallen. Große Familien können sogar als sozial abweichend angesehen werden. In Ländern, in denen der sozial-normative oder emotional-dialogische Nutzen von Kindern höher als der materiell-ökonomische eingeschätzt wird, sind die Geburtenraten niedrig.

Ergebnisse aus Befragungen dokumentieren die positiven Aspekte, die Eltern mit einem Leben mit Kindern verbinden.[9] Sie bestätigen das theoretische Konzept

Auf die Frage: 'Egal, ob man sich Kinder wünscht oder nicht, kann es ja ganz verschiedene Gründe geben, die gegen ein Kind sprechen' antworteten ... von 100 der 18- bis 44-jährigen Kinderlosen in Deutschland: 'Ein Kind wäre eine große finanzielle Belastung'			
18- bis 44-Jährige insgesamt	47	Frauen	45
18-23 Jahre	59	Männer	49
24-29 Jahre	48	Ehelich zusammen Lebende	26
30-34 Jahre	36	Nicht ehelich zusammen Lebende	47
35-44 Jahre	36	Allein Lebende	51

Quelle: Institut für Demoskopie Allensbach 2004.

---

9 Institut für Demoskopie Allenbach (2004): Einflussfaktoren auf die Geburtenrate, Allensbach; Forsa (2005): Mehr Kinder, mehr Leben, Berlin; ELTERN-Gruppe (2004): Familienanalyse 2005, Hamburg.

des Value-of-Children. Paare schreiben ihrer Elternschaft Vorteile zu, die der Dimension des psychischen Nutzens zugeordnet werden können.

Ein materiell-ökonomischer Nutzen von Kindern wird von den Befragten nicht genannt. Im Gegenteil: Die Eltern sehen deutlich die finanziellen Belastungen und materiellen Nachteile, die die Elternschaft mit sich bringt.

Eltern betonen die Wichtigkeit einer intensiven Bindung zu den Kindern und die Qualität dieser Bindung. Darin spiegelt sich in einer immer anonymer werdenden Welt das Bedürfnis nach überschaubaren, verbindlichen Beziehungen (Liebe, Geborgenheit) und der Übernahme von persönlicher Verantwortung wider.

Eine Betonung liegt auf dem Spaß und der Lebendigkeit, die mit einem Leben mit Kindern verbunden werden und damit den Bedürfnissen der Erlebnisgesellschaft entgegenkommen. In Aussagen wie ‚Wir haben neue Leute kennen gelernt‘ oder ‚Kinder bringen Anerkennung‘ spiegelt sich der gesellschaftliche Nutzen wider. Durch die Elternschaft hat sich die soziale Stellung verändert, es wird eine höhere Akzeptanz in der Gesellschaft erlebt. Die Elternschaft bietet für manche Eltern auch eine Antwort auf die Sinnsuche im Leben in einer weitgehend verweltlichten Gesellschaft.

Auf die Frage: 'Was bedeutet/n Ihr Kind/Ihre Kinder für Sie?' nannten ... von 100 Befragten ...	
Verantwortung tragen	95
Freude	89
Lachen	85
Liebe	88
Geborgenheit	64
Gebraucht werden	89
Ein erfülltes Leben	62
Neue Erfahrungen	77
Die Welt mit anderen Augen sehen	67
Anerkannt werden	34
Quelle von Selbstsicherheit	19
Was hat sich bei Ihnen geändert, seit Sie Kinder haben?	
Neue Leute kennen gelernt	65
Mein Leben ist interessanter geworden	62

Quellen: Forsa 2005, ELTERN-Gruppe 2005.

Allerdings hat die Geburt von Kindern auf der zwischenmenschlichen Ebene nicht ausschließlich positive Effekte und ist nicht nur Nutzengewinn. So entstehen durch Familiengründung neue Kontakte, andererseits fallen bestehende Kontakte weg oder Kontaktmöglichkeiten werden nicht mehr wahrgenommen.

Eine Beziehung zum eigenen Kind ist für die Eltern eine Bereicherung. Die Geburt von Kindern kann sich auch negativ auf die Qualität der Paarbeziehung auswirken, da Frauen die positiven Seiten der Elternschaft höher bewerten als Männer. Eine Ursache liegt darin, dass sie im Durchschnitt mehr Zeit mit den Kindern verbringen und von den genannten Nutzenaspekten stärker profitieren.

Es stellt sich die Frage, ob die positive Bewertung der Elternschaft schon vor der Familiengründung vorhanden war und zu dieser motiviert hat, oder ob sie sich erst aus der Elternschaft heraus begründet. Hinweise dazu gibt der Vergleich der Bewertung von Elternschaft zwischen Eltern und Kinderlosen. Er zeigt, dass auch Kinderlose den mit der Geburt eines Kindes verbundenen Nutzengewinn sehen, ihn allerdings längst nicht so hoch einschätzen wie die Eltern.

Die Einschätzung des Nutzens von Kindern ist dabei abhängig von der Intensität, mit der Kinder im eigenen Umfeld erlebt werden. Je seltener Kinderlose Kontakt zu Kindern haben, in desto geringerem Maße werden von ihnen die Vorteile einer Elternschaft gesehen.

Von 100 Paaren mit Kindern bzw. von Kinderlosen sehen ... in Kindern einen Nutzen durch ...		
	Paare mit Kindern	Kinderlose
Freude mit Kindern	88	60
Lieben und geliebt werden	87	68
Ein erfülltes Leben	65	8

Quelle: Institut für Demoskopie Allensbach 2004.

Es sind nicht nur die antizipierten Vorteile, die zur Realisation von Elternschaft motivieren. In vielen Fällen wurden und werden Kinder als selbstverständlicher Teil eines Lebensentwurfs gesehen. 71 % der Frauen und 59 % der Männer geben dies an. Für viele Paare hat die Familiengründung eine zentrale Stellung eingenommen. Drei Viertel der Befragten mit Kinderwunsch geben an, dass Elternschaft ein Faktor ist, den sie als zwingend notwendig für ihr Glück ansehen. Diese Einschätzung teilt nur einer von vier Erwachsenen ohne Kinderwunsch. Die positiven Beschreibungen eines Lebens mit Kind zeigen, dass sich für die allermeisten Eltern das erwartete Glück durch den Nachwuchs auch eingestellt hat.

3.1.4 Gespräch mit einer Elternbeirätin und einer Studentin

Das Meiste wurde in diesem Buch bislang in Zahlen, Berechnungen und Modellen abgehandelt. Dies sind begrenzte Abbildungen der Wirklichkeit, insbesondere, wenn Mittelwerte und andere Parameter genutzt werden. Hinter den Zahlen stehen Menschen und Schicksale. Diese mögen im Einzelnen zwar nicht repräsentativ sein, machen Statistiken aber verständlicher. Heike Lipinski von der FamilienForschung Baden-Württemberg und Wolfgang Walla sprachen mit der Studentin Maren Eitmann und der Gesamtelternbeiratsvorsitzenden der Kindergärten von Weil der Stadt, Frau Düh-Munzig.

Lipinski: Frau Eitmann, ein Viertel bis ein Drittel der Akademikerinnen in Deutschland werden wohl kinderlos bleiben. Wünschen Sie sich Kinder und was wäre für Sie das ideale Alter, um Kinder zu bekommen?

Eitmann: Nicht nur ich, auch mein Partner wünscht sich Kinder, aber erst wenn einer von uns beiden einen sicheren Arbeitsplatz hat. Am liebsten möchte ich ein Jahr nach meiner Ausbildung ein Kind bekommen. Elternzeit würde ich nicht in Anspruch nehmen wollen, sondern reduziert weiterarbeiten, wenn ich eine Betreuung fände, und davon hängt vieles ab. ... Und das ideale Alter, Kinder zu bekommen, wäre so ab Mitte 20; und dann hängt es natürlich davon ab, wie viele Kinder es werden sollen. ...

Lipinski: Wie schätzen Sie die Chancen ein, das so zu realisieren?,

Eitmann: Ich bin da recht optimistisch. Ich mache meine zweite Ausbildung und hoffe dadurch einen Arbeitsplatz zu bekommen. Wenn der dann nicht so toll sein sollte, macht das zunächst nichts. Und wenn ich im öffentlichen Dienst ankäme, dann könnte ich erst einmal durchatmen und an Kinder denken, dann wird es schon klappen.

Lipinski: ... und ein Kind während der Ausbildung ...?

Eitmann: ...ich streite nicht ab, dass das geht. Wäre ich jetzt unbeabsichtigt schwanger, würde ich das Kind wollen, denn eine Freundin hat das ziemlich gut geschafft, trotz der Belastungen, ...

Walla: Und wie war das bei Ihnen, Frau Düh-Munzig als Mutter zweier Töchter?

Düh-Munzig: *Zuerst war der Beruf wichtig – für mich und meinen Mann. Und als wir dann Kinder wollten, hat es lange nicht geklappt. Erst mit 37 kam die erste Tochter und mit 39 die zweite. Über Kinderbetreuung haben wir uns damals keine Gedanken gemacht. Da mein Mann mehr verdiente als ich, wollte ich zu Hause bleiben, bis die Kinder die Grundschule absolviert haben – wenn schon, denn schon. Dazu kam, dass die Rahmenbedingungen im öffentlichen Dienst wesentlich günstiger sind, als in der freien Wirtschaft. ...*

Lipinski: Wäre für Sie damals eine Teilzeitarbeit sinnvoll gewesen?

Düh-Munzig: Nein. Ich dachte, der Zeitaufwand für das Pendeln – zwei Stunden täglich – würde in keinem Verhältnis zum Verdienst stehen.

Lipinski: *Frau Eitmann, könnten Sie sich vorstellen, dass Ihr Partner Teilzeit arbeitet und damit nicht dem traditionellen Rollenverständnis entspräche?*

Eitmann: Würde er schon, sagt er. Ich bin neugierig, ob das dann wirklich klappt. Entscheidender ist, wer den besser bezahlten Job hat. Anderseits will ich, wenn ich Kinder habe, mich auch um sie kümmern.

Düh-Munzig: … Die Möglichkeit werden Sie haben. Ich kenne persönlich keinen einzigen Mann in der freien Wirtschaft, der Elternzeit in Anspruch genommen hätte. Das passt weder in das Weltbild der Arbeitgeber noch in das der Arbeitnehmer.

Walla: *Zwei Dinge fallen auf: Erstens, das Zeitbudget muss soviel hergeben, dass man sich um Kinder kümmern kann und zweitens, die Kasse muss stimmen. Angenommen alle Rahmenbedingung blieben konstant, nur das Einkommen wäre gesichert, könnten sie sich leichter für Kinder entscheiden?*

Eitmann: Davon hängt es eigentlich ab. Man muss das Gefühl haben, dass man vom Einkommen auch leben kann. Dann wäre es für meine Kinderentscheidung nicht ausschlaggebend, wenn es mehr Geld wäre. Der Grundbetrag muss gesichert sein. …

Walla: *… das heißt, der Grenznutzen des Geldes würde ganz schnell sinken. …*

Düh-Munzig: … das ist ja logisch, sonst müssten gut verdienende Paare mit hohem Einkommen mehr Kinder haben …

Lipinski: *… man findet unter gut Verdienenden in der Tat mehr Kinder.*

Eitmann: Wichtig ist doch nicht zuerst das Geld, sondern dass man Freude an den Kindern hat. Und wenn wir ‚Geld‘ durch ‚Entlohnung‘ ersetzen, hätten wir Che Guevara. Sagte der doch, dass eine befriedigende Tätigkeit auch ein Teil der Entlohnung sei. …

Walla: *… Frau Düh-Munzig, haben Sie sich vielleicht auch deshalb in der Elternarbeit engagiert?*

Düh-Munzig: So abwegig ist das nicht. Denn als die Kinder da waren, hat sich vieles geändert. In der Nachbarschaft waren Familien mit kleinen Kindern. Omas, Opas und Tanten gab es in der Nähe nicht, also haben die Eltern vieles selbst in die Hand genommen, z.B. einen Spielkreis gegründet. … Wichtig war, alles den Bedürfnissen der Kinder und Eltern anzupassen. Viel reden musste man nicht; alle lernten schnell, wie etwas geht oder warum etwas nicht geht. Der Mittelpunkt des Lebens waren auf einmal die Kinder. Als sich dann auch in unserer Stadt einiges änderte, konnten wir einen Kinderhort und die Betreuung von Kindern im Alter von unter drei Jahren aufbauen.

Walla: *Und was trugen die Männer dazu bei? In Skandinavien scheuen sich Männer nicht, allein mit dem Kinderwagen unterwegs zu sein. Bei uns, im Westen werden Väter, die sich engagieren wollen, von den jeweils anderen Müttern eher scheel angesehen. …*

Düh-Munzig: So ist es, wir haben wohl noch das traditionelle Rollenverständnis vom ‚jagenden Mann' und der ‚hütenden Frau'. Die Ablehnung geht dabei meistens von den Frauen aus. Schande über uns, aber es ist so. Frauen meinen, dass sie mit fremden Männern nicht über ‚Zahnen' oder Windeln reden können, weil die Männer ganz andere Themen bevorzugen würden, bei denen sie dann nicht mithalten können. Und deshalb halten sie Abstand. Wenn man dann einmal mit den Vätern spricht, merkt man, dass die genau die gleichen Sorgen und Nöte haben; das wird aber nicht erwartet.

Walla: Wie sehen Sie das, Frau Eitmann? …

Eitmann: … Mir fällt vor allem auf, dass Väter Stunden damit prahlen, was ihre Kinder alles schon können. …

Düh-Munzig: Bei uns ging die Entscheidung für die Hortbetreuung von meinen Töchtern aus, die haben alles ganz praktisch gesehen. Ohne Hort müssten sie herumtelefonieren, wer wann Zeit für Besuche und sonstige Aktivitäten hat; im Hort könnten sie sich immer treffen, sie bekämen zu essen, könnten ‚Hausis machen' und hätten immer andere Kinder zum Spielen. Die Freigabe kam also eigentlich von den Kindern, letztlich drängten die Kleinen darauf, im Hort angemeldet zu werden.

Lipinski: Welche Bedeutung hatte und hat ihr ehrenamtliches Engagement für Sie?

Düh-Munzig: Es war so: Ich sah mich fast im Auge eines hauswirtschaftlichen Strudels, aus dem es kein Entrinnen gibt. Es blieb Zeit, sich zu engagieren, Ansprechpartnerin für andere Mütter zu sein, zu organisieren, neue Kontakte zu knüpfen und zu pflegen. Dazu kommt eine gewisse intellektuelle Herausforderung im Umgang mit Gesetzestexten, Vorschriften und nicht zuletzt bei Abstimmungsgesprächen zwischen Kindergartenleitung und Stadtverwaltung.

Eitmann: Vor 100 Jahren fanden die meisten Frauen ihre Selbstbestätigung darin, einen Haushalt zu managen. Kochen, waschen, Kinder erziehen füllte den Tag aus. Heute finden Frauen eher die Zeit, das, was sie selbst gelernt haben, in die Gesellschaft einzubringen.

Walla: Frau Eitmann, was würden Sie einem Bürgermeister oder einem Ministerpräsidenten raten, wenn Sie heute in der damaligen Situation von Frau Düh-Munzig wären, denn viel besser ist die Situation bei der Kleinkinderbetreuung in Baden-Württemberg ja nicht geworden?

Eitmann: Bei meinen Kommilitoninnen ist die Nachfrage nach solchen Einrichtungen noch nicht groß. Die würden lieber zu Hause bleiben, wenn sie Kinder bekämen. Kinderbetreuungseinrichtungen würden den Frauen dann Perspektiven eröffnen, wenn sie nicht eine Stunde bräuchten, um diese zu erreichen. Das Angebot würde sicher eine Nachfrage generieren. Dann würden sich für uns Frauen die langen Ausbildungszeiten lohnen. Mein Rat wäre also, an erster Stelle solche Einrichtungen zu schaffen und für deren Nutzung zu werben.

Düh-Munzig: Es ist eindeutig, dass besser ausgebildete Frauen die Angebote von Kleinkindbetreuung und Hort eher in Anspruch nehmen, denn nur so können sich diese Frauen beruflich auf dem Laufenden halten.

Walla: Was kostet denn ein Platz für ein unter 3-jähriges Kind bei Ihnen, Frau Düh-Munzig?

Düh-Munzig: Das hängt von der Dauer der Betreuung und der Anzahl der Kinder in der Familie ab. Jedenfalls streut es zwischen 115 und 367 Euro bei nur einem Kind in der Familie; Ermäßigungen durch einen Familienpass gibt es auch bei uns. …

Walla: Kein Wunder, dass nur besser Situierte sich das leisten können.

Düh-Munzig: Das sind keine Ausreißer. Die Gebühren in Weil der Stadt bewegen sich im Mittelfeld. Deshalb lohnt sich unter finanziellen Gesichtspunkten eine durchschnittlich bezahlte Teilzeitarbeit bei zusätzlichen Fahrtkosten zur Arbeitsstelle in der Regel kaum. Es gibt für Frauen andere Gründe, einer solchen Beschäftigung nachzugehen, z.B. den Verlust von Kontakten zu vermeiden, beruflich auf dem Laufenden zu bleiben. …

Eitmann: … oder, wenn der Beruf Freude macht, möchte man diese nicht missen.

Lipinski: In Europa haben sich zwei Muster von Kleinkinderbetreuung herausgebildet. In Skandinavien und in Ostdeutschland gibt es ein gutes Angebot an Kleinkinderbetreuung, in Südeuropa und in Westdeutschland – speziell im Süden – gibt es eher weniger. Im Westen Deutschlands befürchten viele Eltern, dass eine außerhäusliche Betreuung ihren Kindern eher schadet. Wie sehen Sie das?

Eitmann: Ich würde mich dem nicht anschließen. Kontakte mit anderen Kindern können den eigenen Kindern nicht schaden, im Gegenteil.

Düh-Munzig: Kontakte schaden grundsätzlich nicht. Da bilden sich für alle Beteiligten prägende Verhaltensweisen heraus, und die Kleinsten entwickeln sich schneller, sie laufen schneller und sprechen früher. Und gerade dazu tragen die Kinder selbst viel bei, die größeren Kinder gehen zu den Babys und folgen damit unbewusst ihrem Pflegetrieb. Alles in allem wurden wir trotz anfänglicher Bedenken eines Besseren belehrt. Es sind eher manche Mütter, die Abnabelungsprobleme haben, und gerade deren Kinder entwickeln dann Trennungsängste. Nur muss man die Sache auch andersherum betrachten, und zwar nicht nur unter dem Aspekt der Nachfrage nach Plätzen, sondern - und das wird immer wichtiger - unter dem Aspekt der Qualitätssicherung des Angebotes.

Walla: Wie kommen denn manche Mütter darauf, dass Horte schädlich seien?

Düh-Munzig: Eine gute Mutter gibt ihr Kinde nicht weg, ‚frau‘ tut dies halt nicht. Diese Mütter meinen, wenn sie ein Kind bekommen, dann haben sie sich darum zu kümmern. Das wird vielfach von nahen, aber eigentlich unbeteiligten Personen, so erwartet. Frauen, die schnell wieder arbeiten wollen, wird Egoismus vorgeworfen. Und damit tun sich viele Mütter schwer. Warum die Väter alle gut sind, die arbeiten gehen, entzieht sich meinem Verständnis. Letztlich ist das die persönliche Entscheidung eines jeden Paares oder jeder Einzelperson; Lebensmodelle, an denen man sich orientieren kann, gibt es ja genug. Bei der alleinigen Ausrichtung auf die Kinder und Familie kann es für manche Frauen Sinnfindungsprobleme geben, wenn die Kinder dann das Haus verlassen und eigene Wege gehen. …

Eitmann: … dann haben diese Frauen ähnliche Probleme, wie andere, die in Rente gehen und nicht in ortsnahe soziale Netzwerke eingebunden sind. …

Walla: Was halten sie von der häufig, insbesondere von Männern, geäußerten Meinung, dass Paare oder Singles, die keine Kinder bekommen oder haben wollen, das Doppelte oder Dreifache in die Rentenkasse einzahlen sollen?

Eitmann: Erstens wäre das sicher zu pauschal und im Einzelnen ungerecht. Und zweitens sind Frauen keine Reproduktionsmaschinen, sie können durch Erwerbstätigkeit etwas zur gesellschaftlichen Wertschöpfung beitragen oder sich ehrenamtlich betätigen. Sinnvoller wäre es, Familien mit Kindern zu fördern. Nur so hat man einen Nachhaltigkeitseffekt. Denn die Beiträge für die Rentenkassen würden sofort wieder an die derzeitigen Rentner ausgegeben und die bekommen sicher keine Kinder mehr. Auch sollte die steuerliche Förderung des Verheiratet-seins abgeschafft werden und stattdessen sollten verheiratete oder nicht verheiratete Paare oder Singles mit Kindern steuerlich mehr entlastet werden.

Lipinski: Wir danken Ihnen für das Gespräch.

3.1.5 Familienförderung in der EU und in Deutschland

Ein Grund für die oft prekäre ökonomische Situation kinderreicher Familien in Deutschland mögen die vergleichsweise niedrigen staatlichen Barleistungen sein. In Deutschland wird an eine Familie mit drei Kindern weniger als ein Viertel zusätzliches Einkommen transferiert, in Frankreich oder Belgien sind es bis über 70 %. So wird in Frankreich ausdrücklich die Geburt des dritten Kindes gefördert. Als Faustregel gilt in Frankreich, dass eine Familie mit drei Kindern, die über ein mittleres Einkommen verfügt, keine Steuern mehr zahlt.[1]

**Familienförderung und Fruchtbarkeit in den EU15-Ländern im Jahr 2000
Abweichung vom EU15-Durchschnitt in %**

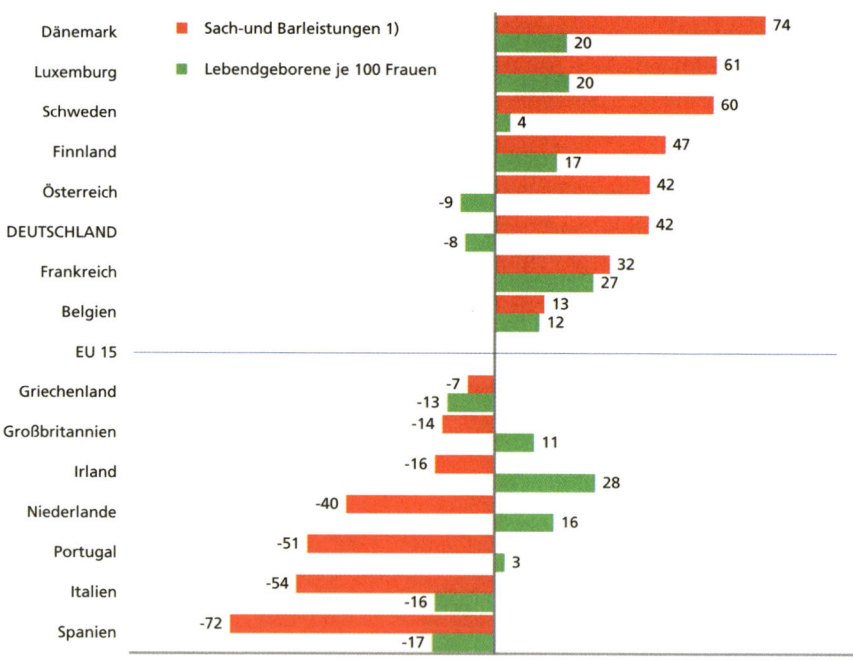

1) Anteil der Sach- und Barleistungen für Familien am Bruttoinlandsprodukt
Quelle: Eurostat 2003.

---

1 Dienel, Christiane (2002): Familienpolitik – Eine praxisorientierte Gesamtdarstellung der Handlungsfelder und Probleme, Weinheim und München, S. 245.

Ein Blick auf die EU15-Länder zeigt, dass die Zusammenhänge zwischen Familien-förderung, Geburtenhäufigkeit und Armut komplizierter sind.[2] Drei Merkmale rücken in den Vordergrund: Die Unterscheidung der familienpolitischen Leistungen nach Bar- und Sachleistungen, der Anteil der Bar- und Sachleistungen am Bruttoinlandsprodukt und der Anteil an Kindern und Jugendlichen an der Gesamtbevölkerung, der den Umfang der staatlichen Ausgaben mitbestimmen dürfte. Ein eindeutiger Zusammenhang zwischen Familienförderung und Geburtenhäufigkeit lässt sich nur schwer herstellen.[3] Ob die Familienförderung eher expansiv oder restriktiv ist, ob sie eher Barleistungen[4] oder Sachleistungen[5] bevorzugt, die Geburtenhäufigkeit steht manchmal quer zur Familienförderung, wie in den Niederlanden.

Im Vergleich zu anderen EU-Staaten überwiegen in Deutschland die Barleistungen für Familien: 71 % der Leistungen für Familien bestehen aus Kindergeld, Er-ziehungsgeld sowie anderen Transfers und 29 % aus Sachleistungen wie zum Beispiel den öffentlichen Aufwendungen für Kinderbetreuungseinrichtungen. Ganz anders verhält es sich in Dänemark und Schweden. In beiden Staaten fallen 70 % der Aufwendungen für Familien auf Sachleistungen.

Durch eine expansive Familienförderung mit relativ hoher Geburtenhäufigkeit zeichnen sich besonders Dänemark, Finnland, Frankreich und Luxemburg aus. Bei beiden skandinavischen Staaten überwiegen die Sachleistungen, bei Frankreich und Luxemburg die Barzahlungen. Am unteren Ende stehen die südeuropäischen Staaten Italien, Spanien und Griechenland. Sie sind familienpolitisch eher untätig und weisen die niedrigsten Geburtenraten in Europa auf. In Spaniens kaum sicht-barer Familienförderung dominieren die Sachleistungen. Deutschland bildet mit Österreich eine kleine Gruppe, die familienpolitisch vor allem durch Barzahlungen viel leistet, aber niedrige Geburtenraten hat. Auffallend ist Irland mit der höchsten Geburtenrate in der EU. Kultur und Religion scheinen ein wichtiger Grund dafür zu sein, dass sich dort der Staat familienpolitisch eher zurückhält

---

2 Wintersberger, Helmut; Wörister, Karl (2003): Child Benefit Packages im internationalen Vergleich, in: WISO, Nr. 4, S: 133-154.

3 Eurostat (2003): Sozialschutz: Barleistungen für Familien in Europa, Statistik kurz gefasst, 19 und Eurostat (2004): Sozialschutz in Europa, Statistik kurz gefasst, 6 sowie Eurostat (2004): Armut und soziale Ausgrenzung in der EU, Statistik kurz gefasst, 16.

4 Zu den Barleistungen für Familien gehören: Geburtsbeihilfen, finanzielle Leistungen im Rahmen des Elternurlaubs, Familienbeihilfen, Kindergeld sowie sonstige Barleistungen aufgrund spezieller Bedürfnisse allein Erziehender.

5 Sachleistungen der Familien umfassen besonders die öffentlichen Aufwendungen für Kinderbetreu-ungseinrichtungen, aber auch Unterbringung in Einrichtungen und Pflegefamilien sowie häusliche Hilfe.

Sach- und Barleistungen für Familien in den EU15-Ländern 2000

EU15-Länder	Geburtenrate Lebendgeborene je 100 Frauen	Sach- und Barleistungen für Familien in % des BIP	Barleistungen in % der Leistungen für Familien	Sach- und Barleistungen für Familien in % aller Sozialleistungen
Irland	189	1,75	86	13
Frankreich	188	2,74	73	10
Luxemburg	178	3,35	78	17
Dänemark	177	3,63	30	13
Finnland	173	3,06	46	13
Niederlande	172	1,24	64	5
Belgien	166	2,36	85	9
Großbritannien	164	1,79	78	7
Schweden	154	3,33	30	11
Portugal	152	1,02	49	6
EU15-Länder	148	2,08	67	8
DEUTSCHLAND	136	2,96	71	11
Österreich	134	2,97	78	11
Griechenland	129	1,93	52	7
Italien	124	0,96	52	4
Spanien	123	0,58	35	3

Deutlich über dem Durchschnitt der EU15-Länder.
Deutlich unter dem Durchschnitt der EU15-Länder.
Quellen: Eurostat 2003 und 2004.

Zusammenhang zwischen Familienförderung und Armut

Ganz anders und recht eindeutig scheint der Zusammenhang zwischen – fehlender oder schwacher – Familienförderung und relativer Einkommensarmut von Familien und Kindern zu sein. Es gibt EU-Länder, in denen, anders als in Deutschland, selbst kinderreiche Familien und allein Erziehende kaum häufiger in ökonomisch prekären Verhältnissen leben als der Durchschnitt der Gesamtbevölkerung. Gleichzeitig weisen diese Länder überdurchschnittlich hohe Geburtenraten auf.

Es sind die skandinavischen Staaten Dänemark, Finnland und Schweden, die auch eine expansive Familienpolitik vor allem durch die Förderung der Kinderbetreuung betreiben.

Armutsquote und Geburtenrate in ausgewählten EU-Ländern 2001			
EU-Land	Arme allein Erziehende	Arme Kinderreiche	Geburten je 100 Frauen
	%		
Finnland	11	5	173
Dänemark	12	13	177
Deutschland	36	21	136
Frankreich	35	24	190
Quelle: Eurostat 2004.			

Von 100 allein Erziehenden oder Paaren mit Kindern liefen in den EU15-Ländern ... Gefahr, in Armut zu fallen, 2000

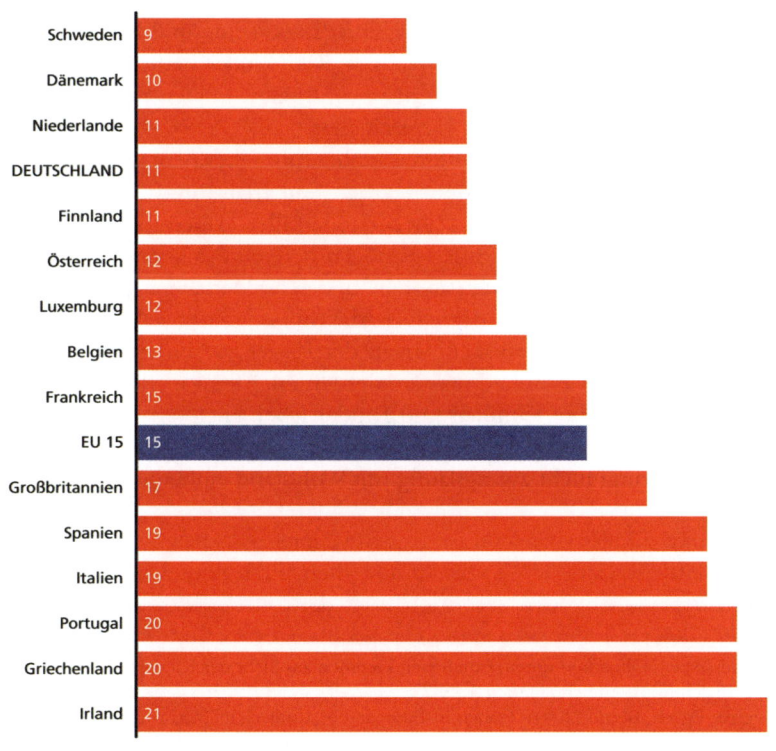

Quelle: Eurostat.

Mit anderen Worten: Eine expansive Familienförderung allein reicht nicht aus, um das Risiko von Armut bei Familien zu verringern, wenn sie sich überwiegend auf Barleistungen stützt. Das belegen nicht nur Deutschland und Frankreich, sondern auch Österreich und zum Teil Belgien. Keine an Barleistungen orientierte Familienförderung vermag das zum Teil sehr steile Einkommensgefälle zwischen Kinderlosen und Familien mit Kindern auszugleichen; erst recht unter den gegenwärtigen finanziellen Restriktionen öffentlicher Haushalte in nahezu allen Staaten der EU. Gerade in Lebensphasen, in denen Familien gegründet werden, geht es zum Beispiel in Deutschland beim Einkommensgefälle zwischen kinderlosen Paaren und Paaren mit Kindern nicht um 30 oder 50 Euro, sondern um 600 bis 650 Euro netto pro Kopf und Monat. Allein eine Erwerbsbeteiligung beider Eltern kann das Einkommensgefälle teilweise oder sogar ganz ausgleichen. Auch die ökonomische Situation vornehmlich allein erziehender Frauen mit Kleinkindern verbessert sich erheblich durch eine angemessene Erwerbstätigkeit der Mutter. Gleichzeitig grenzt die Erwerbsbeteiligung deutlich das Ausmaß ökonomisch prekärer Lebenslagen ein und ermöglicht häufiger ökonomischen Wohlstand.[6] Für alle EU-Staaten, in denen allein Erziehende und Kinderreiche weniger oft in prekären Verhältnissen leben, gilt: Kleinkinder besuchen häufiger öffentlich geförderte Betreuungseinrichtungen und selbst Frauen mit mehreren Kindern sind öfter erwerbstätig als in Deutschland.[7]

Eine restriktive Familienförderung geht stets einher mit hoher Armutsgefährdung der Familien und Kinder. So in Großbritannien und Irland und hauptsächlich in den südeuropäischen Staaten. Die Niederlande fallen dabei etwas aus dem Rahmen. Familien mit zwei oder mehr Kindern befinden sich vergleichsweise selten in ökonomisch schwierigen Situationen. In den Niederlanden gibt es kaum familienpolitische Sozialleistungen, dafür aber arbeitsmarktpolitische Maßnahmen, die ein ausreichendes Familieneinkommen in der Regel gewährleisten. Staaten, die am wenigsten für ihre Familien und Kinder leisten, haben nicht nur die geringsten Geburtenraten, ihre Familien und Kinder leben auch am häufigsten in ökonomisch schwierigen Verhältnissen. An Irland kann man zudem erkennen, dass eine junge Bevölkerung nicht zwangsläufig mit Wohlstand einhergeht.

---

6 Eggen, Bernd (2004): Oben und unten: Familieneinkommen aus Sicht der Kinder, in: Statistisches Monatsheft Baden-Württemberg, Heft 9, S. 18-25.

7 Renz, Regine; Eggen, Bernd (2004): Frauen in Europa: Job? Kinder?, in: Statistisches Monatsheft, Heft 4, S. 11-15; Bundesministerium für Familie, Senioren, Frauen und Jugend (2003): Nachhaltige Familienpolitik im Interesse einer aktiven Bevölkerungsentwicklung, Berlin, S. 33.

Finanzielle Familienförderung in Deutschland

Um strukturelle Unterschiede von Familien gegenüber Kinderlosen abzubauen, wurden in den 80er- und 90er-Jahren in Deutschland die staatlichen finanziellen Hilfen ausgebaut. Beispielsweise wurde 1986 ein Bundeserziehungsgeld in Höhe von umgerechnet etwa 307 Euro eingeführt, und das monatliche Kindergeld sowie steuerliche Kinderfreibeträge wurden in mehreren Schritten angehoben. 1982 erhielt eine Familie, die drei Kinder hat, monatlich insgesamt 179 Euro an Kindergeld. 2002 bekam eine Familie für ein Kind bei Inanspruchnahme des Kindergeldes und des Bundeserziehungsgeldes einen Beitrag in Höhe von 769 Euro.

Ausgewählte finanzielle familienpolitische Leistungen seit 1980				
	Monatliches Kindergeld für das ... Kind			
Seit dem	**1.**	**2.**	**3.**	**4. u. weitere**
	EUR			
01.07.1979	26	51	102	102
01.02.1981	26	61	123	123
01.01.1982	26	51	112	123
1983 Einführung eines einkommensabhängigen Kindergeldes				
01.01.1983	26	36 - 51	72 – 123	72 – 123
01.07.1990	26	36 - 66	72 – 123	72 – 123
01.01.1992	26	36 - 66	72 – 123	72 – 123
1994 Einführung einer zweiten Einkommensgrenze mit niedrigeren Sockelbeträgen				
01.01.1994	36	36 - 66	72 – 123	72 – 123
1996 Einkommensunabhängiges Kindergeld; Wahlfreiheit zwischen Kindergeld oder Kinderfreibetrag				
01.01.1996	102	102	153	179
01.01.1997	112	112	153	179
01.01.1999	128	128	153	179
01.01.2000	138	138	153	179
01.01.2002	154	154	154	179

Quelle: StaLa Ba-Wü.

Seit 2005 gibt es zu den bisherigen Leistungen den Kinderzuschlag in Höhe von monatlich bis zu 140 Euro je Kind. Er wird an Eltern gezahlt, die zwar mit ihren Einkünften ihren eigenen Unterhalt bestreiten können, aber nicht den ihrer Kinder. Sie wären ohne Kinderzuschlag auf Arbeitslosengeld II (ALG II) angewiesen, mit dem Kinderzuschlag brauchen sie diese Fürsorgeleistung nicht. Der

Kinderzuschlag wird für minderjährige, im Haushalt der Eltern lebende Kinder für die Dauer von maximal 36 Monaten gezahlt; er muss bei der Familienkasse der Agentur für Arbeit beantragt werden und wird zusammen mit dem Kindergeld ausgezahlt.

Jährlicher Kinderfreibetrag in der Einkommenssteuer pro Kind in Euro		
01.01.1983	221	Neueinführung eines Kinderfreibetrages in der Einkommensteuer
01.01.1986	1.270	
01.01.1990	1.546	
01.01.1992	2.098	
01.01.1996	3.203	Einkommensunabhängiges Kindergeld; Wahlfreiheit zwischen Kindergeld oder Kinderfreibetrag
01.01.1997	3.534	
01.01.2000	5.080	Sächlicher Kinderfreibetrag 3.534 € Betreuungsaufwand 1.546 € (Betreuungsfreibetrag bis zur Vollendung des 16. Lebensjahres)
01.01.2002	5.808	Sächliches Existenzminimum 3.648 €, Betreuungsaufwand 1.548 €, Erziehungsbedarf 612 € bis zur Volljährigkeit bzw. auch für Kinder in Ausbildung)
Bundeserziehungsgeld in Höhe von 306,77 monatlich für ... Monate*		
01.01.1986	10	
01.01.1988	12	
01.07.1989	15	
01.07.1990	18	
01.01.1993	24	

* ab 1.1.2002: 307 €
Quelle: StaLa Ba-Wü.

Die Bundesländer unterstützen mit eigenen finanziellen Leistungen besonders Familien in wirtschaftlich schwierigen Verhältnissen. Dazu gehört in Baden-Württemberg das Landeserziehungsgeld. Es weitet den 2-jährigen Zeitraum des Bundeserziehungsgeldes auf bis zu drei Jahre aus. Der Erhalt des Landeserziehungsgeldes ist an Einkommensgrenzen gebunden und beträgt zum Beispiel in Baden-Württemberg für ein Kind monatlich 205 Euro. Darüber hinaus gibt es – oft einmalige – finanzielle Zuschüsse, z.B. bei Mehrlingsgeburten.

In welchem Verhältnis die Förderungen zu möglichen Ausgaben für die Kinderbetreuung stehen können, zeigt der folgende Auszug einer Gebührenordnung. Nach Auskunft der betroffenen Eltern sind die Gebühren weder besonders hoch noch besonders niedrig. Vor allem bei verlängerten Öffnungszeiten mit Imbiss und Ganztagsbetreuung deckt das Kindergeld oft nicht einmal die Gebühren für die außerhäusige Betreuung der Kinder.

**Auszüge aus dem Informationsblatt einer Städtischen Kindertageseinrichtung
in Weil der Stadt**

„Kindertreff"
Jahnstraße 5

für 11 Monate
ab September 2005

Gebührenordnung

Kleinkinder (unter 3 Jahren)

Regelzeit

1 Kind i.d. Fam.	115,00 €
2 Kinder i.d. Fam.	87,00 €
3 Kinder i.d. Fam.	59,00 €
ab 4 Kinder i.d. Fam.	20,00 €

Verlängerte Öffnungszeit

1 Kind i.d. Fam.	182,00 €
2 Kinder i.d. Fam.	154,00 €
3 Kinder i.d. Fam.	126,00 €
ab 4 Kinder i.d. Fam.	87,00 €

Ganztagesbetreuung

1 Kind i.d. Fam.	367,00 €
ab 2 Kinder i.d. Fam.	297,00 €

Kindergartenbereich

Regelzeit

1 Kind i.d. Fam.	82,00 €
2 Kinder i.d. Fam.	62,00 €
3 Kinder i.d. Fam.	42,00 €
ab 4 Kinder i.d. Fam.	14,00 €

VÖ & Imbiss

1 Kind i.d. Fam.	120,00 €
2 Kinder i.d. Fam.	100,00 €
3 Kinder i.d. Fam.	80,00 €
ab 4 Kinder i.d. Fam.	52,00 €

Ganztagesbetreuung

1 Kind i.d. Fam.	278,00 €
ab 2 Kinder i.d. Fam.	228,00 €

3.2 Bildung

3.2.1 Kinderbetreuung im Vorschulalter
3.2.2 Schüler, Studenten, Lehrer
3.2.3 Früher ins Berufsleben, lebenslanges Lernen
3.2.4 Bildungsstand, Kinder, Partnerwahl und Einkommen

Noch nie wussten die Menschen so viel wie heute. Doch je mehr sie wissen, desto unsicherer scheinen sie sich zu fühlen. Es trifft zu, dass die Menschheit noch nie soviel Wissen in Bibliotheken und Fakten in Datenbanken und Informationssystemen angesammelt hat wie heute. Weiter trifft zu, dass vorhandenes Wissen noch nie so schnell durch mehr Wissen ergänzt wurde. Die Wissensgesellschaft hat eine Reihe gravierender Veränderungen erlebt, seien es Umbrüche im politischen System, Veränderungen der weltpolitischen Lage oder Umwälzungen durch neue Technologien. Vieles musste neu oder anders oder einfach dazu gelernt werden.

Zum Lernen gehören immer zwei Gruppen – die Lernenden und die Lehrenden. Bei ungewöhnlichen Altersstrukturen wirken sich die demographischen Prozesse sowohl auf die Nachfrage nach Schul und Ausbildungsplätzen wie auf das Angebot an Lehrpersonal aus; kongruente Entwicklungen sind selten, was von Zeit zu Zeit zu Über- und Unterkapazitäten führt.

Lernen und sich weiterbilden sind die Voraussetzungen für ein erfolgreiches Leben und für ausreichende Einkünfte. Nur eine gut ausgebildete und sich dauerhaft weiterbildende Gesellschaft kann den erreichten Wohlstand sichern.

Gute oder mangelhafte Ausbildung beeinflusst das demographische Geschehen, wie die Wahrscheinlichkeit der Kinderlosigkeit oder die Wahl der Partner und letztlich die Geburtenraten.

3.2.1 Kinderbetreuung im Vorschulalter

Derzeit sind 2 Mill. Kinder im Kindergartenalter, also im Alter zwischen drei und sechseinhalb Jahren, 2015 werden es 1,8 Millionen und 2035 wohl 1,6 Millionen sein. Dies ist ein Rückgang von 11 bzw. 22 %. Allerdings sind von diesem Rückgang vorerst nur die westdeutschen Länder betroffen. Denn Ostdeutschland dürfte in den nächsten zehn Jahren wieder etwas mehr Kinder im Kindergartenalter haben. Der Grund ist, dass Ostdeutschland von einem sehr niedrigen Geburtenniveau ausgeht. Zu Beginn bis Mitte der 90er-Jahre war die Geburtenrate drastisch bis auf 77 Geburten je 100 Frauen gesunken. Sie hat sich in den letzten Jahren wieder etwas erholt und dürfte sich in den nächsten Jahren dem höheren Niveau in Westdeutschland nähern.

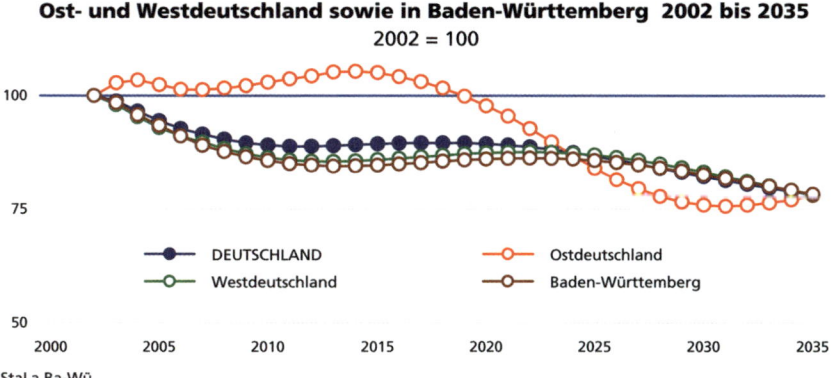

Entwicklung der Zahl der Kinder im Kindergartenalter in Deutschland, Ost- und Westdeutschland sowie in Baden-Württemberg 2002 bis 2035
2002 = 100

StaLa Ba-Wü

Der Bedarf an Betreuungsplätzen in Kindergärten wird zunächst in Westdeutschland sinken. Ausgehend von einer konstanten Geburtenrate von 140 Kindern je 100 Frauen und einer weitgehenden Vollversorgung rechnet die amtliche Statistik zum Beispiel für Rheinland-Pfalz, dass dort der Bedarf bis 2015 um 22 % sinkt und bis 2035 sogar um 31 %.[1] Bei einer niedrigeren Geburtenrate fiele der Rückgang noch deutlicher aus. Selbst dann, wenn die Geburtenrate innerhalb der nächsten zehn Jahre auf 180 Kinder je 100 Frauen stiege, ginge der Bedarf an Kindergartenplätzen im Vergleich zu heute zurück. In Baden-Württemberg könnte sich bei einer gleichsam konstanten Geburtenrate und Betreuungsquote

---

1 Statistisches Landesamt Rheinland-Pfalz (2004): Rheinland-Pfalz 2050. Zeitreihen, Strukturdaten, Analysen. II. Auswirkungen der demographischen Entwicklung, Bad-Ems, S. 98–109.

die Zahl der benötigten Kindergartenplätze bis 2015 um gut 60 000 bzw. 15 % verringern.[2]

Anders sieht es bei den Krippenplätzen aus. Zwar sinkt die Zahl der unter 3-Jährigen von derzeit 2,2 über 2,1 Millionen im Jahr 2015 auf 1,8 Millionen im Jahr 2035. Trotz dieses Rückganges von 6 bzw. 20 % dürfte der Bedarf an Betreuungsplätzen steigen, denn die Versorgung mit solchen Plätzen ist besonders in Westdeutschland sehr gering. Im Westen werden 3 von 100 Kleinkindern in einer Krippe betreut, in Ostdeutschland sind es 37 von 100.

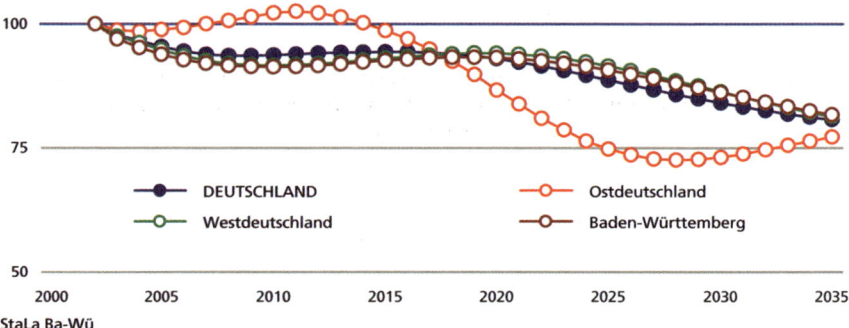

Entwicklung der Zahl der Kinder von unter 3 Jahren in Deutschland, Ost- und Westdeutschland sowie in Baden-Württemberg 2002 bis 2035

2002 = 100

StaLa Ba-Wü

Die demographische Entwicklung mit dem Rückgang der Kinderzahlen fordert die Politik verschieden heraus: Einerseits immer weniger Kinder, andererseits höhere Ansprüche etwa bei der Vorschulerziehung oder der Vereinbarkeit von Familie und Beruf. Unbestritten ist, dass eine gute Versorgung mit Betreuungsplätzen einen Beitrag zur Abmilderung der Auswirkungen des demographischen Wandels leistet. Sie kann die künftige Erwerbsbeteiligung der Eltern, besonders der Frauen steigern und möglicherweise wieder die Entscheidung für Kinder erleichtern.

Gleichzeitig wachsen die Anforderungen an Kindergärten. Neben der Betreuung sollen Kindergärten zunehmend einen Bildungsauftrag übernehmen. Dies erfordert nicht nur mehr, sondern zusätzlich qualifiziertes Personal. Und das in einer Situation, in der mancher Orts Kindergärten mangels ausreichender Kinderzahlen bereits geschlossen werden oder akut vor der Schließung stehen. Vornehmlich in kleineren Gemeinden ist der Kindergarten die letzte öffentliche Einrichtung. Dazu die Meinung eines Ortsvorstehers bei Wertheim in Baden–Württemberg:

---

2 Ridderbusch, Jens (2004): Ausbau der Kindertagesbetreuung hat Vorteile für die Volkswirtschaft, in: Statistisches Monatsheft Baden–Württemberg, Heft 11, S. 3-10.

"Wenn der Kindergarten auch noch weg ist, gibt es keinen Grund mehr für Familien, in unseren Ort zu ziehen". Um der Verödung des Ortes entgegen zu steuern, besteht trotz weniger Kinder ein Interesse, den Kindergarten zu erhalten und ihn zu einem allgemeinen Treffpunkt, zu einem Ort für Kinder und Familien weiter zu entwickeln. Die Gemeinden sehen sich gefordert, die Versorgung mit Krippenplätzen zu verbessern. Dies kann durch die Umwandlung von Kindergartenplätzen in Krippenplätze geschehen und durch den zusätzlichen Ausbau von Betreuungseinrichtungen für Kleinkinder.

Für Rheinland-Pfalz hat die amtliche Statistik folgende Modellrechnungen erstellt. Wenn lediglich die Kindergartenplätze, die durch die demographische Entwicklung frei werden, in Krippenplätze umgewandelt werden, kann dies wegen unterschiedlicher räumlicher und personeller Ressourcenanforderungen nicht durch eine Eins-zu-Eins-Umwandlung erfolgen. Bei einer Umwandlung von drei Kindergartenplätzen in einen Krippenplatz könnte bei einer gleich bleibenden Geburtenrate von 140 Kindern je 100 Frauen bis 2015 ein Versorgungsgrad von rund 15 % und bis 2035 von 22 % erreicht werden. Wollte man bis 2015 einen Versorgungsgrad von 20 % und bis 2035 einen von rund 50 % erreichen, müsste sich das Platzangebot von 2002 um mehr als das 6- bzw. 14-fache ausdehnen. Bei einer geringeren Geburtenrate könnten mehr frei werdende Kindergartenplätze in Krippenplätze umgewandelt werden und zugleich würden wegen einer niedrigeren Nachfrage nach Krippenplätzen mittel- und langfristig deutlich höhere Versorgungsgrade verwirklicht werden. Stiege jedoch die Geburtenrate, wäre eine Umwandlung nur begrenzt möglich und es wären erheblich stärkere Anstrengungen nötig, um eine entsprechende Versorgungsdichte zu erzielen.

Exkurs: Eine Modellrechnung für Baden-Württemberg

Die in Kindergärten frei werdenden Kapazitäten können in Krippenplätze umgewandelt, aber auch für andere Betreuungsangebote verwendet werden, zum Beispiel für Ganztagesplätze durch längere Öffnungszeiten und für altersgemischte Einrichtungen durch Aufnahme von Klein- und Hortkindern.

Für Baden-Württemberg hat Jens Ridderbusch vom Statistischen Landesamt folgende Möglichkeiten durchgerechnet. Bei der Umwandlung der bis 2015 frei werdenden gut 60 000 Plätze sind zunächst die höheren Kosten für die betreuungsintensiveren Ganztagesplätze anzusetzen und zwar mit den Faktoren:

1,4   im Kindergarten,
1,9   in Einrichtungen mit altersgemischten Gruppen,
2,8   in Kinderkrippen.

Ferner sind die längeren Betreuungszeiten bei Ganztagesplätzen zu berücksichtigen – wöchentlich 35 bis 50 Stunden statt 30 Stunden.

- Demnach könnten durch Umwandlung der nicht mehr benötigten Plätze im Laufe der nächsten 10 Jahre rund 26 000 bis 37 000 zusätzliche Ganztagesplätze in Kindergärten mit 35 bis 50 Stunden wöchentlicher Öffnungszeit geschaffen werden, ohne für deren Gesamtbetrieb mehr Geld ausgeben zu müssen.
- Alternativ könnten rund 19 000 bis 28 000 gleichartige Ganztagesplätze für altersgemischte Gruppen geschaffen werde.
- Alternativ könnten rund 13 000 bis 44 000 Krippenplätze für unter 3-Jährige geschaffen werden (15,5 bis 50 Stunden wöchentlicher Öffnungszeit).

Der Versorgungsgrad mit Ganztagesplätzen im Kindergarten würde demnach von derzeit gut 7 auf 17 bis 20 % steigen – oder alternativ die Betreuungsquote für unter 3-Jährige von derzeit 2 auf 9 bis 20 % steigen.

Die Modellrechnungen zeigen: Der Ausbau der Kindertagesbetreuung kann zu einem nicht unerheblichen Teil durch einen kostenneutralen Umbau des Systems erreicht werden. Sie zeigen andererseits, dass für ein dauerhaft bedarfsgerechtes und umfassendes Betreuungsangebot zusätzliche finanzielle Anstrengungen der Kommunen erforderlich sind.

3.2.2 Schüler, Studenten, Lehrer

Bildung entsteht in Beziehungsgeflechten. Kinder lernen von den Eltern und Geschwistern (so sie welche haben), Jugendliche und Heranwachsende auf Schulen von Freunden, mit und aus den Medien, Erwachsene im Beruf, durch Reisen und das Leben selbst. Gerade die Vielfalt des Bildungsbegriffs und die Vielgestaltigkeit des Lehrens und Lernens machen es schwierig, Bildungszustände zu vergleichen. Die Reaktionen auf die PISA-Studien belegen neben der Betroffenheit auch die semantischen Probleme mit dem Begriff Bildung.

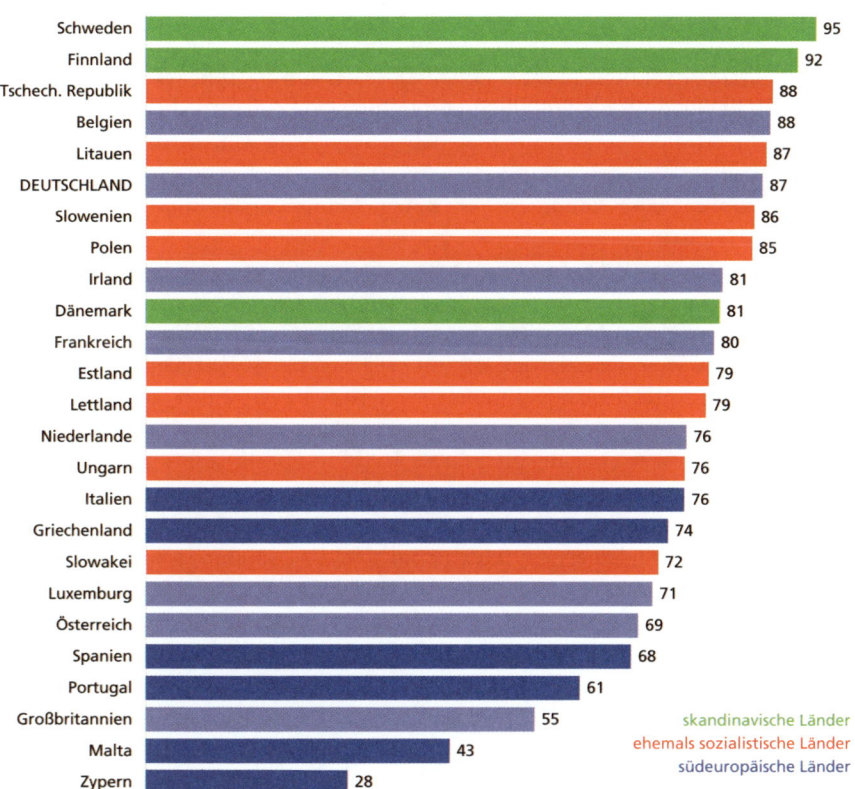

Von 100 der 18-Jährigen besuchen in den EU25-Ländern ... noch irgendeine Schule (alle ISCED-Stufen) 2003*

Schweden	95
Finnland	92
Tschech. Republik	88
Belgien	88
Litauen	87
DEUTSCHLAND	87
Slowenien	86
Polen	85
Irland	81
Dänemark	81
Frankreich	80
Estland	79
Lettland	79
Niederlande	76
Ungarn	76
Italien	76
Griechenland	74
Slowakei	72
Luxemburg	71
Österreich	69
Spanien	68
Portugal	61
Großbritannien	55
Malta	43
Zypern	28

skandinavische Länder
ehemals sozialistische Länder
südeuropäische Länder

* ISCED: Internationale Standardklassifikation des Bildungswesens, UNESCO
Quelle: Eurostat 2005.

Eurostat bildet einen Indikator, der den Prozentsatz der 18-Jährigen angibt, die noch irgendeine Art von Schule besuchen.[1] Auch dieser Indikator zeigt in Teilen das bereits bekannte Muster; einige skandinavische Länder führen die Skala an, die Mittelmeerländer versammeln sich am Ende. Es fällt auf, dass die Ränge nur in Teilen mit jener der PISA-Studien übereinstimmen. Bei Eurostat wie bei PISA sind die Rangunterschiede im mittleren Segment allerdings gering, was die harten Interpretationen solcher Rankings grundsätzlich in Frage stellt.

Grundindikatoren für Deutschland

Die Bildungssituation in Deutschland vergleichend und in Kürze darzustellen, ist kaum möglich; zu unterschiedlich und daher schwer vergleichbar sind die Systeme. Einige Indikatoren deuten jedoch recht zuverlässig auf Stärken und Schwächen hin.

Der Anteil der Schüler an allgemein bildenden Schulen sagt zwar nichts über die Qualität der Schulen aus, aber einiges über das demographische Erneuerungspotenzial. Dabei schneiden die meisten neuen Länder recht ungünstig ab, ein Tribut an die Abwanderung in den frühen 90er-Jahren. Auffallend hoch sind nur die Werte für Nordrhein-Westfalen, Niedersachsen und Baden-Württemberg. Diese Länder haben neben Schleswig-Holstein die höchsten Jugendquotienten.[2]

Bedenklich für die Bildungs- und Arbeitsmarktpolitik ist der hohe Anteil von Schülern, die ohne Abschluss die Hauptschule verlassen. Die fixe Erklärung, dass es sich dabei um Migranten handelt, trifft so nicht zu. Wäre dem so, dann dürften unter den Flächenländern nicht Nordrhein-Westfalen und Baden-Württemberg mit Ausländeranteilen von 10,8 bzw. 12,0 % die niedrigsten Quoten und Sachsen-Anhalt mit einem Ausländeranteil von 1,9 % die höchste haben. Wie erfolgreich eine integrative Bildungspolitik sein kann, belegt das Land Bremen.

Eine für hiesige Verhältnisse beachtliche statistische Spannweite finden wir beim Anteil der Schulabgänger mit Hochschulreife. Die höchsten Werte erreichen die Stadtstaaten sowie Brandenburg und Thüringen. Für Brandenburg mag die Suburbanisation Berlins ein Erklärungsansatz sein. Bemerkenswert sind die nied-

---

1 Der Indikator vermittelt eine Vorstellung von der Zahl der Jugendlichen, die weiterhin eine Verbesserung ihrer Fertigkeiten im Rahmen der Erstausbildung anstreben und umfasst sowohl diejenigen, die einen regulären Bildungsweg ohne Verzögerung durchlaufen haben, als auch diejenigen, die ihren Bildungsweg fortsetzen, obwohl sie bereits einige Phasen wiederholen mussten.
2 Jugendquotient: Bevölkerung im Alter bis unter 15 Jahren je 100 der Bevölkerung im Alter von 15 bis unter 65 Jahren.

rigen Werte für Baden-Württemberg und vor allem für Bayern, wenn dies auf die Rangfolgen bei den PISA-Studien bezogen wird. Der Schluss, dass in beiden Ländern ‚Klasse vor Masse' kommt, scheint nicht hinreichend zu sein, denn sonst müsste Sachsen, das in den Rankings beste Plätze hat, auch eine geringe Quote von Schulabgängern mit Hochschulreife haben.

Indikatoren zur Bildungssituation der Bundesländer 2003				
Bundesländer	Schüler an allgemein bildenden Schulen	Schulabgänger ohne Hauptschul- abschluss	Schulabgänger mit Hochschulreife	Studentinnen
	% der Bevölkerung	% aller Schulabgänger		% aller Studierenden
Stadtstaaten				
Berlin	10,8	11,1	30,5	50,2
Bremen	11,2	9,1	30,2	47,5
Hamburg	10,5	11,5	32,0	46,1
Alte Flächenländer				
Baden-Württemberg	12,4	7,3	21,7	46,8
Bayern	11,9	8,7	18,9	48,9
Hessen	11,6	9,2	25,9	46,8
Niedersachsen	12,4	10,6	20,0	49,0
Nordrhein-Westfalen	12,9	6,9	25,7	45,9
Rheinland-Pfalz	12,1	9,1	22,4	49,8
Saarland	11,2	9,1	22,0	46,9
Schleswig-Holstein	12,1	10,0	20,6	46,0
Neue Länder				
Brandenburg	10,6	8,4	28,0	49,5
Mecklenburg-Vorp.	10,6	10,3	21,4	51,4
Sachsen	9,0	9,9	24,1	47,1
Sachsen-Anhalt	9,9	14,1	23,9	51,4
Thüringen	9,4	9,3	26,4	48,6
DEUTSCHLAND	11,8	8,9	23,5	47,7

Im Vergleich zu Gesamtdeutschland günstige bzw. ungünstige Indikatorenwerte.
Quelle: StaLa Ba-Wü.

Entwicklung der Schülerzahlen in Deutschland bis 2020

12,5 Mill. Kinder und Jugendliche besuchten 2003 die Schulen, 10,2 in West-
und 2,3 Millionen in Ostdeutschland.[3] Im Westen wird die Zahl ab 2007 auf 8,5
Millionen bis 2020 sinken. Im Osten fallen die Zahlen seit Mitte der 90er-Jahre.
Dies wird sich wohl fortsetzen und 2012 mit 1,6 Millionen seinen Tiefpunkt finden. Ab dann dürfte die Zahl der Schüler in Ostdeutschland wieder steigen, und
zwar bis 2020 auf 1,7 Millionen. Der Anstieg liegt daran, dass ab 2011 die Eltern
der geburtenstarken Jahrgänge 1976 bis 1989 ihre Kinder einschulen werden.
Die jetzigen und noch mehr die zu erwartenden Entwicklungen haben in West-
und noch mehr in Ostdeutschland erhebliche Auswirkungen auf die Infrastruktur
des Bildungswesens, z.B. Zahl und räumliche Dichte der Schulen oder die Anzahl
der Schüler pro Lehrer dürften sich verringern. Bei einer Beibehaltung der
Bildungs- und Betreuungssituation würde der Bedarf an Lehrern sinken.

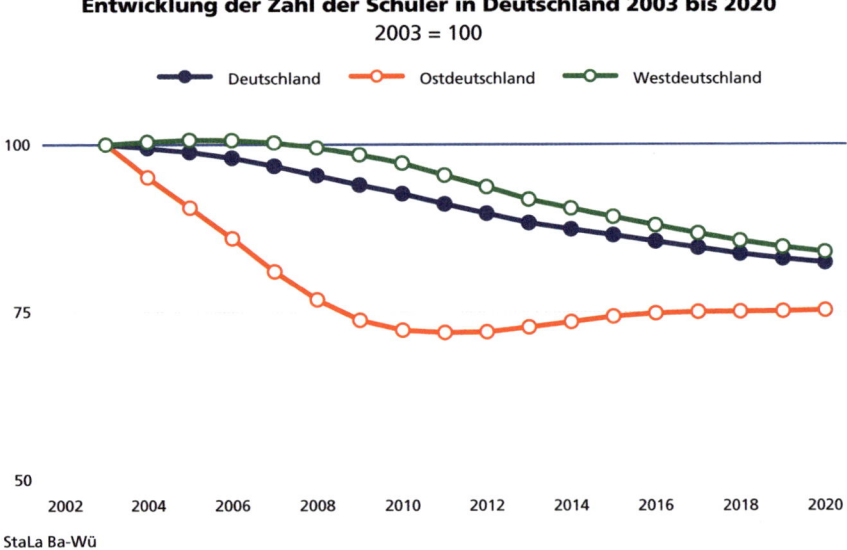

Entwicklung der Zahl der Schüler in Deutschland 2003 bis 2020
2003 = 100

StaLa Ba-Wü

---

3 Einschließlich Schülern in Sonderschulen; Sekretariat der Ständigen Konferenz der Kultusminister
der Länder in der Bundesrepublik Deutschland (KMK) (2005): Vorausberechnung der Schüler- und
Absolventenzahlen 2003 bis 2020, Statistische Veröffentlichungen der KMK Nr. 173, Bonn.

**Entwicklung der Zahl der Schüler nach Schularten in Deutschland
2003 bis 2020,** 2003 = 100

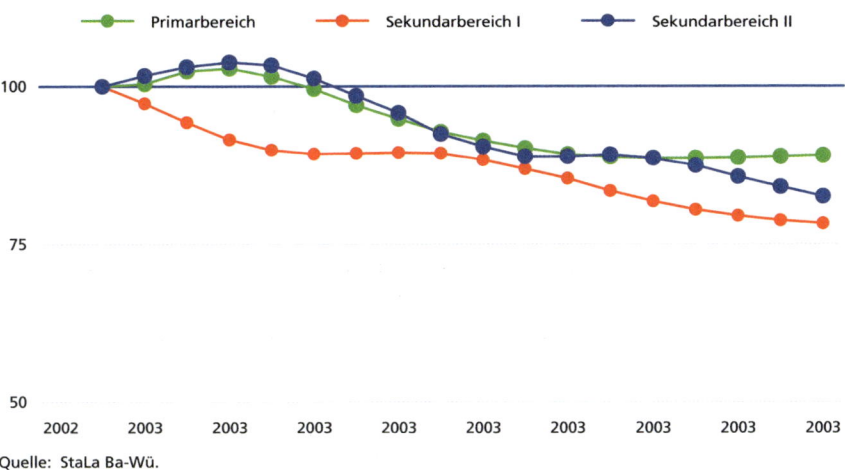

Quelle: StaLa Ba-Wü.

Die Anzahl der Schüler im Primarbereich nimmt in Deutschland bis 2006 auf 3,3 Millionen zu.[4] Ursächlich sind die geburtenstarken Jahrgänge der 60er-Jahre, die ab Mitte der 80er-Jahre eine stark besetzte Elterngeneration bilden. Ab 2007 fällt die Zahl im Primarbereich auf 2,8 Millionen bis 2020. Im Sekundarbereich I steigt die Zahl entsprechend zeitversetzt für eine kurze Zeit leicht an, um dann auf 4,1 Millionen zu fallen.

Unter der Anahme weitgehend gleich bleibender Übergangs- und Anteilsquoten steigt die Schülerzahl im Sekundarbereich II bis 2006 an und fällt danach stetig auf 2,9 Millionen ab. Der stärkste Rückgang dürfte 2011 wegen der Verkürzung der Schulzeit bis zum Abitur von 13 auf 12 Schuljahren in 11 Bundesländern zu erwarten sein.

---

4 Primarbereich: Schüler an Grundschulen, integrierten Gesamtschulen und Freien Waldorfschulen der Klassenstufen 1 bis 4;
Sekundarbereich I: Schüler u.a. an Hauptschulen, Realschulen, Gymnasien, integrierten Gesamtschulen und Freien Waldorfschulen der Klassenstufen 5 bis 10;
Sekundarbereich II: Schüler an allgemein bildenden Schulen (u.a. Gymnasien, integrierte Gesamtschulen und Freie Waldorfschulen der Klassenstufen 11 bis 13) und berufliche Schulen (u.a. Berufsschulen, Berufsaufbauschulen, Berufsfachschulen, Fachgymnasien, Fachakademie, Berufsakademie). Unberücksichtigt blieben Schüler in Sonderschulen in Deutschland.

Baden-Württemberg

Das Bildungspotenzial der Bevölkerung ist letztlich genetisch begrenzt. Die vollkommene Ausschöpfung dieses begrenzten und wertvollsten Potenzials einer Gesellschaft ist kaum denkbar. Zu unterschiedlich sind die familiären Voraussetzungen sowie die infrastrukturellen und finanziellen Möglichkeiten der einzelnen Gebietseinheiten. Wohlstand mag nicht unbedingt klüger machen, er erleichtert aber den Zugang zu Bildungseinrichtungen, wie nicht erst seit PISA bekannt ist.

**Kinder in vorschulischen Einrichtungen, Schüler und Studierende
in Baden-Württemberg 2004 nach Alter und Geschlecht**

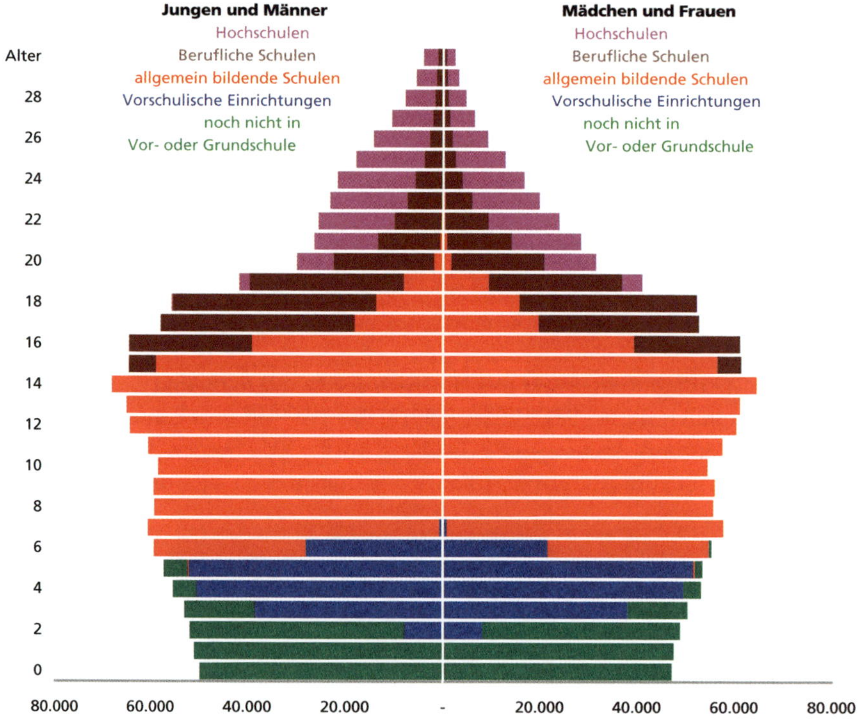

Obiges Schaubild lässt zwei Probleme unseres Ausbildungssystems erahnen: Die im europäischen Vergleich verspätete Einschulung und die ebenso verspäteten Abschlüsse in der berufsnahen Ausbildung.

Durch den weiteren Ausbau der vorschulischen Angebote, die Einführung des 8-jährigen Gymnasiums und die Einrichtung von Bachelor- und Masterstudiengängen werden sich die Ausbildungszeiten allerdings nur für die Hochschüler merklich verringern.

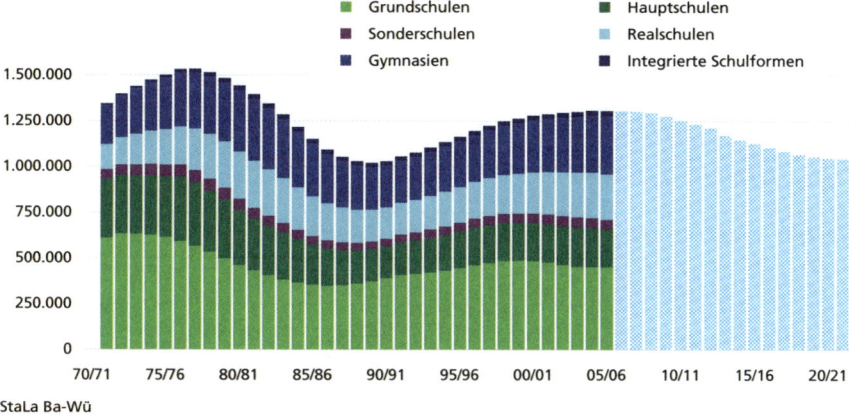

Schüler an allgemein bildenden Schulen in Baden-Württemberg, seit dem Schuljahr 1970/71 und Vorausrechnung bis 2020/21

StaLa Ba-Wü

Die Stärke der Schülerjahrgänge wird vor allem durch die demographischen Wellenbewegungen beeinflusst. Im Laufe von nur 12 Jahren sank die Schülerzahl in

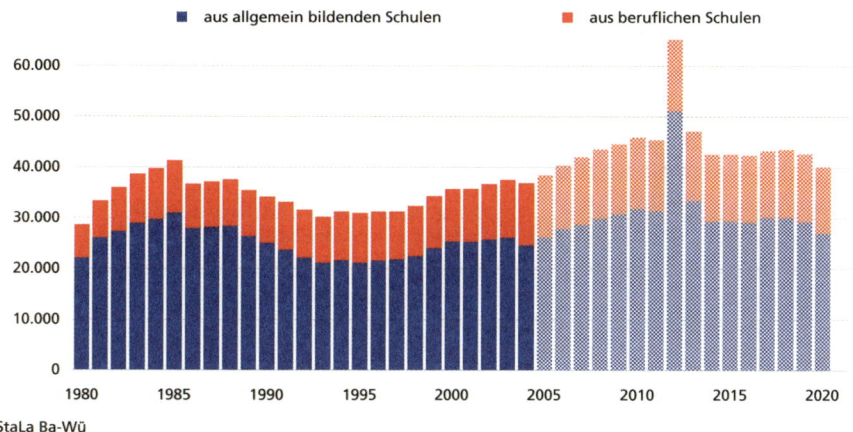

Schulabgänger mit Hochschulreife aus Schulen in Baden-Württemberg seit 1980

StaLa Ba-Wü

Baden-Württemberg von 1,5 im Schuljahr 76/77 auf 1,0 Millionen im Schuljahr 88/89 ab. In Folge der Ost-West-Wanderung nach dem Zusammenbruch des Ostblocks und der Balkankriege stieg die Zahl wieder auf 1,3 Mill. Schüler an. Um 2020 werden wohl nur noch 1 Mill. Schüler an Baden-Württembergs Schulen unterrichtet werden.

Etwas gedämpft spiegeln die Schulabgängerzahlen die demographischen Wellen wider. Die Dämpfung ergibt sich aus den unterschiedlichen schulischen Laufbahnen der Kinder und Jugendlichen; die einen durchlaufen das Schulsystem schneller, andere langsamer – das wirkt wie Öl auf die demographischen Wogen. Eine buchstäbliche ‚Monsterwelle‘ steht dem Lehrstellen- und Arbeitsmarkt im Jahr 2012 bevor, wenn durch die Einführung des 8-jährigen Gymnasium gleich zwei Jahrgänge ihre schulische Ausbildung abschließen werden und ihre berufliche Ausbildung beginnen wollen.

Lehrer – nicht nur in der demographischen Klemme

Bei derartigen Schwankungen der Schülerzahl scheint es kaum möglich, eine zahlenmäßig immer adäquate, zeitlich kongruente und öffentlich finanzierbare Einstellung von Lehrpersonal zu gewährleisten. Und schon gar nicht lässt sich die mangelnde Nachhaltigkeit früherer Einstellungspraktiken schnell korrigieren.

Heute hat das Land 31 000 Lehrer, 52 000 Lehrerinnen und zusätzlich noch 10 000 stundenweise unterrichtende Lehrkräfte. An den Grund- und Hauptschulen sind fast drei Viertel, an den Realschulen etwas mehr als die Hälfte, an Gymnasien etwas weniger als die Hälfte Frauen. Sowohl bei Lehrerinnen als auch bei jüngeren Lehrern nimmt die Neigung zur Teilzeitbeschäftigung zu. Das heißt, zu der Feminisierungstendenz der Lehrerschaft kommen die Folgen der Arbeitszeitflexibilisierung. Das Durchschnittsalter der Lehrer liegt bei 50, das der Lehrerinnen bei 46 Jahren. Nach Berechnungen des Statistischen Landesamtes dürfte die Alterungstendenz der Lehrerschaft nun beendet sein.

Die Alterspyramide der Lehrkräfte an Baden-Württembergs öffentlichen allgemein bildenden Schulen ist dennoch bedenklich. In den nächsten 10 Jahren werden etwa 29 000 der Lehrkräfte das 65. Lebensjahr erreicht haben und spätestens dann aus dem Beruf ausscheiden. Möglich ist ein Verlust von bis zu 40 000 Lehrern und Lehrerinnen, wenn Frühpensionierungen wie bisher in Anspruch genommen werden würden. Der Mangel an Lehrern und Lehrerinnen mittleren Alters wird mittelfristig sogar einen positiven Effekt haben. Es werden vor allem junge Hochschulabsolventen das entstehende Defizit auffüllen, was letztlich zu einem deutlichen Absinken des Durchschnittsalters führen wird.

Voll- und teilzeitbeschäftigte Lehrkräfte an öffentlichen allgemein bildenden Schulen in Baden-Württemberg 2004/2005

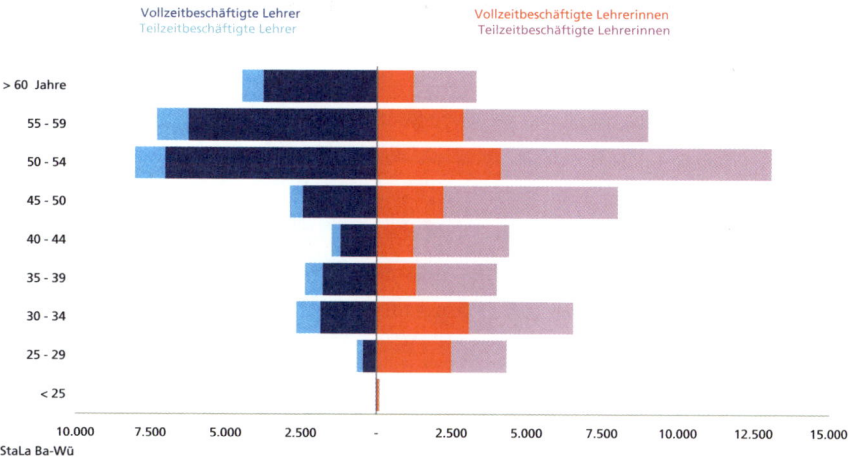

StaLa Ba-Wü

Vom Abitur im Durchschnitt nach 7,8 Jahren zum Examen

An Baden-Württembergs Hochschulen waren im Jahr 2003 knapp 50 000 Abschlussprüfungen erfolgreich. Das Durchschnittsalter der Kandidaten lag nahe bei 28 Jahren. Einen Unterschied zwischen Universitäten und Fachhochschulen gab es nicht. Nur die 258 Bachelors des Jahres 2003 schafften ihren Abschluss im Schnitt drei Jahre früher. Die Prüfungen wurden in den zahlenmäßig wichtigsten Studienbereichen von Studenten 7,9 Jahre nach der Erreichung der Hochschulberechtigung abgelegt und von den Studentinnen 7,7 Jahre danach. Hier fällt auf, dass die Frauen im Gegensatz zu den allgemein bildenden schulischen Abschlüssen nur knapp führten.

Dauer vom Erwerb der Hochschulzugangsberechtigung bis zum erfolgreichen Abschluss des Studiums an den Hochschulen Baden-Württembergs, 2003

(Nur Studienbereiche mit mehr als 250 bestandenen Prüfungensfällen)

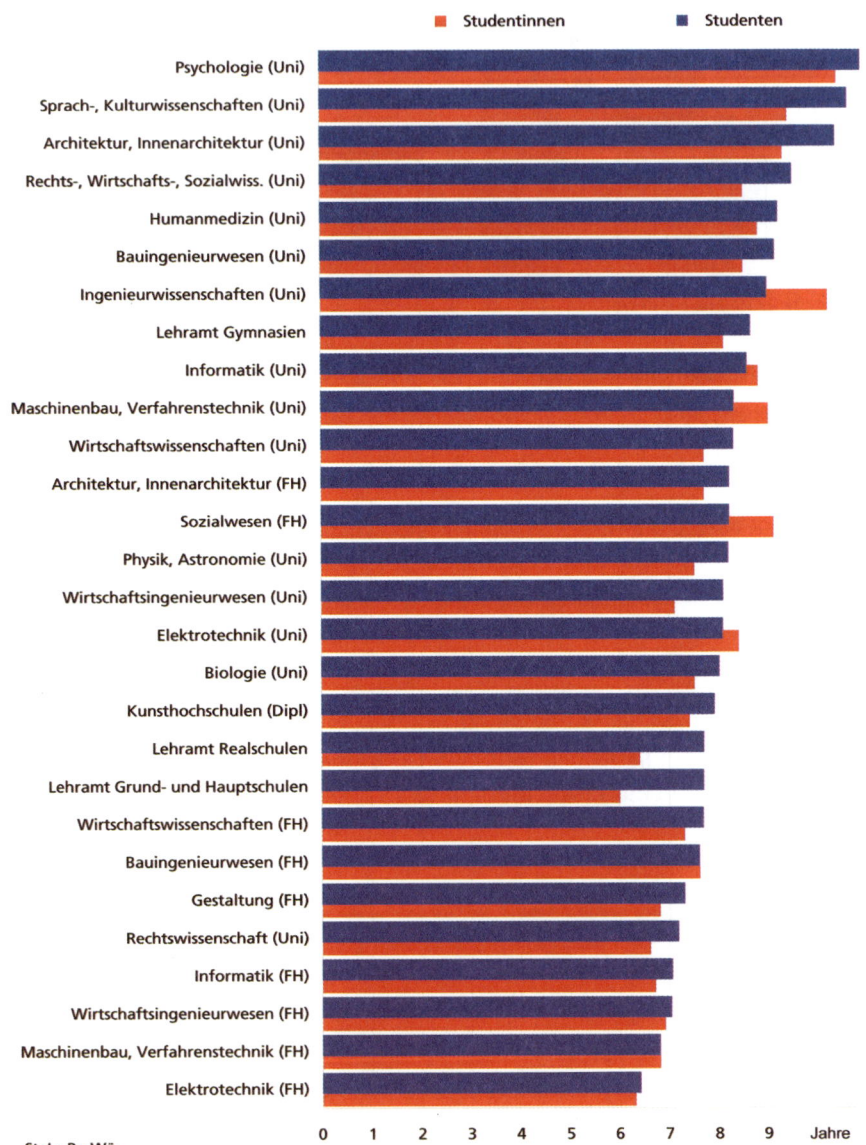

StaLa Ba-Wü

Exkurs: Zeitfenster für Familiengründungen und der Effekt der Verkürzung der Ausbildungszeiten

Unter Berücksichtigung einer früheren Einschulung von Kindern, einer Verkürzung der Gymnasialzeiten sowie der Einführung von Bachelor- und Masterstudiengängen würden sich die Ausbildungszeiten zum Teil erheblich verkürzen und das Zeitfenster für Familiengründungen früher öffnen und dadurch länger offen bleiben.

Kindheits-, Ausbildungszeiten und Beginn der Familiengründungsphase in Jahren unter heutigen Bedingungen

Einschulung mit 6 Jahren Abitur nach 9 Jahren Hochschule 8 Jahre	beispielhafte Ausbildungsziele		
	Hauptschule Berufsschule	Realschule Fachsschule	Hochschulreife, Abitur Diplom, Magister, Staatsexamen o.Ä.
Eintritt in das Berufsleben nach Lehre, Fachschule, Hochschule, und ggf. Bundeswehr oder freiwilligem sozialen oder ökologischen Jahr oder Berufsvorbereitungsjahr	19	21	28
Phase der ersten beruflichen Etablierung	3	3	4
Familiengründungsphase ab ... Jahren	22	24	32

Kindheits-, Ausbildungszeiten und Beginn der Familiengründungsphase in Jahren unter möglichen künftigen Bedingungen

unter den Bedingungen: Einschulung mit 5 Jahren Abitur nach 8 Jahren Verkürzung der Studienzeit um 1 Jahr	Hauptschule Berufsschule	Realschule Fachsschule	Hochschulreife, Abitur	
			Bachelor	Master, Diplom, Magister
Eintritt in das Berufsleben nach Lehre, Fachschule, Hochschule, und ggf. Bundeswehr oder freiwilligem sozialen oder ökologischen Jahr oder Berufsvorbereitungsjahr	18	20	22	25
Phase der ersten beruflichen Etablierung	3	3	3	4
Familiengründungsphase ab ... Jahren	21	23	25	29
Verkürzung der Ausbildungszeit	-1	-1	-7	-3

Quelle: StaLa Ba-Wü

3.2.3 Früher ins Berufsleben, lebenslanges Lernen

Zeichneten sich frühere Gesellschaften dadurch aus, dass sich Wissen auf langjährigen Erfahrungen aufbaute und die Erfahrenen die Alten waren, kennzeichnet eine erfolgreiche moderne Gesellschaft der ständige Wandel aus. Heute ist lebenslanges Lernen angezeigt. Das scheint in der EU in unterschiedlichem Maße angekommen zu sein.[1] Eindeutige regionale Muster gibt es dabei weder für die Intensität noch für die geschlechtsspezifischen Lernaktivitäten, wie die geringen Unterschiede zwischen Männern und Frauen zeigen.

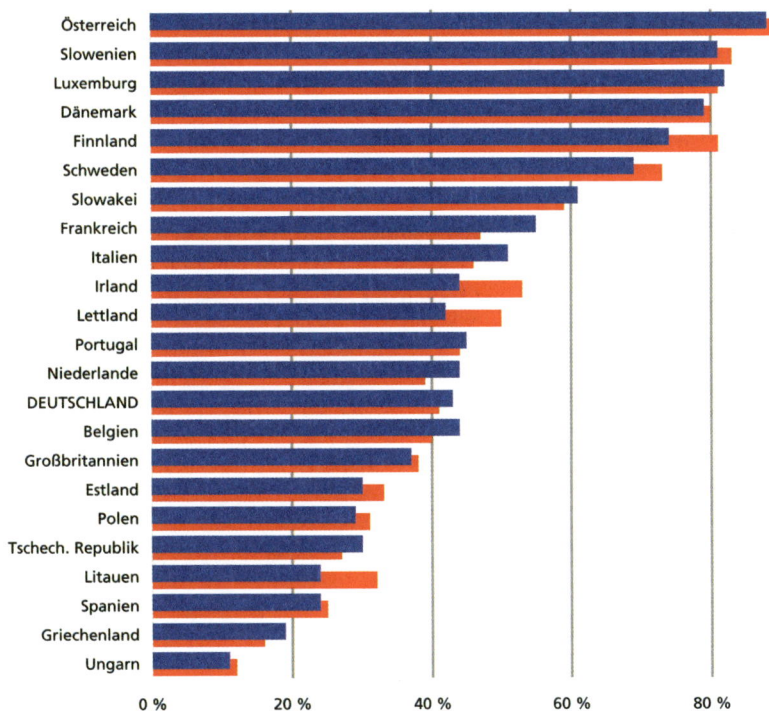

Quelle: Eurostat, 2005.

---

1 Eurostat (2005): Lebenslanges Lernen in Europa im Jahr 2003, PM 111, 6.9.2005.

132

Eurostat stellt weiter fest, dass die Nichtbeteiligung vom Niveau des Bildungsgrads abhängig ist. Bei den gering Qualifizierten streuten die Quoten für die Nichtteilnahme zwischen 13 % in Österreich und 96 % in Ungarn und jene der hoch Qualifizierten zwischen 3 % in Slowenien und 73 % in Ungarn. Dass Lernen die Kinderzahl reduziert, lässt sich mit diesen Daten nicht belegen; schließlich werden die ersten Ränge sowohl von Ländern mit geringen wie mit hohen Geburtenraten belegt.

Berufliche Weiterbildung in Deutschland

Heranwachsende Jungen und Mädchen zeigen ihren Vätern, was man mit dem Computer machen kann – früher war das eine Geheimwissenschaft weniger Insider. Ein Werkzeugmacher konnte sicher sein, dass seine Erfahrung im händischen Umgang mit Drehbänken, Fräsen oder dem Läppstahl gefragt war – heute muss er mit digital gesteuerten Maschinen umgehen. Für einen erfolgreichen Hochschullehrer genügte meist die Beherrschung der deutschen Sprache, heute muss er mindestens Englisch – besser noch Amerikanisch – verstehen, um auf dem Laufenden zu bleiben und akademische Anerkennung zu finden.

In Deutschland besuchten von 100 Männern und Frauen der Altersgruppen ... beruflich orientierte Weiterbildungsmaßnahmen, 2003

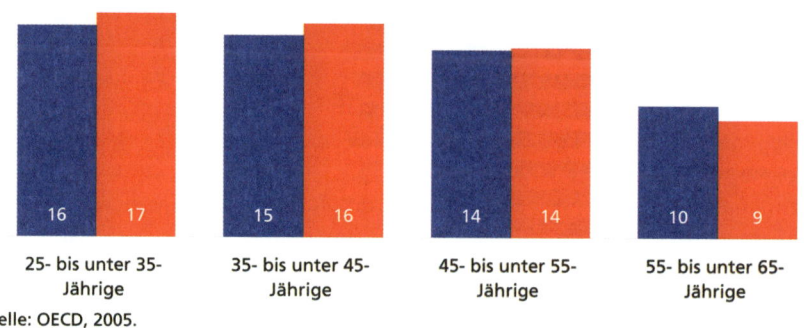

25- bis unter 35-Jährige	35- bis unter 45-Jährige	45- bis unter 55-Jährige	55- bis unter 65-Jährige
16 / 17	15 / 16	14 / 14	10 / 9

Quelle: OECD, 2005.

Die Herausforderung einer permanenten beruflichen Weiterbildung wird auch in Deutschland angenommen, allerdings weniger aktiv als in den skandinavischen Ländern. Während sich dort fast jeder Zweite beruflich weiterbildet, ist es in Deutschland nur jeder Siebente und wie in fast allen Bildungsbereichen werden Weiterbildungsangebote von den Frauen etwas intensiver angenommen als von den Männern.

Frankenberg zu lebenslangem Lernen

2003 hat Peter Frankenberg, Baden-Württembergs Minister für Wissenschaft und Forschung, auf einem statistischen Kolloquium an der Universität Tübingen seine Vorstellungen zum lebenslangen Lernen dargelegt, daraus einige Auszüge:
„Der Sachverständigenrat zur Begutachtung der gesamtwirtschaftlichen Entwicklung hat in einem früheren Jahresgutachten unmissverständlich festgestellt: ‚Hochschulpolitik ist Wachstumspolitik':
Die Fähigkeit zur Innovation … wird gestärkt durch einen hohen Bildungsstand und große Forschungsanstrengungen. Die Chancen, neue Wachstumsbereiche zu erschließen, erhöhen sich. Aber auch die Fähigkeit, mit den Innovationen umzugehen, erfordert einen hohen Bildungsstand. Die Wachstumsperspektiven sind an die Fähigkeit gebunden, die Produkt- und Prozessinnovationen umzusetzen.
Wie können Forschung und Lehre auch unter veränderten demographischen Bedingungen die Basis für technologischen Fortschritt und Wirtschaftswachstum in Deutschland bleiben? Meine Antwort darauf möchte ich in drei Thesen zusammenfassen:
- Die Zahl der Studienanfänger darf und wird nicht abnehmen. Wir müssen auf längere Sicht den Anteil der Studienanfänger und der Hochschulabsolventen am Altersjahrgang steigern.
- Die Angebote im Tertiärbereich müssen immer differenzierter werden. Je größer der Anteil eines Altersjahrgangs wird, der an eine Hochschule geht, desto unterschiedlicher gestalten sich die Erwartungen der Nachfrager bezüglich der Ausbildungsleistungen.
- Patchwork-Karrieren im Beruf erfordern eine Patchwork-Ausbildung. Einer kurzen und straffen Erstausbildung sollten im Laufe eines Berufslebens mehrere Phasen der Rückkehr an die Hochschulen mit dem Ziel einer Weiterbildung folgen.
Die neueste Prognose der Kultusministerkonferenz geht davon aus, dass die Studierendenzahl in Deutschland in den nächsten Jahren weiter stark zunehmen wird, um 2015 ein Maximum zu erreichen und noch 2020 über dem heutigen Stand liegen wird. Eine Übertragung der Zahlen aus der Bevölkerungsprognose führt zu dem Ergebnis, dass in den Jahren danach – ceteris paribus – die Zahl der Studierenden bis 2050 gegenüber dem Stand von 2002 um bis zu 30 % zurückgehen wird. Etwas Zeit versetzt ist eine entsprechende Abnahme der Zahl der Hochschulabsolventen zu erwarten.
Vergleichszahlen der OECD zeigen: In Deutschland erlangen 19 % der Angehörigen eines Altersjahrganges einen Hochschulabschluss, im OECD-Durchschnitt sind es 26 %. Ich möchte diese Vergleichszahlen nicht überbewerten. Dennoch steht fest, dass in Deutschland ein größerer Anteil von Studierenden benötigt wird. Wir lie-

gen sicher nicht falsch, wenn wir in einigen Jahren etwa 40 % eines Altersjahrgangs eine Studienberechtigung verschaffen und wenn dann rund ein Drittel der Angehörigen eines Jahrgangs an eine Hochschule oder Berufsakademie geht.

Auch die Studie der Bund-Länder-Kommission für Bildungsplanung und Forschungsförderung (BLK) ‚Zukunft von Bildung und Arbeit‘ lässt spätestens 2015 einen Mangel an qualifizierten Erwerbspersonen erkennen, der sich aus den demographischen Gründen in den Folgejahren kontinuierlich verschärfen wird.

Der internationale Vergleich und die Projektionsrechnungen zum Arbeitskräftebedarf verlangen also höhere Studienanfängerzahlen als bisher. Auf der anderen Seite sind viele Hochschulen schon heute mit den Problemen von Überlast und ungünstigen Betreuungsrelationen konfrontiert. Es bedarf deshalb einer klaren Strategie für die Hochschulen, damit diese den zukünftigen Anforderungen gerecht werden können.

Skizzen heutiger und künftiger Lebensläufe

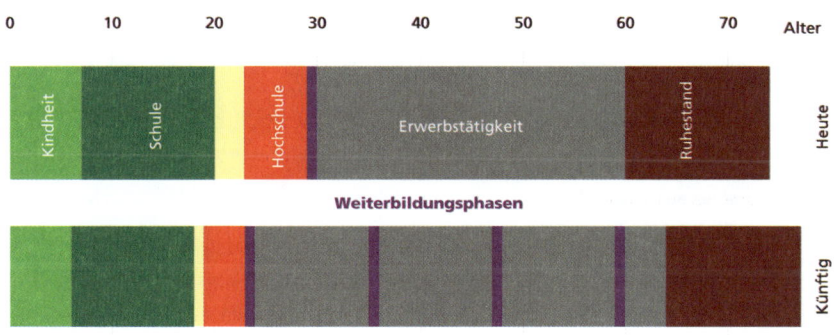

Quelle: Ministerium für Wissenschaft und Kunst Baden-Württemberg.

Dabei gilt es insbesondere, Konsequenzen aus der Verlängerung der Lebensarbeitszeit zu ziehen, die angesichts der demographischen Entwicklung unumgänglich sein werden.

Die Verlängerung der Lebensarbeitszeit muss zu Beginn des Erwerbslebens und an dessen Ende greifen, das heißt: Die Erwerbstätigen – hier die Hochschulabsolventen – müssen wesentlich jünger als bisher in den Beruf gehen, und sie müssen bis in ein höheres Lebensalter erwerbstätig bleiben. Das Schaubild veranschaulicht, wie sich dadurch der typische Lebensverlauf verändern wird. Das 8-jährige Gymnasium verkürzt die Ausbildungszeit der Hochschulabsolventen bereits – schematisch gerechnet – um ein Jahr. Die Hochschulen müssen mit einer weiteren Verkürzung der Erstausbildung folgen“.

Änderungsbedarf im Hochschulsystem – Bologna-Erklärung

Eine wesentliche Voraussetzung zur Erreichung obiger Ziele ist die ,prozessuale' Umsetzung der Bologna-Erklärung, nach der an den Universitäten Bachelor- und Masterstudiengänge einzuführen sind.[2]

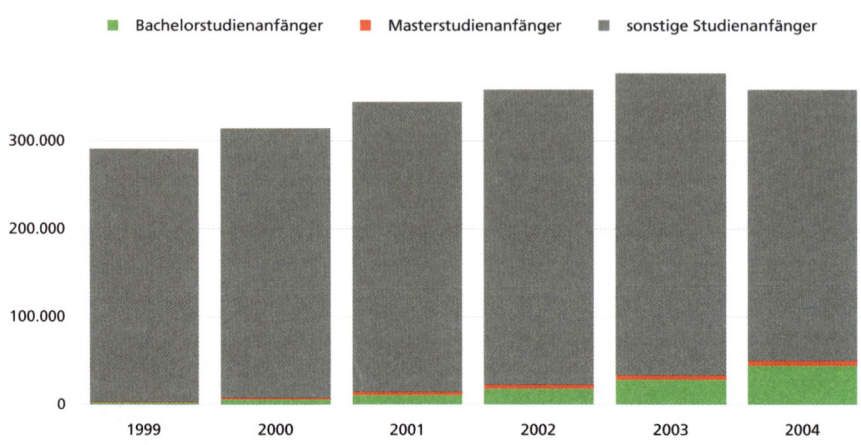

Studienanfänger in Bachelor- und Masterstudiengängen in Deutschland seit 1999

■ Bachelorstudienanfänger   ■ Masterstudienanfänger   ■ sonstige Studienanfänger

Quelle: Statistisches Bundesamt, 2005.

Die Halbwertzeit von Spezialwissen wird immer kürzer. Das gilt mehr oder weniger für die meisten Studienbereiche und insbesondere für solche, die durch das regelnde Handeln des Menschen bestimmt sind, wie Jura und Finanzwissenschaft. Auch die Kenntnisse von Ingenieuren verlieren an Wert durch die Entwicklung neuer Produktionstechniken, und Mediziner mussten schon immer dazulernen. Dagegen behält Basiswissen seinen Wert in der Regel länger. Die Erstausbildung soll daher dauerhaftes Basiswissen vermitteln, auf der das schneller veraltende Spezialwissen aufgebaut werden kann. Die Hochschulen sollen Bachelor-Studiengänge und auf diese aufbauende Master-Studiengänge anbieten. Die obere und folgende Grafik verdeutlichen, dass Deutschlands Hochschulen auf dem Weg sind, allerdings mit unterschiedlicher Energie und Intensität.[3]

---

2 1999 unterzeichneten die Wissenschaftsminister aus 29 europäischen Ländern die so genannte Bologna-Erklärung zur Schaffung eines einheitlichen europäischen Hochschulraumes. Hauptziel ist die Vereinheitlichung von Studienstrukturen durch die Einführung gestufter Hochschulabschlüsse nach amerikanischem und britischem Vorbild.

3 Willand, Ilka (2005): Bachelor und Master: Aktuelle Entwicklung an deutschen Hochschulen, in: Wirtschaft und Statistik, Heft 4, S. 372 –381.

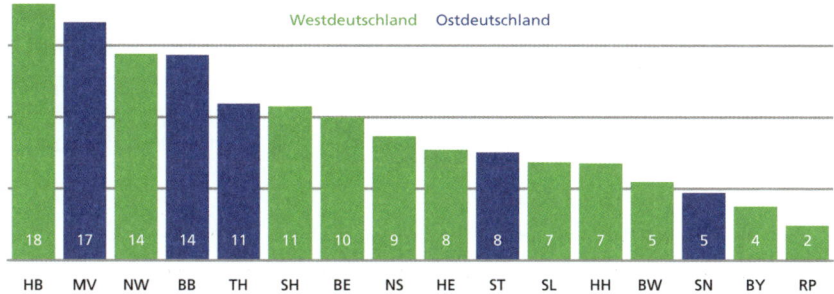

Von 100 Studienanfängern (1. Hochschulsemester) wählten an den Hochschulen der Bundesländer ... einen Bachelor-Studiengang 2003

Westdeutschland Ostdeutschland

HB	MV	NW	BB	TH	SH	BE	NS	HE	ST	SL	HH	BW	SN	BY	RP
18	17	14	14	11	11	10	9	8	8	7	7	5	5	4	2

BB Brandenburg, BE Berlin, BW Baden-Württemberg, BY Bayern, HB Bremen, HE Hessen, HH Hamburg, MV Mecklenburg-Vorpommern, NS Niedersachsen, NW Nordrhein-Westfalen, RP Rheinland-Pfalz, SH Schleswig-Holstein, SL Saarland, SN Sachsen, ST Sachsen-Anhalt, TH Thüringen

Quelle: Statistisches Bundesamt, 2005.

Beim Ländervergleich für das Jahr 2003 fällt auf, dass insbesondere die nördlichen und die meisten neuen Bundesländer die Herausforderungen der Bologna-Erklärung tatkräftiger umsetzten als die südlichen Länder. Die engagierteren Hochschulen werden ihre Absolventen früher dem Arbeitsmarkt zu Verfügung stellen können als jene Hochschulen, die sich mit der Umsetzung Zeit lassen.

3.2.4 Bildungsstand, Kinder, Partnerwahl und Einkommen

Wer über eine höhere Schul- und Berufsausbildung verfügt, dem öffnen sich bessere Chancen für eine berufliche Karriere und für ein höheres Einkommen. Umgekehrt schränken fehlende Schulabschlüsse und mangelhafte Berufsausbildung die beruflichen und finanziellen Möglichkeiten ein. Als eine Option, die zudem gesellschaftliche Anerkennung verspricht, verbleibt die Gründung einer großen Familie.

Ausbildungshintergrund von Eltern mit einem, zwei oder drei und mehr Kindern in Baden-Württemberg 2003 Von je 100 Eltern mit dem höchsten allgemein bildenden Schulabschluss hatten ... Kinder			
Elternteile nach Schulabschluss	1 Kind	2 Kinder	3 u. m. Kinder
beide Elternteile keinen Schulabschluss	39	21	40
beide Elternteile einen Hauptschulabschluss	47	39	15
beide Elternteile einen Realschulabschluss	39	46	15
beide Elternteile die Fachhochschulreife oder Abitur	35	46	19
Eltern, deren Schulabschlüsse eine Stufe auseinander lagen	35	48	17
Eltern, deren Schulabschlüsse 2 oder 3 Stufen auseinander lagen	41	44	14
insgesamt	40	44	16

Jeweils häufigste Anzahl von Kindern in der Elterngruppe.
Quelle: StaLa Ba-Wü.

Neben der gängigen Konsequenz, dass Kinderreichtum zu Bedürftigkeit führt, gibt es wohl die Konsequenz, dass (Aus)Bildungsarmut zu Kinderreichtum führt.[1] Für Baden-Württemberg wurde festgestellt, dass Eltern ohne Schulabschluss wesentlich häufiger als alle anderen Gruppen drei und mehr Kinder haben. Bei Eltern mit Hauptschulabschluss findet sich am häufigsten die Ein-Kind-Familie, ansonsten ist die Zwei-Kind-Familie die übliche. Von besonderem öffentlichem Interesse sind die Situation der besser Ausgebildeten und deren Kinderlosigkeit. Die derzeit diskutierten Zahlen zur Kinderlosigkeit von Hochschulabsolventinnen streuen zwischen 25 und 60 %.[2] Um diese Diskrepanzen zu beheben, hat das Statistische Landesamt Baden-Württemberg eine Auswertung aus dem Mikrozensus vorgenommen: Für alle Frauen im Alter von 40 bis unter 45 Jahren wurde festgestellt, welchen höchsten beruflichen Bildungsabschluss diese Frauen haben und wie viele Kinder mit ihnen zusammen in einem Haushalt leben. Dabei wurde davon

---

1 Merrick, Thomas W. (2002): Population and Poverty: New Views on an Old Controversy, in: International Family Planning Perspectives, 28, S. 41–46.
2 Rüdiger Soldt in der Frankfurter Allgemeinen Zeitung, 8.3.2005.

ausgegangen, dass Frauen mit einem Fachhochschul- oder Hochschulabschluss ihre Kinder etwas später als der Durchschnitt aller Frauen bekommen.[3]

Von 100 Frauen im Alter von 40 bis unter 45 Jahren mit Fachhochschul- oder Hochschulabschluss lebten ... ohne bzw. mit Kindern zusammen in Deutschland 2003			
Anzahl der Kinder	Deutschland	Westdeutschland	Ostdeutschland
kein Kind	30	34	13
1 Kind oder 2 Kinder	59	53	79
3 und mehr Kinder	12	13	9
insgesamt	100	100	100
Quelle: StaLa Ba-Wü.			

Unter dieser Prämisse sind in Deutschland drei von zehn Hochschulabsolventinnen kinderlos; andererseits lebt jede achte mit drei und mehr Kindern zusammen. Von kinderlosen Akademikerinnen als einem allgemein gültigen Phänomen kann daher weder in Ost- noch in Westdeutschland die Rede sein.

Von 100 der 40- bis unter 45-jährigen Frauen mit dem höchsten beruflichen Ausbildungsabschluss .... lebten ... ohne Kinder im eigenen Haushalt 2003

Ostdeutschland

Fachhochschul- oder Hochschulabschluss 13
Meister- oder Technikerabschluss 16
Lehrausbildung 20

Westdeutschland

Fachhochschul- oder Hochschulabschluss 34
Meister- oder Technikerabschluss 28
Lehrausbildung 25

StaLa Ba-Wü

Dennoch unterscheiden sich Ost- und Westdeutschland bemerkenswert. Insgesamt ist die Kinderlosigkeit in Ostdeutschland geringer als in Westdeutschland.[4] Sie ist bei den Hochschulabsolventinnen am seltensten und bei Frauen ohne

---

3 Weiter wurde angenommen, dass die meist noch minderjährigen Kinder mit ihren Müttern zusammen im selben Haushalt leben.
4 Siehe Kapitel 2.3.

beruflichen Ausbildungsabschluss mit 26 % am höchsten.[5] Ein möglicher Grund für die höhere Kinderlosigkeit kann sein, dass Frauen mit geringer Ausbildung in Zeiten gesellschaftlicher Unsicherheit und steigender Arbeitslosigkeit nicht den Weg in eine Familiengründung wählen und auf Kinder verzichten, wenn für sie die ‚Hausfrauenrolle' nicht zum wesentlichen Familienleitbild gehört.

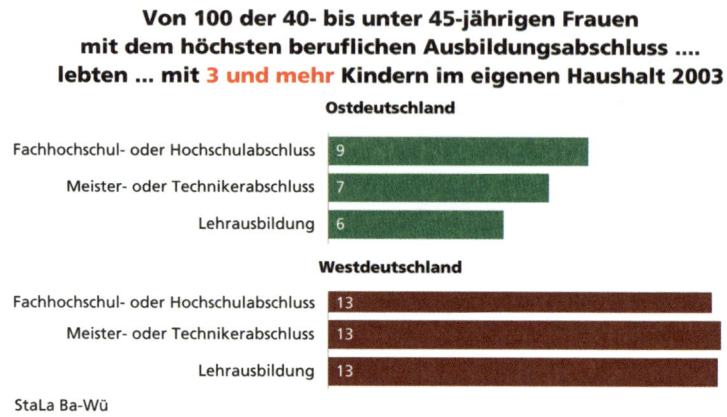

**Von 100 der 40- bis unter 45-jährigen Frauen
mit dem höchsten beruflichen Ausbildungsabschluss ....
lebten ... mit 3 und mehr Kindern im eigenen Haushalt 2003**

StaLa Ba-Wü

Anders scheint die Situation im Westen zu sein. Dort steigt die Kinderlosigkeit mit der Höhe des beruflichen Abschlusses. Karrieredenken ist ein, aber kein hinreichender Grund. Zusätzlich scheinen lange Ausbildungszeiten und eine ungünstige Kleinkindbetreuung, die Realisierung von Kinderwünschen zu behindern. Frauen ohne Ausbildungsabschluss sind mit 22 % weniger oft kinderlos als Frauen mit abgeschlossener beruflicher Ausbildung. Anders als für ostdeutsche Frauen ist für westdeutsche Frauen die traditionelle Familie mit ihrer geschlechtsspezifischen Arbeitsteilung eher noch eine Option, zumal dann, wenn die fehlende Ausbildung keine andere Möglichkeit zulässt. Frauen mit höheren Abschlüssen haben im Osten und im Westen ähnlich häufig drei und mehr Kinder. In beiden Landesteilen haben Frauen ohne jeden berufsbildenden Abschluss vergleichsweise oft eine höhere Kinderzahl: im Osten etwa 13 %, im Westen 26 %.

---

5 Um die Kinderlosigkeit angemessener darstellen zu können, ist bei Frauen ohne Abschluss die Altersgruppe 35- bis unter 40 Jahren gewählt worden. Frauen ohne Abschluss bekommen – im Vergleich zu Frauen mit Abschlüssen – eher in jüngeren Jahren schon ihre Kinder, und die Kinder verlassen in jüngerem Alter der Mutter den gemeinsamen Haushalt.

Bildungsabschlüsse führen zur Partnerwahl unter Gleichen

Heute lassen sich junge Frauen und Männer von ihren Eltern weder anhalten, geschweige denn vorschreiben, welche Partnerin oder welcher Partner für ihn oder sie die oder der richtige ist. Dennoch ist die Wahl des Partners nicht voraussetzungsfrei, denn der Heiratsmarkt ist kein offener, sondern ein begrenzter, da die Aufnahme zwischenmenschlicher Beziehungen von der Möglichkeit des Kennenlernens abhängt.

Die Dauer, die junge Menschen in Bildungs- und Ausbildungseinrichtungen verbringen, bestimmt wesentlich die Wahl eines Partners: „Je früher die Selektion von Schülern in weiter führende Schulen einsetzt und je rigider die Trennung zwischen den Bildungswegen ist, desto geringer sind die Kontaktchancen zwischen Angehörigen unterschiedlicher Bildungsgruppen. Diese erste Vorstrukturierung von Kontaktchancen über den Schulbesuch und die berufliche Ausbildung bewirken tendenziell eine Homogenisierung von sozialen Verkehrskreisen. Mit Eintritt in das Berufsleben ist zwar von einer Erweiterung der sozialen Verkehrskreise auszugehen, aber dann ist kein ‚repräsentativer' Heiratsmarkt vorhanden, da man häufig auf Personen mit ähnlichen Bildungs-, Ausbildungs- und Berufskarrieren trifft."[6]

Von 100 Elternpaaren mit Kindern hatten die Elternteile folgende Schulabschlüsse in Baden-Württemberg 2003	
gleichartige Schulabschlüsse	62
unterschiedliche Schulabschlüsse, die um eine Stufe auseinander lagen (oS und HS, HS und RS oder RS und HR/Abi)	31
unterschiedliche Schulabschlüsse, die um 2 oder 3 Stufen auseinander lagen (oS und RS, oder HS und HR/Abi)	7
oS (ohne Schulabschluss) HS (Hauptschule), RS (Realschule) HR/Abi (Hochschulreife, Abitur) Quelle: StaLa Ba-Wü.	

Bei den nicht ehelichen und ehelichen Paaren mit Kindern dominiert in Baden-Württemberg mit 62 % die Partnerwahl unter Gleichen, die so genannte Bildungshomogamie.[7] Bildungsheterogamie liegt bei 38 von 100 Paaren vor, bei 7 von 100 sogar über zwei und drei Stufen.

---

6 Wirth, Heike (2000): Selektive soziale Interaktion – Klassenspezifische Heiratsmuster in Westdeutschland, in: Wirtschaft und Statistik, Heft 9, S. 696-708.

7 Wirth, Heike (1996): Wer heiratet wen? Die Entwicklung der bildungsspezifischen Heiratsmuster in Westdeutschland, in: Zeitschrift für Soziologie, Heft 5, S. 371-394.

Ökonomische Situation von Familien mit Kindern

In Deutschland sind Familien mit Kindern trotz mehrfacher Reformen und Umgestaltungen staatlicher Transfers finanziell schlechter gestellt als Kinderlose. Wie Cosima Strantz vom Statistischen Landesamt Baden-Württemberg für Gesamtdeutschland ermittelte, werden die relativen Einkommenspositionen innerhalb einer Familie umso ungünstiger, je mehr Kinder im Haushalt leben.[8] Nach der alten Erfahrung – wo drei satt werden, werden es auch vier – steigt der Einkommensnachteil mit jedem Kind zwar an, aber nicht linear. Im Durchschnitt erreicht eine 6-köpfige Familie mit 4 Kindern nur noch 69 % des Pro-Kopf-Einkommens im Vergleich zur Phase ihrer Familiengründung; gleichwohl verdoppelt sich das durchschnittliche Familieneinkommen im Laufe der Familienvergrößerung. In der Verdoppelung sind sowohl Transferleistungen als auch Einkommenszuwächse enthalten.

Einkommensverlauf in Abhängigkeit der Anzahl weiterer Kinder in Deutschland

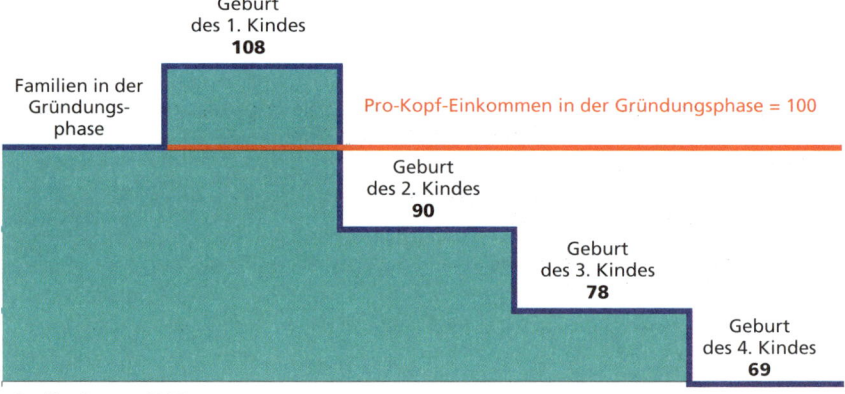

Quelle: Strantz 2005.

Baden-Württemberg – Ausbildung, Kinderlosigkeit, Einkommen

Nicht zuletzt wegen der schwierigen Vereinbarkeit von Beruf und Familie verzichten in Deutschland und in Baden-Württemberg gut ausgebildete Frauen auf Kinder oder wollen weniger Kinder.

---

8 Strantz, Cosima (2005): Familien, Kinder und das liebe Geld, in: Statistisches Monatsheft Baden-Württemberg, Heft 9, S. 3–7; Datenquelle: Sozioökonomisches Panel (SOEP) 1984 bis 2003.

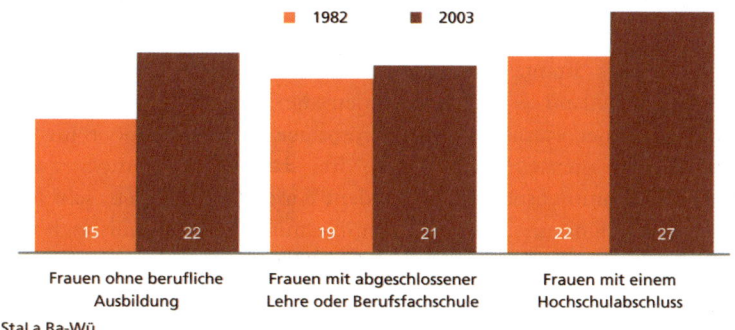

Entwicklung der Kinderlosigkeit der 40 bis unter 45-jährigen Frauen in Baden-Württemberg 1982 und 2003

■ 1982 ■ 2003

Frauen ohne berufliche Ausbildung	Frauen mit abgeschlossener Lehre oder Berufsfachschule	Frauen mit einem Hochschulabschluss
15 — 22	19 — 21	22 — 27

StaLa Ba-Wü

Zudem setzen junge Frauen ihre Ausbildung weniger angemessen in Erwerbs-arbeit und Einkommen um als junge Männer.[9] Der ökonomische Wert von Bildung ist in unserer Gesellschaft für Männer weiterhin höher als für Frauen und für Frauen ohne Kinder höher als für Mütter.

Wie sich das Spannungsverhältnis ‚Ausbildung-Kinder-Einkommen' in Baden-Württemberg für Hochschulabsolventen darstellt, gibt die umseitige Grafik wider.

Deutlich unterscheidet sich bei Frauen und Männern der ökonomische Wert von Bildung, wenn die jeweils erzielten Einkommen miteinander verglichen werden. Dazu werden für Hochschulabsolventen die prozentualen Abweichungen der Erwerbseinkommen der Vollzeit beschäftigten Hochschulabsolventen im Alter zwischen 30 und unter 35 Jahren dargestellt. Es zeigt sich, dass Männer ungeachtet ihres Partnerschafts- und Familienhintergrundes höhere Einkommenspositionen erreichen als Frauen. Die Einkommenspositionen der Männer liegen stets nahe beim Durchschnitt oder darüber, die der Frauen stets unter dem Durchschnitt. Am deutlichsten ist dieser Unterschied zwischen Akademikerinnen und Akademikern, die mit einem Partner und mit Kindern zusammenleben. Seit 1980 hat sich deren Situation kaum geändert, ja sie hat sich sogar in der Altersgruppe der 30- bis 35-Jährigen verschärft. Die Einkommensunterschiede zwischen Vollzeit erwerbstäti-gen Frauen und Männern mit Familienpflichten sind größer geworden. Man kann es auch so zusammenfassen: Unter Einkommensgesichtspunkten lohnt es sich für Akademikerinnen weder zu heiraten noch Kinder zu bekommen.

---

9 Eggen, Bernd (2002): Der Wert von Bildung in unserer Gesellschaft, in: Baden-Württemberg in Wort und Zahl, Heft 9, S. 403-409.

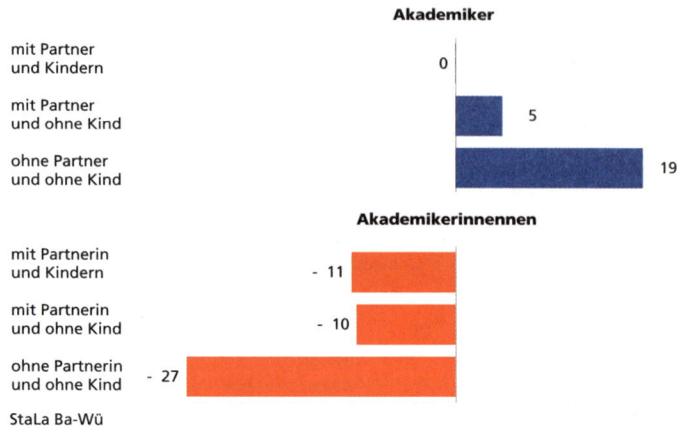

Einkommenssituation der vollzeiterwerbstätigen, 30- bis 34-jährigen Akademiker und Akademikerinnen in Baden-Württemberg 2000
Die Einkommen weichen um ... % vom Durchschnittseinkommen ab

Akademiker

mit Partner und Kindern — 0

mit Partner und ohne Kind — 5

ohne Partner und ohne Kind — 19

Akademikerinnennen

mit Partnerin und Kindern — - 11

mit Partnerin und ohne Kind — - 10

ohne Partnerin und ohne Kind — - 27

StaLa Ba-Wü

Wie Strantz für Baden-Württemberg im Detail ermittelte, sind die Einkommensdisparitäten bei Familien und kinderlosen Formen des Zusammenlebens erheblich. Am unteren Ende der Einkommensskala stehen allein erziehende Mütter. An der statistischen Armutsgrenze – von 50 % des Durchschnittseinkommens – finden sich besonders häufig jene Frauen wieder, die drei und mehr Kinder allein groß ziehen. Allein stehende Männer und vor allem Paare ohne Kinder führen die Einkommensskala an.

Die Spannweite der monatlichen Pro-Kopf-Einkommen umfasst 1 110 Euro und reicht von 636 Euro bei Frauen mit 3 und mehr Kindern bis zu 1 746 Euro bei unverheirateten Paaren ohne Kinder. Im Einzelnen verfügten 2003 die verschiedenen Bevölkerungsgruppen Baden-Württembergs über folgende monatlichen Pro-Kopf-Einkommen.

Formen des Zusammenlebens mit Kindern
nach mittlerem Pro-Kopf-Einkommen in Baden-Württemberg 2003

Formen des Zusammenlebens	Pro-Kopf-Einkommen	Abweichung vom Durchschnitt	
	Euro		%
Haushalte insgesamt	1.248	-	-
Allein erziehende Frauen	954	-294	-24
1 Kind	1.069	-179	-14
2 Kinder	933	-315	-25
3 und mehr Kinder	672	-576	-46
Kinder unter 3 Jahren	636	-612	-49
Kinder unter 18 Jahren	866	-382	-31
Nicht eheliche Lebensgemeinschaften mit Kindern	1.223	-25	-2
1 Kind	1.352	104	8
2 Kinder	1.317	69	6
Kinder unter 3 Jahren	1.013	-235	-19
Kinder unter 18 Jahren	1.177	-71	-6
Ehepaare mit Kindern	1.341	93	7
1 Kind	1.389	141	11
2 Kinder	1.329	81	6
3 und mehr Kinder	1.088	-160	-13
Kinder unter 3 Jahren	1.154	-94	-8
Kinder unter 18 Jahren	1.219	-29	-2
Allein erziehende Männer	1.354	106	8
1 Kind	1.414	166	13
Kinder unter 18 Jahren	1.071	-177	-14
Formen des Zusammenlebens ohne Kinder			
Allein stehende Frauen	1.112	-136	-11
Allein stehende Männer	1.335	87	7
Ehepaare ohne Kinder	1.455	207	17
Nicht eheliche Lebensgemeinschaften ohne Kinder	1.746	498	40

Positive und negative Abweichungen von mehr als +/- 10 bzw. mehr als +/- 20 %.

Quelle: StaLa Ba-Wü.

3.3 Gesundheit und Soziale Sicherung

3.3.1 Gesundheitswesen – Kostensteigerung und Alterung
3.3.2 Pflegebedürftige und Pflegende
3.3.3 Rente – Der Effekt vom Arbeiten bis 67
3.3.4 Lebenserwartung und Übergewicht
3.3.5 Fit mit Falten, Gespräch mit einem Heilpraktiker

Seit mehreren Jahrzehnten werden ‚Rentensysteme‘, ‚Gesundheitswesen‘ und ‚institutionalisierte Pflege alter Menschen‘ kontrovers diskutiert. Mal ist die „Rente sicher" und dann wieder doch nicht; mal sind die Kassen der Pflegeversicherungen voll, dann wieder nicht und bei den steigenden Gesundheitskosten sind immer andere die Verursacher.

Das Gesundheitswesen wird zwar kostspieliger, aber auch erfolgreicher, was letztlich zu höheren Lebenserwartungen führt. Dass das demographische Altern der Gesellschaft zu den laufenden Kostensteigerungen führt, lässt sich so nicht belegen.

Die Kontroversen haben ihre Wurzeln häufig in monetären Verteilungsfragen – wer kommt für wen und was und wann auf, und wer hat das Sagen bei der Verwendung der Beiträge. Dabei bestimmen demographische Größen zunehmend die Auseinandersetzungen. Es sei nur an den ‚Demographiefaktor‘ erinnert, der nach dem Rentenreformgesetz 1999 die Rentenformel ergänzen und damit die längere Rentenbezugsdauer als Folge der gestiegenen durchschnittlichen Lebenserwartung berücksichtigen sollte.

Lebensweise und Lebenserwartung beeinflussen sich gegenseitig; eine gesunde Lebensweise erhöht die Lebenserwartung, und in Erwartung eines längeren Lebens ändern Menschen auch ihren Lebensstil. Es liegen allerdings Schatten auf diesen Entwicklungen.

3.3.1 Gesundheitswesen – Kostensteigerung und Alterung

Die 60-Jährigen und Älteren der Jahre 2030 oder 2050 leben bereits heute. Von der Zahl her sind sie deshalb leichter vorauszuberechnen als die Zahl der künftigen Kinder. Allein Annahmen zur Lebenserwartung und Wanderung bestimmen die künftige Zahl älterer Menschen. Derzeit leben 20 Mill. ältere Menschen in Deutschland, 2050 dürften es etwa 28 Millionen sein, also zwischen 7 und 8 Millionen mehr. Wie die Tabelle zeigt, verläuft die Entwicklung sehr unterschiedlich. Das zeitweise Auf und Ab bei einzelnen Altersgruppen spiegelt die Vergangenheit wider: Erster und Zweiter Weltkrieg, Babyboom der 60er-Jahre, Geburtenrückgang seit den 70er-Jahren. Nahezu kontinuierlich und besonders kräftig hingegen wächst die Zahl der ‚älteren Alten‘ über 85 Jahre als Folge der steigenden Lebenserwartung.

Entwicklung der 60-Jährigen und Älteren in Deutschland 2002 bis 2050							
	Junge Alte					Alte Alte	
Jahr	60 - 64	65 - 69	70 - 74	75 - 79	80 - 84	85 - 89	90 - 94	95 u. ä.
1.000							
2002	5.663	4.635	3.579	2.854	1.913	875	451	96
2025	6.713	5.637	4.613	3.533	2.701	2.152	790	218
2050	5.347	4.881	4.377	3.857	4.131	3.089	1.461	444
2002 = 100							
2002	100	100	100	100	100	100	100	100
2025	119	122	129	124	141	246	175	228
2050	94	105	122	135	216	353	324	464

Quelle: Statistisches Bundesamt

Durch die wachsende Zahl älterer und vor allem sehr alter Menschen sieht sich die Politik herausgefordert. Sie befürchtet steigende Kosten im Gesundheitssystem. Denn wer länger lebt, dürfte häufiger erkranken und dadurch stärker das Gesundheitssystem beanspruchen. Von einem solchen Anstieg wären neben der gesetzlichen Krankenkasse auch andere Ausgabenträger betroffen.

Doch wie stark wird das demographische Altern die künftigen Gesundheitsausgaben beeinflussen? Hier fehlt bislang eine eindeutige Antwort. So ist unklar, wie stark der Beitragssatz in der gesetzlichen Kranken- und Pflegeversicherung steigen wird oder zur Deckung der Ausgaben steigen müsste, und welche Gegenreaktionen ergriffen werden oder ergriffen werden sollten.[1] Es ist unklar, was im Einzelnen

---

1 Bundesministerium für Familie, Senioren, Frauen und Jugend (2000): Dritter Bericht zur Lage der älteren Generationen: Alter und Gesellschaft, Bundestagsdrucksache 14/5130, Bonn, S. 149.

die Steigerungen verursacht und welche Bedeutung das demographische Altern im Vergleich zu anderen zentralen Bedingungen der Gesundheitsausgaben besitzt. Denn für die künftige Ausgabenentwicklung dürfte vielleicht bedeutsamer als der demographische Wandel das Zusammenspiel der anderen Bedingungen des Gesundheitswesens sein, wie der medizinisch-technische Fortschritt in Diagnose und Therapie, die Qualitätsfortschritte in der Pflege, das Angebot und die angebotsinduzierte Nachfrage, das Verhalten der Versicherten, die Preisentwicklungen, die Pharmaforschung und die Gesetzgebung.

Doch zunächst zum demographischen Wandel: Bevölkerungsrückgang und demographisches Altern wirken verschieden auf Einnahmen und Ausgaben des Gesundheitssystems. Der Rückgang der Bevölkerungszahl bewirkt zunächst weniger Ausgaben. Der Rückgang der erwerbsfähigen Bevölkerung sorgt für weniger Einnahmen. Dagegen steht eine wahrscheinlich höhere Erwerbsbeteiligung besonders von Frauen und älteren Menschen. Beides stärkt die Einnahmen; neue Beitragszahler und Beitragszahler mit höheren Einzahlungen kommen hinzu, der einzelne Beitragszahler wird entlastet.

Krankenstand der AOK-Mitglieder 2001
nach Altersgruppen und Stellung im Beruf in % der Jahresarbeitszeit

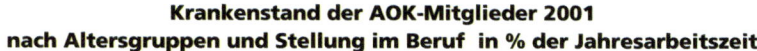

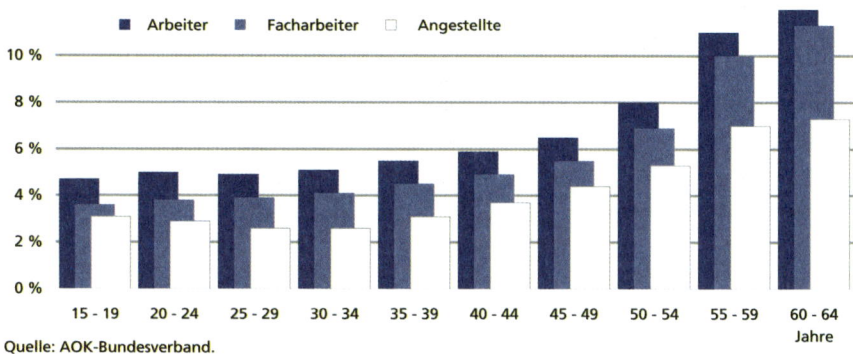

Quelle: AOK-Bundesverband.

Bedeutsam für die Ausgaben im Gesundheitssystem ist der Krankenstand der Erwerbstätigen. Aus einem Niedrigstand der Altersgruppe der 25- bis 29-Jährigen steigt er stetig an. Bei den 60- bis 64-Jährigen ist er in allen Gruppen um das Dreifache gestiegen. Auffallend sind die Unterschiede nach der Stellung im Beruf – Arbeiter, Facharbeiter und Angestellte. Angestellte melden sich deutlich seltener krank als Arbeiter. Das gilt nicht nur für AOK-Mitglieder.

Es sollte aber bedacht werden, dass nur eine Minderheit der Versicherten hohe Kosten verursacht. Allgemein gilt, dass die meisten Versicherten ihre Krankenkasse kaum in Anspruch nehmen. Bei der AOK Baden-Württemberg verursachen 80 %

148

der Mitglieder rund 20 % der Kosten. Umgekehrt bedeutet das, dass nur wenige Menschen die Versicherung stark belasten. So berichtet die Gmünder Ersatzkasse, dass 20 % der Versicherten 92 %, darunter: 2,5 % fast 50 % und 0,5 % etwa 20 % der Gesamtausgaben verursachen. Die Ursachen für diese schiefe Verteilung sind bisher noch nicht hinreichend und abschließend geklärt.

Die Gruppe der 60-Jährigen und Älteren wird künftig immer größer im Vergleich zu den jüngeren Altersgruppen. Wird diese Gruppe künftig genauso häufig krank sein und damit Mehrausgaben verursachen? Das ist nicht sicher, denn vor allem in den wohlhabenden Ländern dürfen die Menschen nicht nur ein längeres Leben, sondern wohl auch einen längeren behinderungsfreien Lebensabschnitt erwarten.

Heute ist ein 70-Jähriger im Schnitt gesünder als ein 70-Jähriger vor drei oder fünf Jahrzehnten.[2] In der Zukunft werden ältere Menschen vermutlich gesünder sein als ältere Menschen in der Gegenwart. Eine bessere Gesundheit im höheren Alter wird vor allem durch eine zunehmende Qualität der medizinischen und rehabilitativen Versorgung sowie durch andere soziale Bedingungen erreicht werden. Dazu gehören eine bessere Schul- und Berufsausbildung, die älteren Menschen berufliche Tätigkeiten mit geringeren Gesundheitsrisiken ermöglichen.

Deshalb verschieben sich voraussichtlich mit dem demographischen Altern auch die Gesundheitsausgaben in höhere Altersgruppen. Zwar steigen die Ausgaben mit dem Alter, die längere Lebenserwartung allein dürfte in *allen* Altersgruppen, auch in den jüngeren, geringere Gesundheitsausgaben pro Kopf auslösen. Mit anderen Worten: Die steigende Lebenserwartung senkt zwar die Kosten in der jeweiligen Altersgruppe, was allerdings durch die wachsende Anzahl der älteren Menschen kompensiert werden wird.

Das Deutsche Institut für Wirtschaftsforschung (DIW) hat versucht, den Effekt der steigenden Lebenserwartung auf die Gesundheitsausgaben zu berücksichtigen. Es hat berechnet, wie sich die Leistungsausgaben der gesetzlichen Krankenkassen in Deutschland entwickeln würden, wenn sich bis 2030 das Sterblichkeitsniveau und die aktiven Lebensjahre gleichsam um fünf Jahre nach hinten verschöben. Die Ausgaben würden deutlich geringer ansteigen als bei konstanten Ausgabenprofilen, nach denen trotz steigender Lebenserwartung die gesunden Lebensjahre unverändert blieben. Am größten wären die Unterschiede bei den 60- bis 75-Jährigen.[3]

2 Kruse, Andreas; Knappe, Eckhard; Schulz-Nieswandt, Frank; Schwartz, Friedrich-Wilhelm; Wilbers, Joachim (2003): Kostenentwicklung im Gesundheitswesen: Verursachen ältere Menschen höhere Gesundheitskosten?, AOK Baden-Württemberg, Heidelberg, S. 20; Börsch-Supan, Axel u.a. (2005): Health, Ageing and Retirement in Europe, Mannheim.
3 Deutsches Institut für Wirtschaftsforschung (2001): Wirtschaftliche Aspekte der Märkte für Gesundheitsdienstleistungen, Gutachten im Auftrag des Bundesministeriums für Wirtschaft und Technologie, Berlin.

Mögliche Einflüsse eines demographischen Alterns auf die Gesundheitsausgaben sind weder zu verharmlosen noch zu dramatisieren. Gesundheitsökonomische Analysen zeigen, dass nur ein kleinerer Teil der Ausgabensteigerungen im Gesundheitswesen direkt auf demographische Verschiebungen zurückgeht.[4]

Es ist primär die Nähe zum Todeszeitpunkt, die die Gesundheitskosten in die Höhe treibt. Diese Aussage trifft beispielsweise der Gesundheitsreport 2003 der Gmünder Ersatzkasse.[5] Er basiert auf Daten von 1,2 Mill. Versicherten. Die medizinische Hochschule Hannover hat die Untersuchung durchgeführt. Nach diesem Bericht treibt die steigende Lebenserwartung die Kosten und damit die Beitragssätze nicht nach oben. Die Studie belegt, dass hohe Leistungsausgaben regelmäßig und unabhängig vom Alter kurz vor dem Tod eines Versicherten anfallen. Dabei ist der Tod eines 55-Jährigen mehr als doppelt so teuer wie der Tod eines 90-Jährigen – 16 000 gegenüber 6 100 Euro. Der Anstieg der Ausgaben mit dem Alter der Versicherten ist deshalb zumindest partiell durch eine höhere Sterbewahrscheinlichkeit und die damit verbundene häufigere zeitliche Nähe zum individuellen Sterbezeitpunkt zu erklären. Auch die Gesundheitsökonomen Seshamani und Gray belegen, dass weniger das Alter, sondern die Nähe zum Tod die Kosten im Gesundheitswesen nach oben treiben.[6] Ihre Längsschnittanalyse über 29 Jahre zeigt, dass sich die Kosten bei über 64-Jährigen im letzten Jahr vor

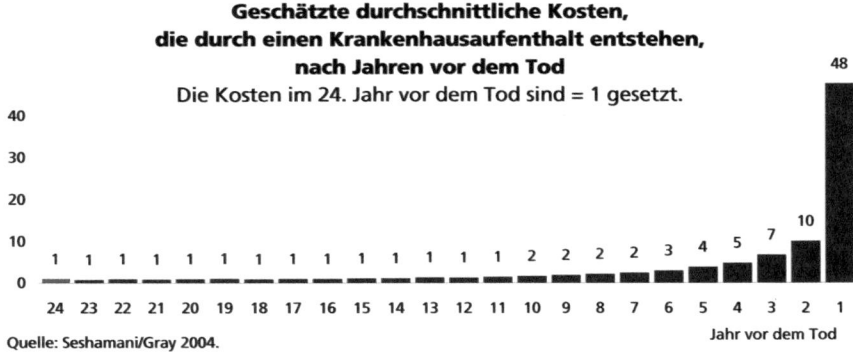

Geschätzte durchschnittliche Kosten, die durch einen Krankenhausaufenthalt entstehen, nach Jahren vor dem Tod

Die Kosten im 24. Jahr vor dem Tod sind = 1 gesetzt.

Quelle: Seshamani/Gray 2004.

4 Höpflinger, François; Stuckelberger, Astrid (1999): Alter, Bern, S. 43.

5 Gmünder Ersatzkasse (Hrsg.): GEK-Gesundheitsreport 2003: Ergebnisse der Auswertungen zum Schwerpunktthema Charakterisierung von Hochnutzern im Gesundheitssystem, Vorabfassung zur Pressekonferenz am 28.4.2003, www.gesetzeskunde.de/Rechtsalmanach/Gesundheitswesen/Gesundheitsreport2003.

6 Seshamani, Meena; Gray, Alister M. (2004): A Longitudinal Study of the Effects of Age and Time to Death on Hospital Costs, in: Journal of Health Economics, 23, S. 217-235.

dem Tod gegenüber dem Vorjahr fast verfünffachen, während sich beispielsweise die Kosten vom 24. bis zum 6. Jahr vor dem Tod verdreifachen.

Seshamani und Gray zeigen auch, dass die Ausgaben, die durch Krankenhausaufenthalte entstehen, nicht linear mit dem Alter steigen. Zwar steigen die Kosten durch Aufenthalte im Krankenhaus vom 65. bis zum 80. Lebensjahr, dann jedoch fallen sie signifikant ab.

Allerdings räumen Seshamani und Gray ein, dass die Ältesten der Alten wohl deshalb geringere Kosten verursachen, weil für sie ein Klinikaufenthalt unwahrscheinlicher ist als für Jüngere. Anstelle von teueren Operationen treten kostengünstigere Behandlungen wie Langzeitpflege oder Medikamente in den Vordergrund.

Die Autoren kommen schließlich zu der Auffassung, dass der weit verbreitete Glaube, nach dem eine alternde Gesellschaft höhere Ausgaben für Krankenhäuser verursacht, zu mechanistisch sei und auf der Befürchtung beruht, nach der ein enger Zusammenhang zwischen Alter und Krankenhauskosten bestünde.

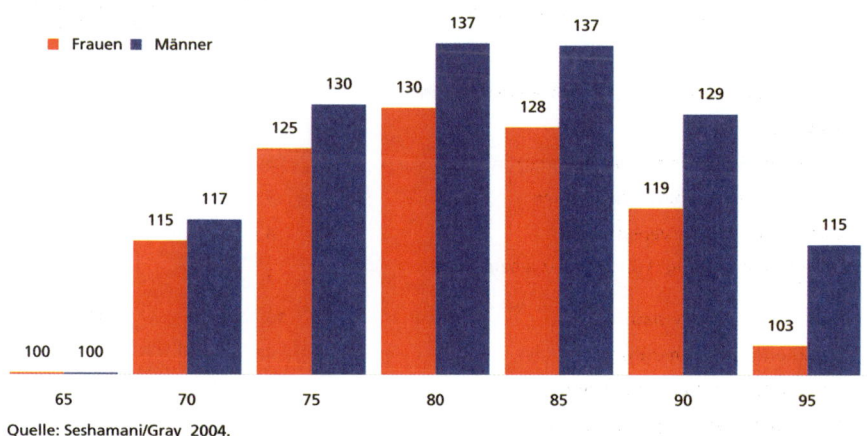

Durchschnittliche Krankenhauskosten nach Alter und Geschlecht der Patienten 2004
Kosten für 65-Jährige sind jeweils = 100 gesetzt

Quelle: Seshamani/Gray 2004.

In Zukunft dürften die Ausgaben im Gesundheitswesen dennoch steigen. Der *nicht demographisch bedingte* Grund liegt im größeren Angebot und in höheren Ansprüchen. Steigendes Angebot und steigende Nachfrage werden die Ausgaben in allen Altersgruppen und besonders bei den älteren Menschen erhöhen. Offen ist, wer für die Kosten aufkommen wird. So paradox es klingt, die höhere Lebenserwartung könnte zu voreiligen Verteilungsdiskussionen führen, da sich die hohen Aufwendungen für das Gesundheitswesen verstärkt bei dem zahlenmäßig zunehmenden Block alter Menschen konzentrieren werden.

Das, was Rürup für die Vergangenheit feststellte, dürfte auch für die Zukunft gelten: „Die Qualität der medizinischen Leistungen verändert sich im Zeitablauf so stark, dass Gesundheitsleistungen bzw. -ausgaben über lange Zeiträume kaum vergleichbar sind. Eine medizinische Versorgung auf dem Stande des Jahres 1950 würde – als Folge des medizinisch-technischen Fortschritts und nicht wegen der demographischen Entwicklung – heute nur einen winzigen Bruchteil der jetzigen Leistungsausgaben der gesetzlichen Krankenversicherung erfordern".[7]

Baden-Württemberg – Stationäre Versorgung in Krankenhäusern

Das Statistische Landesamt Baden-Württemberg untersuchte die Wechselwirkung von demographischer Entwicklung und Krankenhausversorgung und kommt zu weniger optimistischen Einschätzungen.

Stationäre Behandlungsfälle nach ausgewählten Diagnosegruppen in Baden-Württemberg*		
Ausgewählte Diagnosegruppen	Anteil an ... insgesamt 2002	Demographisch bedingte Veränderung 2030 gegenüber 2002
	%	
Bestimmte infektiöse und parasitäre Krankheiten	2	14
Neubildungen	12	35
Endokrine, Ernährungs- und Stoffwechselkrankheiten	3	31
Psychische und Verhaltensstörungen	5	7
Krankheiten des Nervensystems	4	26
Krankheiten des Auges und der Augenanhangs-gebilde	3	48
Krankheiten des Kreislaufsystems	16	46
Krankheiten des Atmungssystems	6	20
Krankheiten des Verdauungssystems	10	25
Krankheiten des Urogenitalsystems	6	21
Schwangerschaft, Geburt und Wochenbett	7	-12
Verletzungen, Vergiftungen	10	20
Insgesamt	100	25

* Ergebnisse einer isolierten Status-Quo-Vorausrechnung auf der Basis der 10. Koordinierten Bevölkerungsvorausrechnung des Bundes und der Länder; d. h. weitere Einflussfaktoren wie zum Beispiel die medizinisch-technische Entwicklung wurden nicht berücksichtigt.

Quelle: StaLa Ba-Wü.

Dazu Reinhard Knödler vom Statistischen Landesamt: „Die Entwicklung der Fallzahl und des Pflegetagevolumens in Krankenhäusern hängt von vielen verschiedenen Einflussfaktoren ab. Einer der wichtigsten ist die demographische Entwicklung. …. Geht man von den heutigen Morbiditätsverhältnissen aus, dann würde allein aus demographischen Gründen die Zahl der stationären Behandlungsfälle im Zeitraum von 2002 bis 2030 um 25 % steigen. Insbesondere bei Krankheiten, deren Auftreten einen engen Zusammenhang mit dem Alter aufweisen wie beispielsweise Kreislauf- oder Tumorerkrankungen, dürfte der stationäre Versorgungsbedarf beträchtlich zunehmen".[8]

Krankenhausbetten, Patienten, Verweildauer und Bettenauslastung in den Krankenhäusern Baden-Württembergs 1990 und 2004

Fachabteilungen mit mehr als 500 aufgestellten Betten	Auslastung der Betten in %			Durchschnittliche Verweildauer in Tagen			Betten Anzahl
	1990	2004	+/- % Pkt.	1990	2004	+/- Tage	2004
Insgesamt	85	74	-11	14	9	-5	62.387
darunter							
Innere Medizin	87	79	-8	14	8	-6	19.268
Chirurgie [1]	86	70	-16	12	8	-3	14.338
Psychiatrie	90	92	2	46	30	-16	6.523
Frauenheilkunde, Geburtshilfe[1]	84	60	-24	8	5	-2	5.758
Orthopädie	91	69	-22	17	10	-7	2.867
Kinderheilkunde	74	66	-8	8	6	-3	2.463
Neurologie	92	76	-16	23	10	-13	2.434
Urologie	81	69	-12	9	6	-4	1.793
Hals-Nasen-Ohrenkunde	76	65	-11	7	5	-2	1.599
Augenheilkunde	79	56	-23	8	4	-4	796
Neurochirugie[1]	88	79	-10	10	7	-3	599
Haut-, Geschlechtskrankheiten	84	74	-10	14	6	-8	518

[1] Abweichungen der Veränderungsangaben durch Rundung der Basisdaten
Quelle: StaLa Ba-Wü.

Andererseits stellte Lothar Baumann fest, dass die Betten in Krankenhäusern nur noch zu drei Vierteln ausgelastet sind und das, obwohl seit 1990 bereits 7 000 Betten ‚abgebaut' wurden und die Zahl vollstationärer Behandlungsfälle um

---

8 Eine Langfassung der Analyse ist veröffentlicht vom Staatsministerium Baden-Württemberg (2004): Einfluss der demographischen Entwicklung auf die Pflege- und Krankenhausversorgung, Trends und Fakten, Stuttgart.

gut 300 000 stieg. Regulierende Eingriffe scheinen zu wirken. So sinken die Verweildauern wegen der pauschalierten Leistungsvergütung. Das führt zu sinkenden Bettenauslastungen und dies zur weiteren Reduzierung der Bettenzahlen und letztlich wohl zur Schließung von Fachabteilungen und Kliniken.[9]

---

9 Statistisches Landesamt Baden-Württemberg, Eildienst 378/2005.

3.3.2 Pflegebedürftige und Pflegende

Rund 2,1 Mill. Menschen bedürfen in Deutschland der Pflege im Sinne des Pflegeversicherungsgesetzes (SGB XI). Mehr als zwei Drittel der Pflegebedürftigen sind Frauen, acht von zehn sind 65 Jahre und älter und jeder Dritte über 85 Jahre alt. Die Familie ist immer noch der Pflegedienst der Nation: Zwei von drei Pflegebedürftigen werden zu Hause versorgt; zwei Drittel von ihnen allein von Angehörigen und ein Drittel zum Teil oder vollständig durch ambulante Pflegedienste. Nur eine Minderheit wird in Pflegeheimen betreut. Die Pflege in der Familie ist vor allem eine Sache der Frauen. Zunächst pflegt die Frau ihren Mann und dann die Tochter die Mutter.

**Pflegebedürftige in Deutschland
und durch wen diese gepflegt werden, 2003**

insgesamt

durch Angehörige
oder Bekannte

durch ambulante
Pflegedienste

in Heimen

Quelle: Statistisches Bundesamt (2005).

Die Herausforderungen sind klar umrissen: Immer mehr 80-Jährige und Ältere bedeuten immer mehr pflegebedürftige Menschen. Der Wandel der Familie wird sich auf die private Pflegebereitschaft auswirken. Immer mehr Frauen und Männer bleiben kinderlos, die Familien werden kleiner, Eltern und Kinder leben oft weit voneinander entfernt, die Lebensentwürfe werden individueller, die Frauen sind häufiger erwerbstätig, Trennungen und Scheidungen nehmen zu, ältere Menschen leben künftig häufiger ohne Partner. Den pflegenden Angehörigen dürfte es deshalb immer seltener geben. Die um ein Vielfaches teurere professionelle Hilfe tritt an seine Stelle. Doch bereits heute klafft ein Loch in der Pflegekasse: 2004 übersteigen die Ausgaben die Einnahmen um 824 Mill. Euro. Damit hat sich innerhalb von zwei Jahren das Defizit nahezu verdoppelt. Und ein Ende ist nicht absehbar. Immer mehr Pflegebedürftige sind wieder auf Sozialhilfe angewiesen, das Armutsrisiko bei Pflegebedürftigen steigt. Hinzu kommen neue Ansprüche an die soziale Pflegeversicherung. So soll etwa die besondere Situation Demenzkranker stärker berücksichtigt werden.

Die Entwicklung der Anzahl der Pflegefälle ist einer der bedeutsamsten Einflussfaktoren auf die Finanzentwicklung der Sozialen Pflegeversicherung und eine zentrale Entscheidungsgrundlage für künftige Investitionen. Aufgrund der geburtenstarken Jahrgänge der 50er- und 60er- Jahre und einer steigenden Lebenserwartung ist bis 2030 mit 3,3 Mill. und bis 2050 mit 4,3 Mill. Pflegefällen in Deutschland zu rechnen. Erst nach 2050 dürfte der Anstieg zum Erliegen kommen.

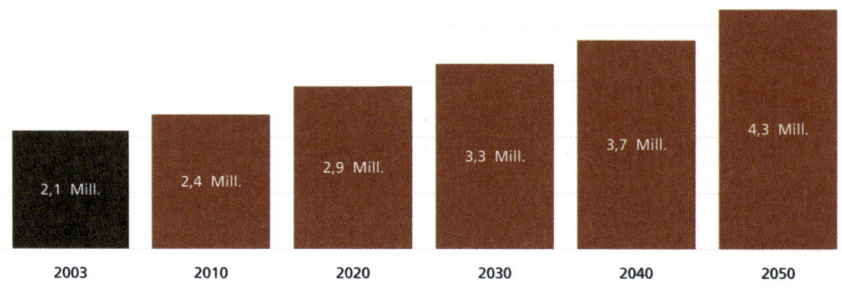

Pflegebedürftige bei konstantem Pflegerisiko in Deutschland bis 2050

Quelle: Statistisches Bundesamt (2005).

Die Berechnungen unterstellen neben konstanten gesetzlichen Rahmenbedingungen vor allem ein im Alter gleich bleibendes Pflegerisiko. Ein 85-Jähriger hat 2050 das gleiche Risiko, pflegebedürftig zu werden wie heute. Rund 40 % der derzeitigen 85-jährigen und älteren Personen sind pflegebedürftig. Allerdings ist diese Annahme strittig. So ist nach einer Analyse vom Max-Plank-Institut für demographische Forschung das altersspezifische Pflegerisiko in Deutschland von 1991 bis 2003 gesunken.[1] Außerdem ist zwischen 2001 und 2003 die Gesamtzahl der Pflegebedürftigen zwar um 1,8 % gestiegen, aber noch stärker zugenommen hat mit 2,2 % die Zahl der 60-Jährigen und Älteren.

Angesichts der sich ändernden Haushalts- und Familienstrukturen dürften die alten Menschen von morgen im Bedarfsfall weniger Unterstützung aus dem unmittelbaren Familienkreis erhalten. So ist zu erwarten, dass die innerfamiliären Pflegeleistungen künftig und zunehmend auf außerfamiliäre Einrichtungen übertragen werden. Doch für die nähere Zukunft dürfte dies nach Untersuchungen des DIW noch nicht zutreffen, eher geht zum Beispiel der Anteil der Partnerlosen unter den Pflegebedürftigen zurück.[2] Zumindest wird sich der kriegsbedingte

---

1 Ziegler, Uta; Doblhammer, Gabriele (2005): Transition into Care Need in Germany 1991-2003: A Study based on the German Socioeconomic Panel. MPIDR Working Paper 03, Rostock.
2 Schupp, Jürgen; Künemund, Harald (2004): Private Versorgung und Betreuung von Pflegebedürftigen in Deutschland, in: DIW Wochenbericht 20.

‚Frauenüberschuss' verringern. Auch die durchschnittliche Zahl der Kinder im Erwachsenenalter wird nicht rückläufig sein, da jetzt die geburtenstarken Jahrgänge in das Alter kommen, in denen Kinder potenziell ihre Eltern pflegen könnten.

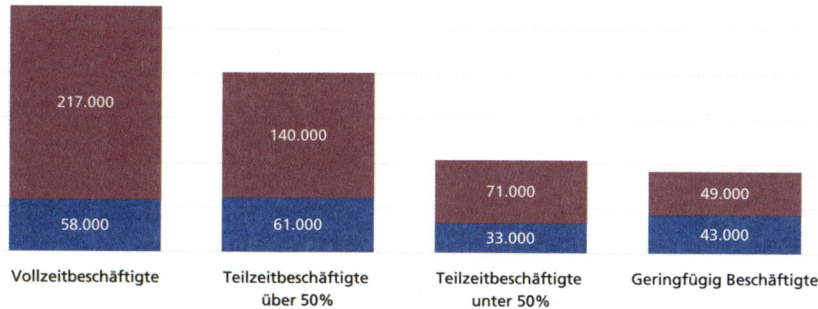

Personal bei ambulanten Pflegediensten und Personal in Pflegeheimen nach Umfang der Arbeitszeit in Deutschland 2003

Quelle: Statistisches Bundesamt (2005).

Mehr Pflegebedürftige auf der einen Seite und weniger pflegende Familienangehörige auf der anderen werden zu einem steigenden Bedarf an professionellem Pflegepersonal führen.

Von 2001 bis 2003, das heißt in nur zwei Jahren, hat die Anzahl des ambulanten und des stationären Pflegepersonals in Deutschland um 45 000 auf 671 000 Personen oder 7 % zugenommen und das ausschließlich im Bereich der Teilzeitbeschäftigung.

> ### Exkurs: Was ändert die Zahl der Pflegebedürftigen?
> Da es mehr ältere Menschen gibt, steigt nach Ansicht Vieler die Zahl Pflegebedürftiger. Die Zahl *rechtlich anerkannter* Pflegebedürftiger kann sich auch aus anderen Gründen nach oben wie nach unten ändern, ohne dass sich die Zahl *tatsächlich* Pflegebedürftiger ändert, und zwar durch: (1) Einstufungsverfahren der medizinischen Dienste, (2) gesetzliche Maßnahmen, die den Kreis der Anspruchsberechtigten erweitern (z. B. stärkere Einbeziehung Demenzkranker), (3) Veränderungen des Pflegepotenzials in den Familien.
> Die Zahl *tatsächlich* Pflegebedürftigen einer *Altersgruppe* kann sich noch oben und nach unten ändern, wenn sich die behinderungsfreie Lebenszeit und die Pflegezeit verlängert oder verkürzt.[3]

---

3 Zu diesem Ergebnis kommen beispielsweise die Untersuchungen von Höpflinger, François; Hugentobler, Valérie (2003): Pflegebedürftigkeit in der Schweiz. Prognosen und Szenarien für das 21. Jahrhundert, Bern. Ein möglicher medizinischer Fortschritt bei bestimmten Krankheiten, etwa bei Demenz, kann dazu führen, dass die Pflegebedürftigkeit nicht dem Maße zunimmt, wie die Zahl älterer Menschen steigt.

Folgende Szenarien zeigen, wie sich Lebenserwartung und Pflegerisiko in den einzelnen Altersgruppen auf die künftige Zahl der Pflegefälle auswirken können.

Auswirkung unterschiedliche alterspezifischer Pflegerisiken auf die Anzahl der Pflegefälle

Drei Szenarien für 1 000 Personen im Alter von 60 Jahren und mehr	Bevölkerung nach Altersgruppen				Insge-samt
	60 - 69	70 - 79	80 - 89	> 90	
Ausgangsbevölkerung	500	350	100	50	1000

Szenario 1: Entspricht in etwa den Pflegerisiken Anfang 2000					
Pflegerisiko in %	6	12	24	48	12
Pflegefälle	30	42	24	24	120

Szenario 2: *Konstante* Lebenserwartung und Pflegerisiko, das sich in höhere Altersgruppen verschiebt. Die Zahl der Pflegefälle bleibt insgesamt konstant, die Pflegedauer verkürzt sich.					
Pflegerisiko in %	3	9	28	85	12
Pflegefälle	16	33	28	43	120

Szenario 3: *Steigende* Lebenserwartung und Pflegerisiko, das sich in höhere Altersgruppen verschiebt und gleichzeitig verringert. Die Zahl der Pflegefälle sinkt. Die Pflegedauer kann sich verkürzen oder verlängern.					
Pflegerisiko in %	2	5	14	43	6
Pflegefälle	8	17	14	21	60
Quelle: StaLa Ba-Wü					

Baden-Württemberg – von häuslicher zur institutionellen Pflege

In Baden-Württemberg bedürfen eine Viertel Mill. Menschen einer dauerhaften Pflege, ein Viertel darunter sind Männer.

Für Baden-Württemberg hat Ulrike Winkelmann vom Statistischen Landesamt in einer neueren Untersuchung mehrere Szenarien zur Entwicklung des häuslichen Pflegepotenzials entworfen. Unter häuslichem Pflegepersonal werden dabei Familienangehörige wie der Ehepartner, die Tochter oder Schwiegertochter verstanden.[4]

---

4 Staatsministerium Baden-Württemberg (2004): Einfluss der demographischen Entwicklung auf die Pflege- und Krankenhausversorgung, Trends und Fakten, Stuttgart, S. 65.

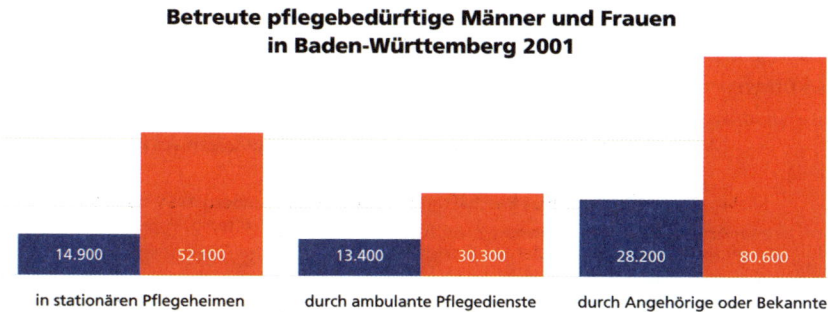

Betreute pflegebedürftige Männer und Frauen in Baden-Württemberg 2001

| 14.900 | 52.100 | | 13.400 | 30.300 | | 28.200 | 80.600 |

in stationären Pflegeheimen   durch ambulante Pflegedienste   durch Angehörige oder Bekannte

StaLa Ba-Wü

Dabei berücksichtigt Winkelmann die demographische Entwicklung in Verbindung mit sinkender Heiratsneigung, steigenden Scheidungshäufigkeiten, dem Trend zu nicht ehelichen Lebensgemeinschaften und dem Trend zu steigender Teilzeiterwerbstätigkeit. Infolge dieser Annahmen geht bis 2030 beispielsweise das Pflegepotenzial durch nicht erwerbstätige Töchter zurück (siehe Trendszenarien 1 und 2).

Entwicklungsszenarien des häuslichen Pflegepotenzials für Baden-Württemberg Modellrechnung bis zum Jahr 2030*		
Potenzial für häusliche Pflege durch	Stand 2003	Demographisch bedingte Veränderung in % 2030 gegenüber 2003
den/die Lebenspartner/-in, wenn nicht erwerbstätig	Optimistisches Szenario Pessimistisches Szenario	+45 +13
die nicht erwerbstätige (Schwieger-)Tochter	Status-quo-Szenario 1 Trendszenario 1	+5 -38
die bis zu 20 Stunden erwerbstätige (Schwieger-) Tochter	Status-quo-Szenario 2 Trendszenario 2	-1 +11

*) Ergebnisse der Status-Quo-Vorausrechnung.
Quelle: StaLa Ba-Wü.

In den meisten Szenarien steigt dennoch das Pflegepotenzial, etwa durch den Partner oder die teilzeiterwerbstätige Tochter. Allerdings nimmt das Pflegepotenzial nicht in dem Maße wie die Zahl der Pflegebedürftigen zu, wenn diese 2030 die gleichen altersspezifischen Pflege-Risiken aufweisen werden, wie sie gegenwärtig bestehen. Bliebe die Pflegebereitschaft gleich, könnten immer weniger Pflegebedürftige zu Hause betreut werden, und immer mehr von ihnen müssten stationär versorgt werden. Den überproportional wachsenden Bedarf an Pflegepersonal konnte Monika Kaiser vom Statistischen Landesamt Baden-

Württemberg anhand der Entwicklung der Zahl der Sozialversicherungspflichtig-en bereits für die letzten Jahre feststellen.[5]

Die Pflege wird zu großen Teilen von Absolventen der Schulen für Altenpflege wahrgenommen. Das heißt, dass schon vor Jahren mit einer verstärkten Ausbildung des in den nächsten Jahren benötigten Personals hätte begonnen werden müssen.

Sozialversicherungspflichtig Beschäftigte in Baden-Württemberg 1999 bis 2003				
Jahr	in Altenwohnheimen, Altenheimen, Alten-pflegeheimen und ambulanten Einrichtun-gen		in der Gesamtwirtschaft	
	Anzahl	Veränderung zum Vorjahr in %	Anzahl	Veränderung zum Vorjahr in %
1999	57.841	x	3.683.796	x
2000	60.288	+4,2	3.786.458	+2,8
2001	62.571	+3,8	3.853.505	+1,8
2002	65.403	+4,5	3.860.082	+0,2
2003	68.047	+4,0	3.812.283	-1,2
2004	70 303	+3,3	3 737 814	-2.0
2005	72 607	+3.3	3 706 555	-0.8

Quelle: Bundesagentur für Arbeit.

Die Anzahl der Absolventen an Schulen für Altenpflege scheint auf den ersten Blick nicht zu belegen, dass diese Zukunftsaufgabe vorausschauend angepackt wurde. Tatsächlich steigt die Zahl der Schüler an derartigen Schulen aber stetig an.

Diese Bildungsaufgabe teilen sich öffentliche und private Bildungseinrichtungen mit einem deutlichen Übergewicht der privaten Berufsfachschulen. Letzteres lässt

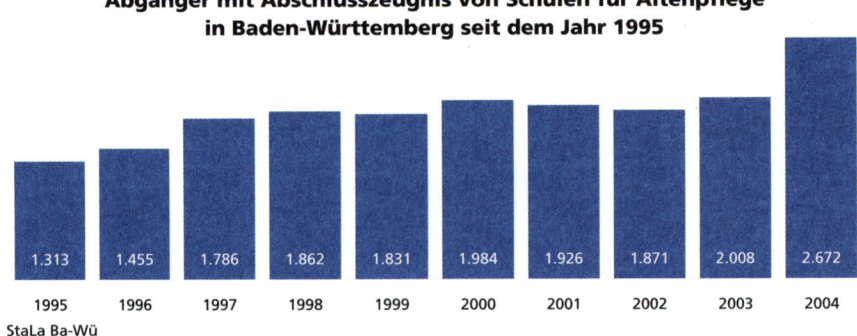

Abgänger mit Abschlusszeugnis von Schulen für Altenpflege in Baden-Württemberg seit dem Jahr 1995

1995	1996	1997	1998	1999	2000	2001	2002	2003	2004
1.313	1.455	1.786	1.862	1.831	1.984	1.926	1.871	2.008	2.672

StaLa Ba-Wü

---

5 Kaiser, Monika (2004): Personalbedarf in Einrichtungen zur Versorgung älterer Menschen steigt kräftig, in: Statistisches Monatsheft Baden-Württemberg, Heft 4, S. 34-35.

hoffen, dass sich der Ausbildungsmarkt in der Altenpflege an den Schwankungen des Bedarfs orientieren wird.

Schüler an Schulen für Altenpflege in Baden-Württemberg seit dem Schuljahr 1990/91 nach Schularten

Schuljahr	Schüler					
	insgesamt	davon an				
		Berufsfachschulen			Berufs-kollegs Teilzeit	Fach-schulen Teilzeit
		zusammen	davon an			
			öffentlichen	privaten		
1990/91	3.218	3.218	1.304	1.914	–	–
1995/96	5.587	5.575	2.316	3.259	–	12
2000/01	6.300	5.904	2.537	3.367	111	285
2001/02	6.760	6.328	2.734	3.594	116	316
2002/03	7.084	6.646	2.928	3.718	149	289
2003/04	7.918	7.476	3.314	4.162	97	345
2004/05	8.304	7.855	3.478	4.377	48	401

Quelle: StaLa Ba-Wü.

3.3.3 Rente – Der Effekt vom Arbeiten bis 67

Die deutlichsten Auswirkungen des demographischen Wandels zeigen sich in der gesetzlichen Sozialversicherung: Kranken-, Pflege- und Rentenversicherung.
Die sozialen Sicherungssysteme beruhen bislang auf dem Generationen- bzw. Solidarvertrag, wonach die Erwerbstätigen, die *noch nicht* Erwerbstätigen, also die Kinder und Jugendlichen, sowie die *nicht mehr* Erwerbstätigen, die Rentner und Pensionäre, gegen wichtige Daseinsrisiken absichern sollen. Dafür können die Erwerbstätigen später im Alter erwarten, dass die jüngere Generation ihre Daseinsrisiken absichern wird.

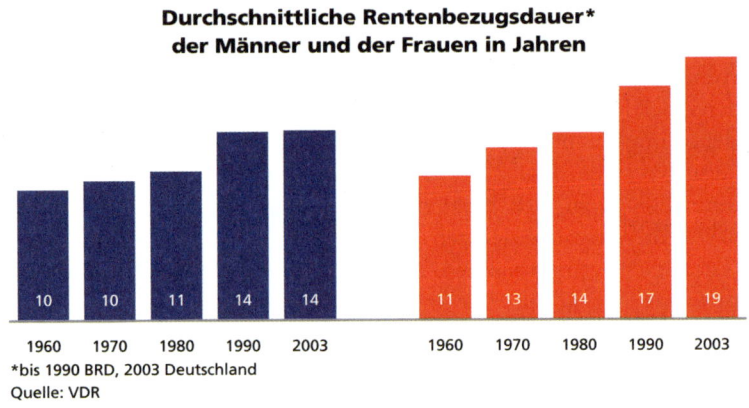

Durchschnittliche Rentenbezugsdauer*
der Männer und der Frauen in Jahren

*bis 1990 BRD, 2003 Deutschland
Quelle: VDR

Unter den derzeitigen demographischen Bedingungen (Geburtenrückgang und steigende Lebenserwartung) kann der Generationen- bzw. Solidarvertrag ohne gesetzliche Änderungen nicht mehr aufrechterhalten werden. Ein Beleg für diese Entwicklung sind der Alten- und Jugendquotient.

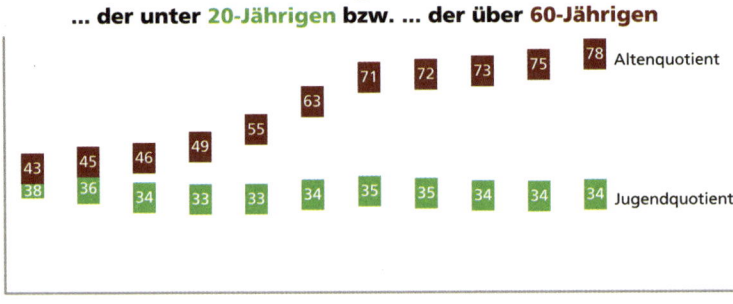

Auf 100 der 20- bis 60-Jährigen kommen in Deutschland
... der unter 20-Jährigen bzw. ... der über 60-Jährigen

StaLa Ba-Wü

Der Altenquotient misst das Zahlenverhältnis der Bevölkerung im Rentenalter zur Bevölkerung im Erwerbsalter, wobei dies derzeit die Bevölkerung zwischen 20 und 60 Jahren ist. Der Jugendquotient misst das Verhältnis der ökonomisch noch nicht selbstständigen jungen Bevölkerung zur Bevölkerung im Erwerbsalter. Die Summe beider Quoten gibt die Belastung der Erwerbsfähigen wieder. Daher wird der Gesamtquotient auch ‚Belastungsquote' genannt.

Obiges Schaubild zeigt, wie sich Alten- und Jugendquotient bis 2050 wohl verändern werden: Heute werden die Finanzierungslasten für 81 noch nicht bzw. nicht mehr Erwerbstätige von 100 potenziellen Erwerbstätigen getragen. Im Jahr 2050 müssten die Finanzierungslasten für 112 zu Versorgende von 100 Erwerbstätigen getragen werden.

Beim derzeitigen Umlageverfahren wird nicht angespart. Die laufenden Beiträge der Erwerbstätigen fließen in die Rentenkasse und werden überwiegend und umgehend wieder als Rente ausgegeben. Damit das Umlageverfahren klappt, müssen die Einnahmen zumindest die Ausgaben decken. Die Beiträge zur Rentenversicherung reichen dazu nicht aus. Deshalb schießt der Bund jährlich einen bestimmten Betrag an Steuergeldern zu – 2003 waren es 53,9 Mrd. EUR, die 23 % der Rentenausgaben deckten.

Der Gesetzgeber hat nun mehrere Möglichkeiten, auf die finanzielle Schieflage zu reagieren:

– Er erhöht die Rentenversicherungsbeiträge der Versicherungspflichtigen.
– Er hält die Rentenversicherungsbeitragssätze konstant und erhöht den Bundeszuschuss.
– Er verringert die Leistungen der Rentenversicherung.
– Er führt zusätzlich eine kapitalgedeckte Versicherungs- oder eine Absicherungsform ein.
– Er wählt mehrere der oben genannten Alternativen.

Jede der Alternativen hat Vor- und Nachteile. Höhere Beiträge bedeuten höhere Lohnnebenkosten, ein höherer Bundeszuschuss vergrößert das staatliche Haushaltsdefizit. Beides wirkt sich negativ auf Wirtschaft und Arbeitsmarkt aus. Zinsen und Arbeitskosten steigen, Investitionen, Konsum und Erwerbsbeteiligung stagnieren oder schrumpfen.

Konstante Beiträge senken das Leistungsniveau. Das gefährdet zentrale Ziele der gesetzlichen Rentenversicherung: Das Vermeiden von Armut im Alter, das Gewähren eines zumindest durchschnittlichen Einkommens und Lebensstandards nach der Erwerbstätigkeit. Hinzu kommt ein Akzeptanzproblem bei den Pflichtversicherten, wenn jahrzehntelange Beiträge nur eine Absicherung am Rande eines Existenzminimums ermöglichen.

Seit 2002 fördert der Staat den freiwilligen Aufbau einer zusätzlichen kapitalgedeckten Altersvorsorge, der so genannten ‚Riester-Rente'. Bis Ende 2005 sind rund 5,6 Mill. Verträge abgeschlossen worden. Diese Maßnahme soll eine mögliche Versorgungslücke, die das Umlageverfahren künftig hinterlassen dürfte, teilweise schließen.

2004 und 2005 wurde die Bruttorente konstant gehalten. Real sinkt jedoch die Rente. Weniger die Inflation, als gesetzliche Maßnahmen sind dafür verantwortlich. Seit 2004 trägt der Rentner allein den Beitrag zur Pflegeversicherung und ab Mitte 2005 erhöht sich sein Beitrag zur Krankenversicherung, der bislang von ihm und dem Rentenversicherungträger je zur Hälfte gezahlt worden ist.

2004 hat sich der Gesetzgeber zu einer Begrenzung der Beitragssätze und einer langfristige Senkung des Rentenniveaus entschlossen.[1] Der gegenwärtige Beitragssatz von 19,5 % des Bruttoeinkommens soll bis 2030 auf 22 % begrenzt werden. Gleichzeitig soll das Mindestrentenniveau von derzeit 67 % des durchschnittlichen Bruttoeinkommens auf höchstens 58,5 % fallen. Ein so genannter Nachhaltigkeitsfaktor soll dabei helfen, diese Ziele zu erreichen. Sein Grundgedanke ist: Nimmt die Zahl der Beitragszahler stärker zu als die Zahl der Rentner, dann erhöhen sich die Renten, steigt jedoch die Zahl der Rentner überproportional, dann fallen die Renten. In diesen Nachhaltigkeitsfaktor fließen also demographische und ökonomische Veränderungen ein, Veränderungen der durchschnittlichen Lebenserwartung und Entwicklungen der Wanderungen und der Erwerbstätigkeit.

Schon ein Jahr später zeigte sich: Die gesetzlichen Maßnahmen bekommen die Zahlungsschwierigkeiten der gesetzlichen Rentenversicherung nicht in den Griff;

Bevölkerung nach Altersgruppen in Deutschland seit 1970			
Alter	0 - 19	20 - 64	65 und älter
Jahr	% der Gesamtbevölkerung		
1970	30	57	13
1980	26	58	15
1990	22	63	15
2000	21	62	17
2010	19	61	20
2020	18	59	23
2030	17	55	28
2040	17	54	29
2050	16	54	30
Quelle: Statistisches Bundesamt.			

---

1 Gesetz zur Sicherung der nachhaltigen Finanzierungsgrundlagen der gesetzlichen Rentenversicherung (RV-Nachhaltigkeitsgesetz), BGBL. IS.1791.

sowohl die langfristige Stabilisierung der Beitragssätze als auch die Sicherung des Mindestrentenniveaus sind gefährdet.[2] Außerdem ist schon absehbar, dass eine private kapitalgedeckte Altersvorsorge die künftige Leistungsminderung der gesetzlichen Rentenversicherung bei Alter, Invalidität und bei der Versorgung von Hinterbliebenen kaum ausgleichen dürfte. In einkommensschwachen Haushalten steigt zudem das Risiko späterer Altersarmut.

Die Zahlungsprobleme in der Rentenversicherung sind nicht neu. Seit nun fast 30 Jahren folgt ein Rentenreformgesetz dem anderen. Diese Reformen kennen hauptsächlich nur einen Trend: Leistungsverkürzung mit dem Ziel, die Ausgaben den Einnahmen anzupassen. Wie obige Tabelle belegt, dürften die früheren und gegenwärtigen finanziellen Schieflagen weniger demographisch verursacht worden sein als vielmehr durch gesetzliche Maßnahmen.[3] Hierzu gehören die Anreize zur Frühverrentung in den 80er- und 90er-Jahren. So ist noch nie die relative Zahl der Personen zwischen 20 bis 64 Jahren so hoch gewesen wie in den 90er-Jahren. Das heißt, es hat noch nie so viele Personen gegeben, die für die Daseinsvorsorge der Jungen und Alten potenziell aufkommen konnten wie in den letzten zehn Jahren. Allerdings, das gesetzliche Renteneintrittsalter mit 65 Jahren haben die wenigsten erreicht. Das tatsächliche durchschnittliche Eintrittsalter in die Altersrente liegt derzeit bei rund 63 Jahren.[4]

Immerhin liegt das gegenwärtige durchschnittliche Renteneintrittsalter wieder etwas später als in den vorangegangenen Jahren. Auch künftig wird es weiter

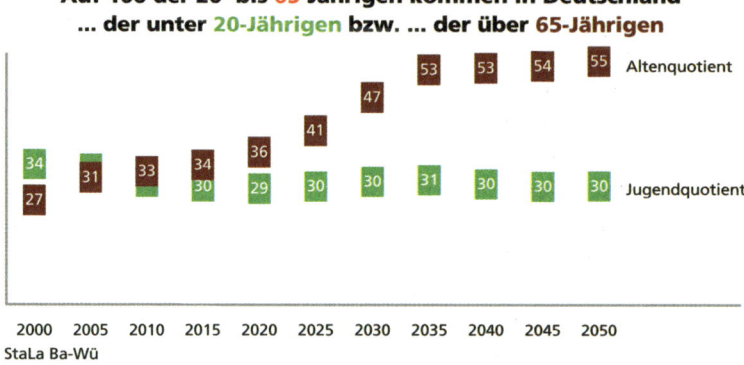

Auf 100 der 20- bis 65-Jährigen kommen in Deutschland
... der unter 20-Jährigen bzw. ... der über 65-Jährigen

---

2 Deutscher Bundestag (2004): Gutachten des Sozialbeirats zum Rentenversicherungsbericht 2004, DRS 15/4498.

3 Schmähl, Winfried (2002): Alterssicherungspolitik in einer alternden Bevölkerung, in: Politische Studien, Sonderheft 2, S. 106-127.

4 Wesentlich niedriger ist das durchschnittliche Zugangsalter bei Erwerbsminderungsrenten. Es liegt derzeit bei 50 Jahren. Im Durchschnitt geht damit jeder Versicherte mit 61 Jahren in Rente.

steigen. Denn besonders die Abschläge werden seltener zu einem vorzeitigen Eintritt in die Altersrente führen. Das Schaubild zeigt, dass ein Ausschöpfen des gesetzlichen Renteneintrittsalters von 65 Jahren deutlich den Altenquotienten verringert und damit die erwerbstätige Bevölkerung von Finanzierungslasten grundsätzlich befreit. Dies hätte schon in der Vergangenheit gegolten, aber es gilt erst recht in der Zukunft.

Das Eintrittsalter in die gesetzliche Altersrente ist sowohl eine sozialpolitische wie auch eine wirtschaftlich bedeutsame Größe. Erhöht sich das Renteneintrittsalter, dann erhöht sich die potenzielle Zahl der Erwerbstätigen bzw. Erwerbsfähigen. Dies kann die Beitragslast in der gesetzlichen Rentenversicherung verringern, wenn die Erwerbsfähigen einem Erwerb nachgehen können. Gleichzeitig entschärft ein höheres Renteneintrittsalter die Finanzierungsprobleme der Sozialversicherung insgesamt, da Rentner derzeit nur einen Teil der Beiträge für die Krankenversicherung zahlen.

Die Bundesregierung beschloss Anfang 2006 ein schrittweises Anheben der Altersgrenze von 65 auf 67 Jahren. Die Erhöhung der Altersgrenze um zwei Jahre bis 2029 würde sich langfristig erheblich auf den Altenquotienten und die Belastungsquoten auswirken. Auf 100 Personen im Alter von 20 bis unter 67 Jahren kämen 2050 nur noch 47 mögliche Rentenbezieher anstatt 78 bei einem Renteneintrittsalter von 60 Jahren.

Auswirkungen von Erhöhungen des Renteneintrittsalters auf die Alten- und Jugendquotienten bzw. die gesamte Belastungsquote in Deutschland für die Jahre 2000, 2025 und 2050					
Erwerbsfähige im Alter von ... Jahren	Quotienten und Quoten	2000	2025	2050	Veränderung 2050 geg. 2000
20 bis 60	Altenquotient	43	63	78	35,1
	Jugendquotient	38	34	34	-4,1
	Belastungsquote	81	98	112	31,0
20 bis 65	Altenquotient	27	41	55	27,8
	Jugendquotient	34	30	30	-4,3
	Belastungsquote	61	70	84	23,4
20 bis 67	Altenquotient	22	34	47	25,3
	Jugendquotient	33	28	28	-4,5
	Belastungsquote	55	62	76	20,8

Quelle: Statistisches Bundesamt.

Berücksichtigte man zudem den bis 2050 fallenden Jugendquotienten, dann werden – unter rein demographischen Gesichtspunkten – die künftigen Finanzierungslasten für noch nicht und nicht mehr Erwerbstätige sogar um 5 Prozentpunkte niedriger als heute sein. Die Belastungsquote aus Alten- und Jugendquotient läge

2050 dann bei 76 statt wie heute bei 81. Somit wären die Renten dann sicherer, wenn es der Politik und der Wirtschaft tatsächlich gelänge, die Erwerbsquoten älterer Menschen zu erhöhen. So unwahrscheinlich dürfte das nicht sein, da ein späteres Renteneintrittsalter in 20 Jahren auf einen Arbeitsmarkt mit einem geringeren Nachwuchspotenzial stoßen wird.

3.3.4 Lebenserwartung und Übergewicht

Seit über 150 Jahren kennt die Entwicklung nur eine Richtung: Die Menschen werden immer älter. Bisherige Vorausrechnungen der künftigen Lebenserwartung hatten stets eines gemeinsam; sie unterschätzten den tatsächlichen Anstieg der Lebenserwartung. Und ein Ende ist nicht in Sicht. Auch gegenwärtige Vorausrechnungen sehen ein weiteres, zum Teil deutliches Steigen der künftigen Lebenserwartung. Allerdings droht Unheil, das einen Strich durch die Rechnungen machen kann: die Fettleibigkeit. Politik und Wirtschaft fühlen sich durch Adipositas (Fettsucht), starkes Übergewicht, herausgefordert. So sieht die Europäische Kommission in Europa eine Adipositasepidemie sich ausbreiten mit enormen Kosten für das Gesundheitssystem. Um dem entgegen zu wirken, rief sie im März 2005 die EU-Aktionsplattform für Ernährung, körperliche Bewegung und Gesundheit ins Leben. Die Plattform bringt Vertreter der Lebensmittelindustrie, des Einzelhandels, des Gaststättengewerbes, der Werbebranche, der Verbraucherverbände und der nichtstaatlichen Gesundheitsorganisationen auf EU-Ebene zusammen. Der Lebensmittelkonzern Kraft Foods Inc. stellt in der öffentlichen Diskussion um Übergewicht sein Marketing um. Das Unternehmen kündigte an, für kalorienreiche Produkte künftig nicht mehr in Kindersendungen zu werben. Nahrungsmittelkonzerne geraten besonders in den USA in die Kritik. Ihnen wird vorgeworfen, zu den hohen Zahlen von Übergewichtigen beizutragen. Diabetiker klagen gegen Coca-Cola, Jugendliche machen McDonalds für ihre Fettleibigkeit verantwortlich. Viele Unternehmen stellen ihre Produkte um, bieten gesündere Nahrung an oder planen die Verwendung neuartiger Zusatzstoffe, die dem Gaumen vorgaukeln, mehr Zucker und Salz zu schmecken.

Fettleibigkeit ist in den letzten zwei Jahrzehnten in den USA pro Jahrzehnt um 50 % gestiegen.[1] Zwei Drittel der Erwachsenen sind in den USA übergewichtig, die Hälfte von ihnen adipös. Wenn keine Verhaltensänderung eintritt und die gegenwärtigen Umweltbedingungen erhalten bleiben, so fürchten Experten, werden in den USA im Jahre 2030 die meisten Erwachsenen adipös sein. Besonders stark zugenommen hat die Fettleibigkeit bei jungen Menschen. In Deutschland sind jeder zweite Mann und jede dritte Frau im Alter zwischen 25 und 69 Jahren

---

1 Olshansky, Jay S.; Passaro, Douglas, J.; Hershow, Ronald C. et al. (2005): A Potential Decline in Life Expectancy in the United States in the 21st Century, in: The New England Journal of Medicine, 352, S. 1138-1145; Ehrsam, R..; Stoffel, S.; Mensink, G; Melges, T. (2004): Übergewicht und Adipositas in den USA, Deutschland, Österreich und der Schweiz, in: Deutsche Zeitschrift für Sportmedizin, 55, S 278-285.

übergewichtig.[2] Darüber hinaus ist jeder fünfte Erwachsene dieses Alters adipös, also stark übergewichtig.

Von 100 der Bevölkerung ab 18 Jahren waren ... übergewichtig oder fettleibig*					
USA	66	Deutschland	49	Schweden	43
Großbritannien	62	Spanien	48	Italien	42
Slowakei	57	Österreich	46	Frankreich	38
Griechenland	53	Niederlande	45	Schweiz	37
Portugal	50	Türkei	43	Japan	25

* Übergewicht mit BMI > 25, Fettleibigkeit (Adipositas) mit BMI > 30; BMI. Body Maß Index: Körpergewicht in Kilogramm geteilt durch das Quadrat der Körpergröße in Metern.
Quelle: OECD, Health Data, 2005.

Die Welt ist zweigeteilt: Auf der einen Seite haben rund 400 Mill. Kinder weder sauberes Trinkwasser noch ausreichende Nahrung. Auf der anderen Seite ist die rasant steigende Zahl übergewichtiger Kinder eines der gravierenden Probleme der öffentlichen Gesundheit nicht nur in Europa, sondern weltweit. Adipositas in der Kindheit ist ein Risikofaktor für Adipositas im Erwachsenalter. Mit Adipositas erhöht sich signifikant das Risiko vieler chronischer Erkrankungen, wie Herz-Kreislauf-Krankheiten, Diabetes und bestimmter Krebsarten. Übergewicht und erst recht Adipositas erhöhen das Sterblichkeitsrisiko zum Teil drastisch und verkürzen das Leben.
Die Europäische Union geht davon aus, dass in ihren Mitgliedsstaaten die Zahl der übergewichtigen Schulkinder um 400 000 pro Jahr steigen wird. Der Altersforscher Jay Olshansky wagt in seiner jüngst veröffentlichten Studie die These, dass die jetzige Generation der Kinder und Jugendlichen die erste sei, die nicht so alt werde wie ihre Eltern. Die Lebenserwartung in früheren Jahrzehnten ist vor allem gestiegen, weil das Sterblichkeitsrisiko bei Kindern und Jugendlichen deutlich gefallen ist; es kann künftig kaum noch nennenswert fallen. Soll die Lebenserwartung auch künftig weiter ungebrochen und linear steigen, kann dies nur noch über geringere Sterblichkeitsrisiken im Alter gelingen. In den derzeitigen Berechnungen zur Lebenserwartung fließen die niedrigen Sterblichkeitsraten der Jungen sowie der Älteren ein. Olshansky kritisiert diese Berechnungen. Sie stützen sich auf eine

---

2 International Obesity Task Force (2005): EU Platform on Diet, Physical Activity and Health, Brussel. Die Angaben für Deutschland beziehen sich auf den ‚Bertelsmann Gesundheitsmonitor'. Wie auch im Mikrozensus der amtlichen Statistik stützen sich die vorliegenden Berechnungen zu Adipositas auf Eigenangaben der Befragten und nicht auf Messungen von Körpergröße und -gewicht. Da vermutlich zumindest die eigene Körpergröße überschätzt und das Körpergewicht eher unterschätzt wird, dürften die Anteile von Übergewicht und Adipositas eher Untergrenzen bilden.

Vergangenheit, in der Fettleibigkeit noch eher selten war. Diese Berechnungen berücksichtigen nicht den Gesundheitszustand der Menschen, die jetzt leben.

Schon heute würde sich in den USA die Lebenserwartung aufgrund der Folgen der Fettsucht um vier bis neun Monate verkürzen. Nicht viel? Tatsächlich ist der demographische Effekt der Fettleibigkeit damit schon größer als der sämtlicher Unfalltoter, Suizide und Morde zusammen. Und noch in der ersten Hälfte dieses Jahrhunderts könnte es dazu kommen, dass die Lebenserwartung stagniert oder sogar sinkt. Wenn immer mehr Kinder immer dicker und immer früher dicker werden, wenn Kinder bereits an Altersdiabetes leiden, dann tragen sie nicht nur früher und länger die Last der Fettleibigkeit und ihrer Risiken, sondern leben eher und damit länger mit den ausgebrochenen Krankheiten. Sie schleppen ihr erhöhtes Sterberisiko in jungen Jahren in das mittlere und höhere Alter. Olshansky kalkuliert, dass dadurch allein die Fettleibigkeit die Lebenserwartung bis zu fünf Jahren verkürzen dürfte.

Für Olshansky sind das keine Übertreibungen, sondern eher konservative Berechnungen. Zum einen stagniert in den USA seit 20 Jahren die Lebenserwartung der 65-jährigen und älteren Frauen. Die Hoffnungen auf den medizinischen Fortschritt trügen. Bislang konnte er bei der Behandlung von vielen Krebsarten

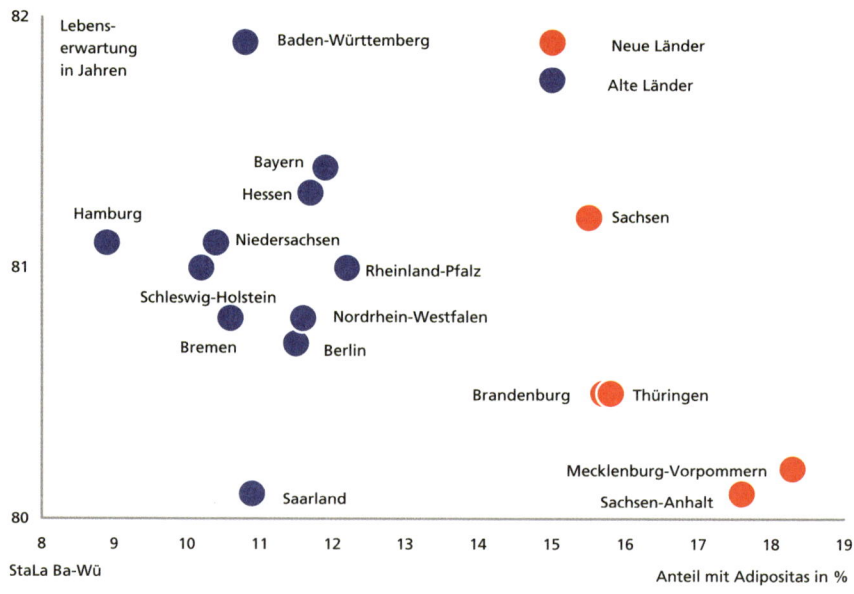

Zusammenhang zwischen Adipositas und Lebenserwartung bei Frauen in den neuen und alten Bundesländern 2003

und Herzleiden nur geringfügig die Lebenserwartung verlängern. Auch die medizinische Behandlung von Adipositas ist bisher alles andere als erfolgreich. Des Weiteren kämen zu der Fettsucht unwägbare Risiken für die Bevölkerung wie die eher steigenden Gefahren von Seuchen wie Aids oder Vogelgrippe, aber auch andere Probleme wie die Resistenz gegenüber Antibiotika, Umweltverschmutzung, Rauchen und Stress. Die Hoffnung auf eine höhere Lebenserwartung könnte sich rasch als Illusion entpuppen, trotz anderer positiver Einflüsse auf die Lebenserwartung, wie höhere Bildung bei jüngeren Kohorten und gesündere Verhaltensweisen in anderen Milieus bzw. Schichten der Bevölkerung.[3] Dass Adipositas die Lebenserwartung verkürzen kann, zeigt sich schon in den folgenden, sicherlich groben Gegenüberstellungen aus dem Mikrozensus 2003.

In den Bundesländern lässt sich für volljährige Frauen und Männer mit Adipositas Folgendes beobachten: Gibt es wie in Baden-Württemberg vergleichsweise wenig Adipöse, ist die Lebenserwartung zumeist überdurchschnittlich hoch. Ist umgekehrt der Anteil Adipöser vergleichsweise hoch, wie in Sachsen-Anhalt oder

Zusammenhang zwischen Adipositas und Lebenserwartung bei Männern in den neuen und alten Bundesländern 2003

3 Preston, Samuel, H. (2005): Deadweight? The Influence of Obesity on Longevity, in: The New England Journal of Medicine, 352, S. 1135-1137.

171

Mecklenburg-Vorpommern, dann ist die Lebenserwartung eher unterdurch-schnittlich. In den meisten westdeutschen Ländern ist Adipositas seltener und die Lebenserwartung höher als in den meisten ostdeutschen Ländern.

Eine weitere Untersuchung erbrachte, dass in einem Land bei einer Steigerung der Adipositas um 1 Prozentpunkt die Lebenserwartung der Frauen um etwa 1,4 Monate sinkt.[4] Allerdings konnten die hier verwendeten Daten das Phänomen – statistisch gesehen – nur zu 27 % beschreiben.

Einschränkend zum oben Festgestellten darf angenommen werden, dass Gesell-schaften, für die ‚schlank und groß' zum Schönheitsideal gehören, sich selbst eher leichter und größer einschätzen als sie tatsächlich sind. Klinische Untersuchungen würden zwar bessere, aber keine regional differenzierten Ergebnisse liefern. Weiter wurden die Altersstrukturen der Erwachsenen nicht berücksichtigt, welche die Durchschnittszahlen der Körpergewichte wesentlich beeinflussen.

---

4 Angewandt wurde eine mit den regionalen Bevölkerungsanteilen gewichtete Regressions- und Korrelationsanalyse.

3.3.5 Fit mit Falten, Gespräch mit einem Heilpraktiker

Die aktuellen Sterbetafeln für Deutschland und Baden-Württemberg gehen davon aus, dass jedes vierte heute geborene Mädchen und jeder fünfte Junge das 90. Lebensjahr erreichen werden. Wenn in Zukunft der Anteil älterer Menschen derartig zunimmt, rückt der Erhalt von Gesundheit und Selbstständigkeit noch mehr in den Mittelpunkt von Politik und Wirtschaft. Eine in der öffentlichen Diskussion eher als Nische gesehene Branche sind Fitnessstudios. Sie könnten in Zukunft eine wesentliche Rolle bei der Kostenreduzierung von Pflege- und Krankenversicherungen spielen. So martialisch es klingt, der Erhalt von Muskelmasse und der motorischen Fertigkeiten gewährleistet eher ein gesünderes Leben als das nur scheinbar erholsame und altengerechte Leben. Zunehmend wird erkannt, dass zur Vermeidung und zur Therapie von vielen Krankheiten Bewegung und Krafttraining positiv wirken. Chronische Erkrankungen des Herz-Kreislauf-Systems, des Stütz- und Bewegungsapparates, des immunologischen Systems sowie des zentralen Nervensystems verursachen nicht nur hohe gesellschaftliche Kosten, sondern bedeuten für die Betroffenen häufig einen langen Leidensweg und einen frühzeitigen Tod.

Aufgrund dessen werden der Wert von Prävention und der Nutzen des Gesundheitssports in den nächsten Jahren weiter zunehmen. Die Fitnessbranche reagiert auf diesen Trend. So stieg in Deutschland die Zahl der Mitglieder in Fitnessstudios von 35 000 im Jahr 1977 auf 4,4 Millionen im Jahr 2003, Letzteres sind 5,4 % der Gesamtbevölkerung. Sie trainierten in 5 700 Studios. Dass sich hier auch ein relevanter Wirtschaftszweig etabliert, zeigen die Umsatzzahlen. Nach Angaben des Deutschen Sportstudioverbandes betrug der Nettoumsatz des Jahres 2003 etwa 2,2 Mrd. Euro.

Gespräch mit dem Heilpraktiker und Fitnesstrainer Jürgen Haug

Walla: Herr Haug, Sie sind Diplompädagoge, führen als Heilpraktiker eine eigene Praxis und arbeiten als Trainer in einem Fitnessstudio. In Ihrer Arbeit widmen Sie sich speziell dem Training älterer Menschen. Spüren Sie bereits eine Nachfragesteigerung einer älteren Klientel?

Haug: Ja, wir haben den Trend zu älteren Mitgliedern. Der Altersdurchschnitt steigt jedes Jahr spürbar an; bei uns im Studio in den letzten zehn Jahren um etwa zehn Jahre. Derzeit liegt der Altersdurchschnitt ziemlich genau bei 40 Jahren, 10 % unserer Mitglieder sind älter als 60 Jahre. Unser jüngstes Mitglied ist 15 Jahre, unser ältestes 77 Jahre. Damit verbunden sind natürlich auch unterschiedliche Inhalte und unterschiedliche Ansprüche der Mitglieder. Ein 40-Jähriger hat andere Vorstellungen von unseren Dienstleistungen als ein 20-Jähriger.

Eggen: Warum sollen ältere Menschen überhaupt ins Studio gehen?

Haug: Wir haben heute einen riesigen Anstieg der so genannten degenerativen Erkrankungen. Das sind in erster Linie die Herz-Kreislauferkrankungen und dann nicht nur als Erkrankung, sondern auch als Todesursache. In zweiter Linie sind es Erkrankungen des Bewegungsapparates. Jeder dritte bis zweite Deutsche klagt über Rückenschmerzen. Und in dritter Linie sind es die Stoffwechselerkrankungen, Entgleisungen des Fettstoffwechsels, des Eiweißstoffwechsels und des Kohlenhydratstoffwechsels. Diabetes ist ein Riesenthema. Aktuell haben wir 6 Mill. Insulinpflichtige, plus einige Millionen mit latenter Diabetes. Das können in 15 Jahren und in düstersten Zahlen prognostiziert 20 Mill. Diabeteskranke sein. Von den jetzt 40-Jährigen können also die meisten davon ausgehen, Diabetiker zu werden. Es sei denn, sie vermeiden die wesentlichen Risikofaktoren, und das sind Bewegungsmangel und deutliches Übergewicht.

Walla: Mens sana in corpore sano, lernten wir in der Schule. Können Sie bestätigen, dass körperliche Ertüchtigung die genannten Krankheiten ausbremst?

Haug: So ist es. In den letzten Jahren hat man von ,20 Jahre 40' gesprochen, also dass ein trainierter 60-Jähriger problemlos die körperliche Fitness eines untrainierten 40-Jährigen haben kann. Mittlerweile spricht man von sogar von ,30 Jahre 50'. Es gibt Bewegungskonzepte und Trainingsmodelle, die die bekannten Risikofaktoren minimieren. Deshalb sprechen Optimisten davon, dass von den heute 40-Jährigen viele die 100 erreichen können. Ich bin sicher, dass das so ist. Und das sogar unabhängig davon, ob wir uns bewegen und vernünftig ernähren. Der medizinische Fortschritt wird uns so alt werden lassen, ob es uns passt oder nicht. Entscheidend ist jedoch die Lebensqualität im Alter und nicht dass wir 100 Jahre alt werden.

Eggen: Ein 40-Jähriger, der früh mit Fitnesstraining anfängt, hat vielleicht gute Chancen, 100 Jahre alt zu werden. Aber kann man zu alt sein, um den Sport zu betreiben? Kann auch ein 80-Jähriger damit anfangen?

Haug: Ja, mit dem Fitnesstraining kann gerade ein älterer Mensch leicht in ein gesundheitsorientiertes Training einsteigen. Er kann das Training allein oder mit anderen zusammen leicht erlernen. Er kann es einfach und ohne größeren Aufwand durchführen und zeitlich unabhängig und abwechslungsreich gestalten.

Eggen: Und er spürt im höheren Alter noch, dass sich sein Körper positiv verändert?

Haug: Selbstverständlich. Körper und Bewusstsein verändern sich rasch positiv. Was seinen Körper angeht, kann sich ein älterer Mensch prozentual sogar mehr verbessern als ein Junger. Prozentual wohl gemerkt. Er wird nicht, wenn er mit 80 Jahren beginnt, noch 100 Kilogramm stemmen und muss es auch nicht. Aber die grundsätzlichen Fähigkeiten wie Ausdauer, Kraft, Koordination und Beweglichkeit lassen sich in nahezu jedem Alter mit einem Bewegungsprogramm verbessern und die Belastungen im Training individuell gut dosieren. Es gibt sogar kleine

Studien, die mit über 90-Jährigen gearbeitet haben. Natürlich war die Anzahl der Teilnehmer sehr klein, aber die Ergebnisse zeigen uns die Möglichkeiten auf. Sie haben mehrere Wochen trainiert und prozentual phantastische Verbesserungen bei der Kraft und Ausdauer erreicht.

Eggen: Warum ist das Krafttraining im Alter wichtig?

Haug: Der Verlust an Kraft, und damit an Mobilität und Flexibilität, geht im Alter primär über die so genannten weißen Muskelfasern, die für Schnellkraft und Maximalkraft verantwortlich sind. Die verlieren wir bei Inaktivität ziemlich schnell. Die andern, die so genannten roten Fasern, die für Stabilisierung und Ausdauer verantwortlich sind, können wir anscheinend wesentlich länger erhalten. Deshalb macht es vermehrt Sinn im Training, gerade den Bereich Schnell- und Maximalkraft zu fördern, weil dadurch die Muskelmasse erhalten wird.

Eggen: Also doch der Muskelprotz, nur mit Falten?

Haug: Nein, Muskelmasse bedeutet Stoffwechselkapazität. Krafttraining erhöht die Anzahl der Insulinrezeptoren. Diabetikern hat man jahrelang beigebracht, nur Ausdauertraining zu machen, damit trainieren sie ihr Gefäßsystem und senken den Blutzuckerspiegel. Viel eleganter wäre es, zusätzlich durch Krafttraining die Anzahl der Insulinrezeptoren zu erhöhen. Der Körper tut sich letztlich leichter, denn er verbrennt mehr Zucker und kommt mit weniger Insulin aus.

Eggen: Für ein gesundes Leben im Alter reicht es also nicht aus, wenn der Rentner spazieren geht oder im Garten die Beete harkt?

Haug: Da besteht noch Aufklärungsbedarf. Wir wissen, dass wir z.B. bei der Osteoporose-Prophylaxe – übrigens mittlerweile auch ein Männerthema – starke Reize auf die Knochen brauchen, und zwar über die Muskulatur auf die Knochensubstanz, denn der Reiz zur Erhöhung des Knochenstoffwechsels entsteht vor allem über die Muskulatur. Das hat nicht nur mit Calcium oder mit Vitamin D oder mit Sonneneinstrahlung zu tun. Erst muss im Körper dieser Reiz erzeugt werden, damit das Calcium in den Knochen eingebaut wird, und dafür braucht der Knochen relativ starke Reize. Dann erst verbessert sich die Knochenstruktur. …

Walla: …‚No sports‘ antwortete Winston Churchill, als man ihn fragte, wie er so alt geworden sei. Geht es vielleicht auch ohne?

Haug: Er hat das tatsächlich gesagt, aber er hat es nicht in diesem Zusammenhang gemeint, denn er war Zeitlebens ein recht sportlicher Mensch, vor allem als Jugendlicher und junger Mann. Davon hat er noch lange profitiert. Er ist immer geritten, war ein guter Schütze und ein sehr guter Schwimmer. Er war ein sehr draufgängerischer Typ, ein sehr körperlicher Typ, sehr lange. Letztendlich hat er dann im Alter seinem Lebenswandel Tribut gezollt. Als er Politiker wurde, ist der Genussmensch in den Vordergrund gerückt. Er ist ja sehr alt geworden, hat aber seine letzten Jahre nicht unbedingt bei bester Gesundheit erlebt. Insofern wäre er ein gutes Beispiel dafür, dass, wenn er aktiv geblieben wäre – wobei er noch lang an Fuchsjagden teilgenommen hat und noch lange geritten ist – hätte er vielleicht noch die 100 Jahre erreicht. Er war also nicht unbedingt ein No-Sports-Vertreter.

Eggen: *Wird es künftig Fitnesseinrichtungen ‚60plus‘ geben?*

Haug: Das weiß ich nicht. Es gibt zwar derartige Konzepte. Ich würde die Notwendigkeit nicht zwingend sehen. Ich halte auch unsere ‚60-Plusler‘ für nicht so aus der Welt gedrängt, dass sie nicht mit den Jungen zusammen trainieren könnten. Letztendlich ist diese Integration auch etwas Sinnvolles. Gerade Ältere wollen sich integriert wissen. Im Übrigen: Diese scheinbare Kluft zwischen Jung und Alt, die löst sich während des Trainings sehr schnell auf. Die Berührungsängste verschwinden in der Praxis. Die Integration ist nicht hoch genug einzuschätzen, denn so viele Orte gibt es ja nicht, wo Alt und Jung neben- und miteinander Zeit verbringen. Und gerade die Gestaltung dieses Miteinanders scheint mir eine der wichtigsten Aufgaben für die nächsten Jahrzehnte zu werden.

Eggen: *Herr Haug, wir danken Ihnen für das Gespräch.*

3.4 Arbeitsmarkt und Wirtschaft

3.4.1 Arbeitsmarktbilanzen waren, sind und bleiben unausgeglichen
3.4.2 Arbeitsmarkt, ohne Frauen ging und geht nichts
3.4.3 Ältere Erwerbstätige, vom Zeitgeist aussortiert
3.4.4 Kapitalmärkte und Altersvorsorge

Die EU-Länder werden wegen der demographischen Entwicklung in den nächsten Jahrzehnten einen Rückgang von zusammen etwa 60 Mill. Menschen im Alter von 15 bis 65 Jahren bewältigen müssen, davon 22 Millionen in den ehemals sozialistischen Ländern der EU und den Kandidatenländern. Etwa ein Drittel ihres Erwerbspersonenpotenzials werden die Kandidatenländer verlieren.

Die demographisch bedingte Verringerung des Erwerbspersonenpotenzials dürfte nur zu geringen Teilen durch eine verstärkte Frauenerwerbstätigkeit und eine Verlängerung der Lebensarbeitszeit ausgeglichen werden. Kaum zu vermitteln, dass die Arbeitskräfte, die in Europa in zwei oder drei Jahrzehnten benötigt werden, heute bereits hätten geboren sein müssen.

Auch von den Älteren ist für die Zukunft kein umfassendes Ersatzpotenzial auf dem Arbeitsmarkt zu erwarten. Die derzeitige Einstellungs- und Aussonderungspraxis vieler Unternehmen vernichtet Potenziale, die in wenigen Jahren dringend benötigt werden. Die Folgen könnten schwerwiegend sein, wenn die Kette, entlang der die Älteren ihr Wissen an Jüngere weitergeben, unterbrochen wird.

Die Auswirkungen des demographischen Wandels auf die Kapitalmärkte müssen über nationale Grenzen hinaus im internationalen Zusammenhang gesehen werden. Dabei gibt es im Gegensatz zu früheren Jahren heute eher positive Erwartungen.

3.4.1 Arbeitsmarktbilanzen waren, sind und bleiben unausgeglichen

EU: Teure Arbeitskräfte und Arbeitslosigkeit im Westen, billige Arbeitskräfte und Arbeitslosigkeit im Osten...

Was liegt dann näher, als die Potenziale im Osten zu nutzen und Betriebe dorthin zu verlagern, wo durch niedrige Lohnkosten der Ertrag gesteigert werden kann.[1] Die neueste Bevölkerungsprognose von Eurostat lässt an der Nachhaltigkeit einer derartigen Unternehmensstrategie erhebliche Zweifel aufkommen. In den nächsten Jahrzehnten wird die dann auf 27 Mitgliederstaaten erweiterte Europäische Union 60 Mill. Menschen im erwerbsfähigen Alter weniger haben als heute. Die EU15-Länder werden einen Rückgang von 38 Millionen, die neuen Mitgliedsländer und die Kandidatenländer von zusammen 22 Millionen verkraften müssen.

Bevölkerung im Alter von 15 bis 64 Jahren (Erwerbsfähige) in den EU25-Ländern und den Kandidatenländern (Rumänien und Bulgarien) 2004 und 2050				
	2004	2050	Veränderung 2050 zu 2004	
	Millionen			%
EU25-Länder	307	255	-52	-17
EU15-Länder	255	217	-38	-15
Neue Mitgliedsländer	52	38	-14	-27
Kandidatenländer	20	13	-8	-38
Quelle: Eurostat 2005.				

Diese Rückgänge haben ihre Ursachen in negativen Bevölkerungsbilanzen, und zwar sowohl bei der natürlichen Bevölkerungsentwicklung (Geburten minus Gestorbene) als auch bei der räumlichen Bevölkerungsbewegung (Zugezogene minus Fortgezogene). Eine den Bevölkerungsbestand und das Erwerbsfähigenpotenzial sichernde Entwicklung wird von Eurostat nur wenigen Ländern attestiert. Das sind die drei Inselstaaten: Irland, Malta, Zypern sowie Schweden und Luxemburg, die derzeit zusammen gerade einmal das Erwerbsfähigenpotenzial von Österreich repräsentieren.

---

1 Walla, Wolfgang (2004): Arbeitsplätze im Osten?, in: Statistisches Monatsheft Baden-Württemberg, Heft 6, S. 47-48.

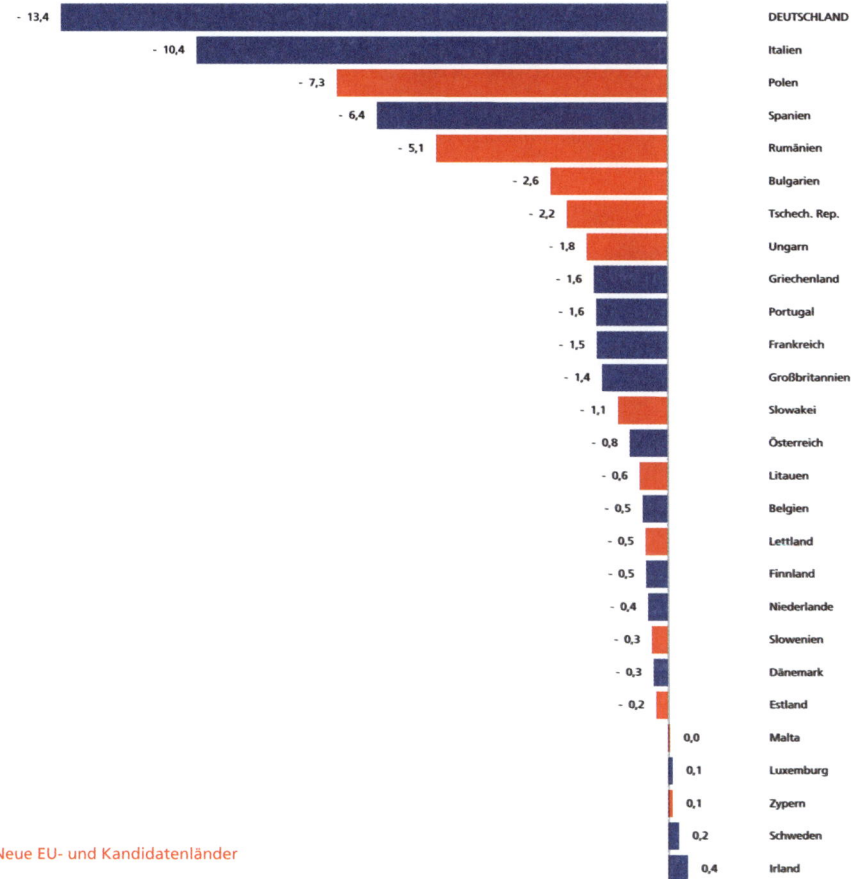

Zu erwartende Entwicklung des Erwerbsfähigenpotenzials in den EU25- und den Kandidatenländern bis 2050

Zu- oder Abnahme der Bevölkerung im Alter von 15 bis 64 Jahren in Millionen

DEUTSCHLAND	- 13,4
Italien	- 10,4
Polen	- 7,3
Spanien	- 6,4
Rumänien	- 5,1
Bulgarien	- 2,6
Tschech. Rep.	- 2,2
Ungarn	- 1,8
Griechenland	- 1,6
Portugal	- 1,6
Frankreich	- 1,5
Großbritannien	- 1,4
Slowakei	- 1,1
Österreich	- 0,8
Litauen	- 0,6
Belgien	- 0,5
Lettland	- 0,5
Finnland	- 0,5
Niederlande	- 0,4
Slowenien	- 0,3
Dänemark	- 0,3
Estland	- 0,2
Malta	0,0
Luxemburg	0,1
Zypern	0,1
Schweden	0,2
Irland	0,4

Neue EU- und Kandidatenländer

Quelle: Eurostat 2005.

Durch den Rückgang von 13 Mill. Erwerbsfähigen wird Deutschland bis zum Jahr 2050 mit Blick auf das Erwerbsfähigenpotenzial etwa 9 % seines Regionalgewichtes in der EU25 verlieren. Im selben Zeitraum wird nach aktuellen Berechnungen von Eurostat Frankreich innerhalb der EU seinen Regionalanteil an Erwerbsfähigen trotz des zu erwartenden Verlustes von 1,5 Mill. Erwerbsfähigen um 16 % erhöhen, ebenso wie Großbritannien.

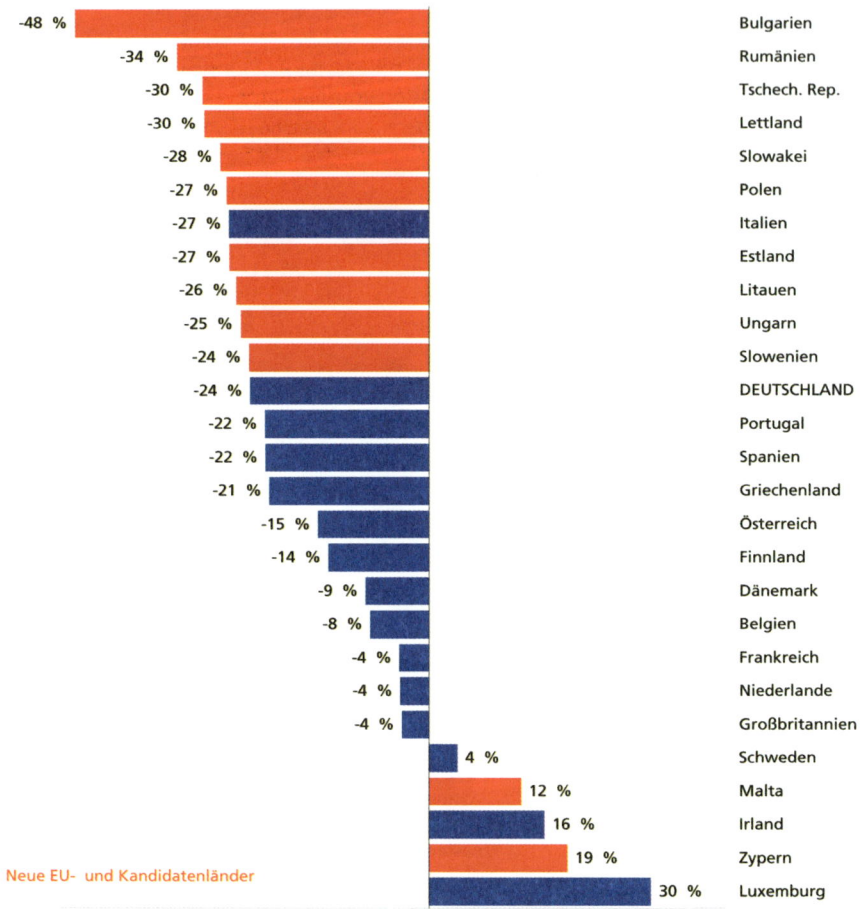

Zu erwartende Entwicklung des Erwerbsfähigenpotenzials in den EU25-Ländern und den Kandidatenländern bis 2050

Zu- oder Abnahme der Bevölkerung im Alter von 15 bis 64 Jahren in %

Bulgarien	-48 %
Rumänien	-34 %
Tschech. Rep.	-30 %
Lettland	-30 %
Slowakei	-28 %
Polen	-27 %
Italien	-27 %
Estland	-27 %
Litauen	-26 %
Ungarn	-25 %
Slowenien	-24 %
DEUTSCHLAND	-24 %
Portugal	-22 %
Spanien	-22 %
Griechenland	-21 %
Österreich	-15 %
Finnland	-14 %
Dänemark	-9 %
Belgien	-8 %
Frankreich	-4 %
Niederlande	-4 %
Großbritannien	-4 %
Schweden	4 %
Malta	12 %
Irland	16 %
Zypern	19 %
Luxemburg	30 %

Neue EU- und Kandidatenländer

Quelle: Eurostat 2005.

Wesentlich gravierender als der Bedeutungsverlust Deutschlands wird der Aderlass an Erwerbsfähigen in den Kandidatenländern Bulgarien und Rumänien und in allen (!) ehemals sozialistischen EU-Ländern ausfallen. Die Rückgänge werden zwischen einem Viertel in Slowenien und fast der Hälfte in Bulgarien liegen. Da sich in Friedenszeiten demographische Entwicklungen und regionale Verschiebungen in großen Räumen sehr stetig abspielen, müssten sich Politik und Wirtschaft schon heute auf die erkennbaren Entwicklungen einstellen.

Deutschlands Erwerbspersonenpotenzial wird stark sinken

Zur erwerbsfähigen Bevölkerung werden im Allgemeinen die 15- bis unter 65-Jährigen gerechnet.

Entwicklung der Bevölkerungszahl in Deutschland* von 1975 bis 2050 nach ausgewählten Altersgruppen in %				
Jahr	unter 15-Jährige	15- bis 64-Jährige (Erwerbsfähige)	65-Jährige und Ältere	insgesamt
1975	21	64	15	100
2000	16	67	17	100
2025	13	63	24	100
2050	12	59	29	100

* 1975 früheres Bundesgebiet, ab 2000 Deutschland.
Quelle: Statistisches Bundesamt.

Ihre Zahl, aber auch ihr Anteil an der Gesamtbevölkerung wird in den nächsten 10 bis 15 Jahren kaum zurückgehen. Erst danach wird es einen deutlicheren Rückgang dieser Altersgruppe geben. Damit kann von einem Arbeitskräftemangel in naher Zukunft kaum die Rede sein. Die demographische Entwicklung wird nicht das Beschäftigungsproblem der Arbeitslosigkeit lösen. Es dürfte jedoch wegen der ungleichen räumlichen und branchenspezifischen Verteilung der Arbeitsplätze zu regionalen sowie fach- und branchenspezifischen Ungleichgewichten kommen.

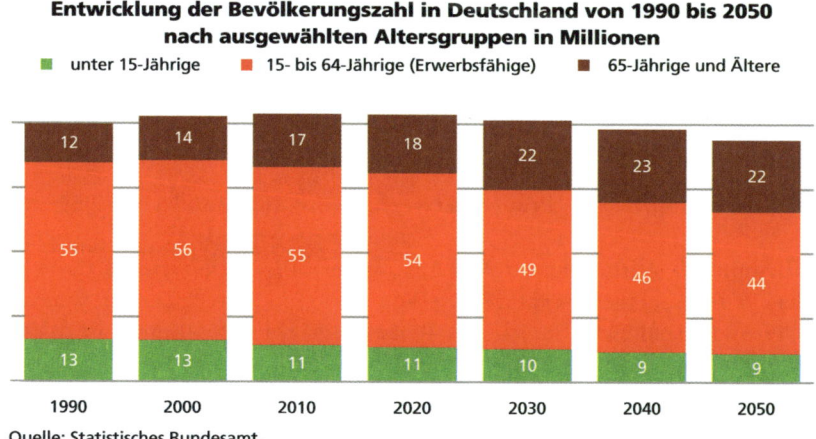

Entwicklung der Bevölkerungszahl in Deutschland von 1990 bis 2050 nach ausgewählten Altersgruppen in Millionen

■ unter 15-Jährige   ■ 15- bis 64-Jährige (Erwerbsfähige)   ■ 65-Jährige und Ältere

	1990	2000	2010	2020	2030	2040	2050
65-Jährige und Ältere	12	14	17	18	22	23	22
15- bis 64-Jährige	55	56	55	54	49	46	44
unter 15-Jährige	13	13	11	11	10	9	9

Quelle: Statistisches Bundesamt.

Das Institut für Arbeitsmarkt- und Berufsforschung der Bundesagentur für Arbeit (IAB) hat in seiner Projektion des Arbeits(kräfte)angebotes bis 2050 neben der Entwicklung der Bevölkerung im Alter zwischen 15 und 64 Jahren mögliche Veränderungen der Erwerbsbeteiligung berücksichtigt.[2] Für das Szenario ‚Ohne Wanderung' wurden die Erwerbsquoten konstant gehalten. Bei steigenden Erwerbsquoten der Frauen und der Älteren dürfte je nach Ausmaß der Zuwanderung das Erwerbspersonenpotenzial von derzeit (2004) etwa 44,5 Millionen bis 2015 weit gehend konstant bleiben oder sogar leicht steigen.[3] Spätestens nach dem Jahr 2020 wird jedoch das Angebot an Arbeitskräften wegen des Bevölkerungsrückganges spürbar abnehmen, und dies trotz höherer Erwerbsbeteiligung besonders der westdeutschen Frauen.

Je nach Umfang der Nettozuwanderung läge 2050 das Erwerbspersonenpotenzial zwischen 26 und 39 Millionen. Erst bei einer *jährlichen* Nettozuwanderung von mindestens 400 000 Ausländern (jeden Alters) bliebe das Erwerbspersonenpotenzial auf dem Niveau von 2004.

Szenarien zur Entwicklung des Erwerbspersonenpotenzials bis 2050
Erwerbspersonen in Millionen nach dem Inländerkonzept

- ■ ohne Wanderungen (Saldo = 0) ■ Wanderungssaldo von + 100.000
- ■ Wanderungssaldo von + 200.000 ■ Wanderungssaldo von + 300.000

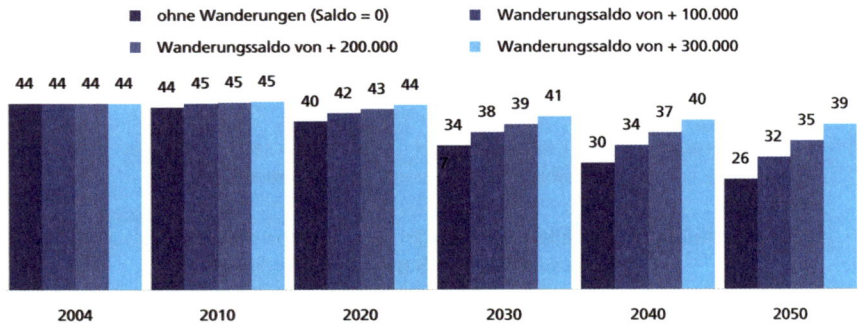

Quelle: Fuchs, Dörfler, 2005.

Baden-Württemberg – Frauen-Erwerbsquote auf Stand von 1955

Zu Beginn des Wirtschaftswunders Anfang der 50er-Jahre waren 49 von 100 Baden-Württembergern erwerbstätig. Von 100 *Nicht*erwerbstätigen waren 44 Kinder und Jugendliche, nur 17 im Ruhestandsalter ab 65 Jahren und 39 im

---

2 Fuchs, Johann; Dörfler, Katrin (2005): Demographische Effekte sind nicht mehr zu bremsen, IAB Kurzbericht, Ausgabe Nr. 11, 26.7.2005.

3 Das IAB zählt zum Erwerbspersonenpotenzial: Erwerbstätige, Erwerbslose und Stille Reserve. Nicht dazu gezählt werden jene 15- bis unter 65-jährigen Nichterwerbspersonen, die sich nicht aktiv um eine Erwerbstätigkeit bemühen.

erwerbsfähigen Alter. Das Land hatte ein demographisch nachwachsendes Erwerbspersonenpotenzial.

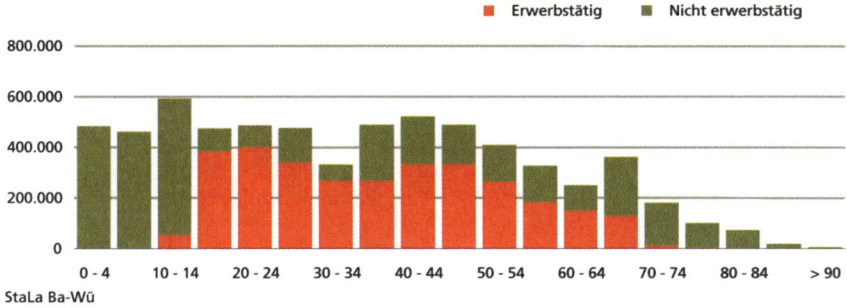

Im Laufe von fünf Jahrzehnten änderte sich das erheblich, obwohl die Tätigkeitsquote nur geringfügig von 49 % auf 48 % sank. Kinder und Jugendliche sowie die
über 65-Jährigen machten 2002 jeweils 31 % der *Nicht*erwerbstätigen aus.

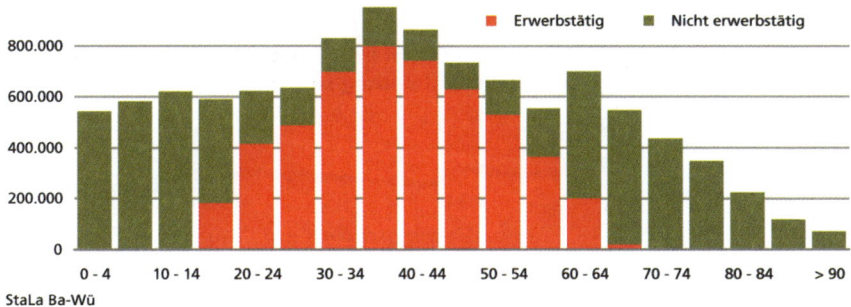

In den vergangenen Jahrzehnten haben sich in Baden-Württemberg – wie in
Deutschland allgemein – die Lebensphasen zwischen Geburt und Tod erheblich
verschoben. 1950 gingen etliche nach Abschluss der Volksschule mit 14 Jahren
'direkt zum Schaffen' und viele der über 65-Jährigen *mussten* noch einem
Erwerb nachgehen. Heute gehören vor allem die 20- bis unter 60-Jährigen
zu den Erwerbstätigen. Von den 60- bis 65-Jährigen arbeitet gerade noch ein
Drittel.

183

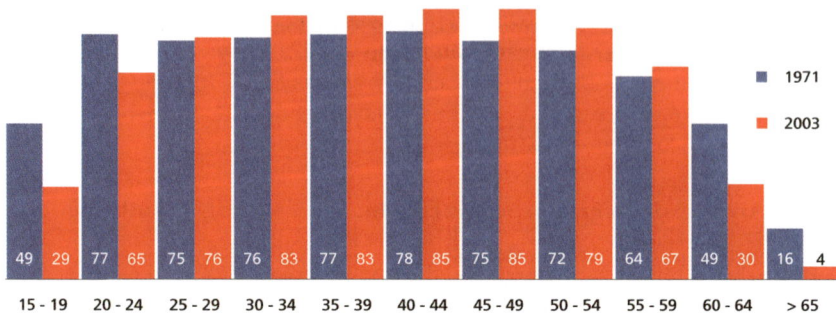

Von 100 der baden-württembergischen Bevölkerung gingen 1971 bzw. 2003 in ihrer Altersgruppe ... einer Erwerbstätigkeit nach

	1971	2003

Altersgruppe	1971	2003
15 - 19	49	29
20 - 24	77	65
25 - 29	75	76
30 - 34	76	83
35 - 39	77	83
40 - 44	78	85
45 - 49	75	85
50 - 54	72	79
55 - 59	64	67
60 - 64	49	30
> 65	16	4

StaLa Ba-Wü

Dennoch sind derzeit in Baden-Württemberg in den Altersgruppen zwischen 25 und 60 Jahren absolut und prozentual mehr Menschen erwerbstätig als noch vor drei Jahrzehnten, als die Arbeitslosenquote im Land gerade einmal 0,4 % betrug. Diese hohe Tätigkeitsquote wird gerne der gestiegenen Frauenerwerbstätigkeit zugeschrieben.[4] Dass trifft nur bedingt zu. Die Tätigkeitsquote der Frauen hat jetzt gerade das Niveau von 1961 erreicht und bei weitem noch nicht die Höhe, die bei der Volkszählung von 1950 festgestellt wurde. Damals gingen 66 % der Frauen einem Erwerb nach, das waren mehr als bei den Männern, die eine Quote von ‚nur' 63 % erreichten.

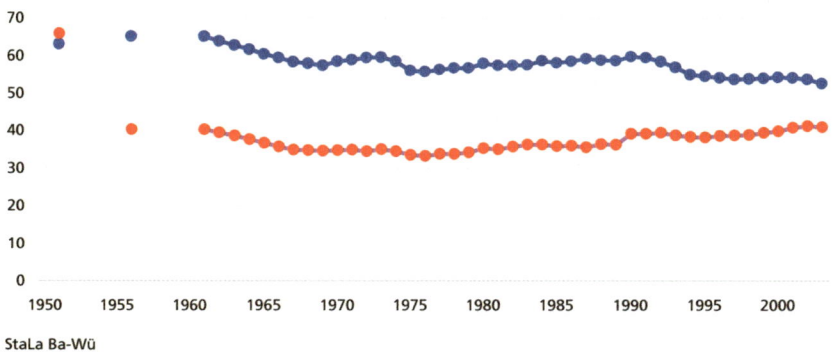

Erwerbstätige in % der männlichen bzw. weiblichen Bevölkerung in Baden-Württemberg seit 1950

StaLa Ba-Wü

---

4 Tätigkeitsquote: Erwerbstätige einer Gruppe (hier männliche und weibliche Bevölkerung) bezogen auf die Bevölkerungsanzahl der selben Gruppe in %.

184

Seit etwa 1990 steigt der Trend der Frauenerwerbstätigkeit etwas stärker an als der der Männererwerbstätigkeit sinkt.

Kleinräumige Trendextrapolationen zur Erwerbs*tätigkeit* und dem damit verbundenen demographischen Sachverhalten sind zwar möglich, aber kaum angebracht. Dazu wären detaillierte regionale Kenntnisse und Daten über die Art und Dauer der Beschäftigungen und vor allem über die *kleinräumliche* Verteilung der künftigen Erwerbs*tätigen* und deren Altersstruktur und das mögliche Erwerbsverhalten in den nächsten Jahrzehnten erforderlich.

Noch Anstieg der Erwerbspersonenzahl, dann kräftiger Einbruch

Für die Erwerbspersonen, also jene, die einem Erwerb nachgehen oder einen solchen suchen werden, hat Sabine Schmidt vom Statistischen Landesamt Baden-Württemberg verschiedene Varianten durchgerechnet.[5] Basis der Berechnungen war die Bevölkerungsvorausrechnung des Statistischen Landesamts aus dem Jahr 2003.[6]

Unter der Annahme, dass sich das Erwerbsverhalten weder bei den Frauen noch bei den Männern noch in den einzelnen Altersgruppen ändert, ermittelte Schmidt die *ausschließlich* demographisch bedingte Entwicklung der Erwerbspersonenzahl.

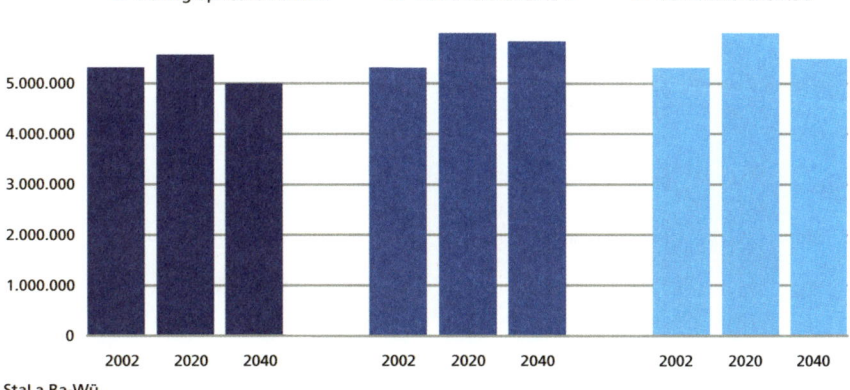

Erwerbspersonen in Baden-Württemberg 2002, 2020 und 2040

StaLa Ba-Wü

5 Schmidt, Sabine (2003): Erwerbspersonenvorausrechnung für Baden-Württemberg für die Jahre 2020 und 2040, in: Statistisches Monatsheft Baden-Württemberg, Heft 11, S. 3-13.
6 Cornelius Ivar (2003): Zur Bevölkerungsentwicklung in Baden-Württemberg bis zum Jahr 2050, Statistisch prognostischer Bericht, Stuttgart. Auch auf der Basis der 10. Koordinierten Bevölkerungsvorausrechnung des Bundes und der Länder würden sich die Berechnungsergebnisse kaum ändern.

Diese würde um etwa eine Viertel Mill. Personen bis zum Jahr 2020 steigen. Für die folgenden beiden Jahrzehnte errechnete Schmidt ein drastisches Absacken der Zahl um weit über eine halbe Million – allein aufgrund der demographischen Entwicklung.

In einer zweiten Variante unterstellt Schmidt, dass die Erwerbsbeteiligung der Jüngeren und Älteren steigt und sich die Erwerbsquoten von Männern und Frauen stetig angleichen.[7] Dann würde die Zahl der möglichen Erwerbspersonen bis 2020 um 1,2 Millionen ansteigen, um danach wieder um 600 000 abzufallen.

Als eine dritte Variante lässt Schmidt das Angleichen der weiblichen und männlichen Erwerbsquoten moderater ablaufen. Dann würden auch die Schwankungen gemäßigter ausfallen.

Allen Varianten ist gemein, dass das Erwerbspersonenpotenzial nach einem Anstieg zur Mitte dieses Jahrhunderts kräftig abfallen wird.

Wie die Zahlen der Bundesagentur für Arbeit belegen, reagiert der Arbeitsmarkt relativ kurzfristig auf kleine oder spontane Einflüsse. Er reagiert – wenn überhaupt – nur sehr langsam auf zu erwartende Potenziale oder demographische oder branchenspezifische Strukturentwicklungen. So fatalistisch es klingt, die Probleme von morgen werden morgen gelöst werden. Dennoch lohnt es sich, die mögliche künftige Entwicklung der sektoralen Erwerbsstruktur darzustellen.[8]

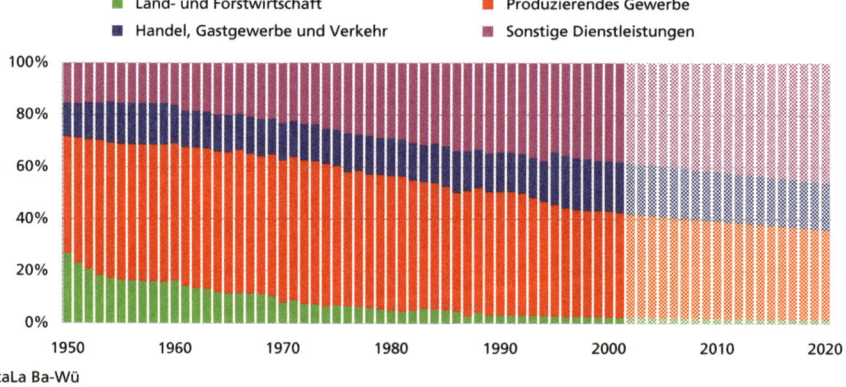

Entwicklung der Erwerbsstruktur in Baden-Württemberg seit 1960
Erwerbstätige in % aller Erwerbstätigen

StaLa Ba-Wü

---

7 Von 2020 an errechnet Schmidt eine gesamte Erwerbsquote (Erwerbstätige plus Arbeitsuchende je 100 der Bevölkerung) von 58,1 %, ab 2040 sinkt die Quote dann demographisch bedingt wieder auf 52,9.

8 Den Projektionen liegen exponentielle Trendextrapolationen zugrunde. Es wurden keine Annahmen zur Entwicklung des Arbeitsmarktes getroffen.

Es spricht viel für die Annahme, dass sich die Entwicklung der vergangenen vier Jahrzehnte fortsetzen wird. Das Produzierende Gewerbe würde in Baden-Württemberg im Jahr 2020 nur noch 35 % der Arbeitsplätze bieten, die Wirtschaftssektoren ‚Handel, Gastgewerbe und Verkehr‘ hätten sich zusammen bei 18 % eingependelt. Die ‚sonstigen Dienstleistungen‘ würden mehr als die Hälfte aller Arbeitsplätze bieten (müssen). Mit einer Dienstleistungsquote von zusammen 53 % im Jahr 2003 hätte Baden-Württemberg dann noch nicht einmal den entsprechenden aktuellen Bundesdurchschnitt erreicht – der lag im Jahr 2003 bei 66 %. Ein Bundesland oder eine sonstige räumliche Einheit kann nicht in allen Sektoren führend sein, denn „mehr als 100 % gibt es nicht."[9]

---

9 Diese lapidare Feststellung stammt von Eberhard Leibing, dem ehemaligen Präsidenten des Statistischen Landesamtes Baden-Württemberg.

3.4.2 Arbeitsmarkt, ohne Frauen ging und geht nichts

„Die Bevölkerungsentwicklung schlägt sich auch in der Wirtschaft nieder" sagte Haleh Bridi, Mitarbeiterin der Weltbank, auf der Frauenkonferenz ‚World Women Work' 2005, in Berlin. Denn die Alterung der Gesellschaft bedeute europaweit rund 1 Mill. Arbeitskräfte weniger im Jahr. Weniger Arbeitskräfte bedeute höhere Produktivität, längere Arbeitszeiten, Berufstätigkeit bis ins hohe Alter, Notwendigkeit der Immigration von Arbeitern und niedrigeren Lebensstandard. So werde deutlich, dass das Modell ‚Mann arbeitet, Frau bleibt zu Hause und erzieht die Kinder', veraltet sei. „Doch wenn junge Arbeitskräfte Mangelware werden, (dann) ist das eine Chance für Frauen", so Bridi. „Schließlich sind sie dann auf dem Arbeitsmarkt gefragt wie nie".[1]

Eine Projektion des Nürnberger Instituts für Arbeitsmarkt und Berufsforschung (IAB) zum Arbeitsangebot bis 2050 zeigt jedoch für Deutschland, dass eine höhere Erwerbsbeteiligung der Frauen den demographisch bedingten Rückgang des Erwerbspersonenpotenzials nur verlangsamen, aber nicht aufhalten kann.[2] Bereits heute gehören von den 25- bis 55-jährigen Frauen 85 % zum Erwerbspersonenpotenzial. Die Projektion geht weiter davon aus, dass die Erwerbsquoten der Frauen dieser Altersgruppe bis 2050 an die Obergrenze von 100 % stoßen werden. Eine Steigerung der Frauenerwerbstätigkeit wäre nur bei den jüngeren und älteren Frauen zu erreichen. Wer dies will, muss frühzeitig die Integration der Frauen in den Arbeitsmarkt durch kürzere Ausbildungszeiten und ausreichende Kinderbetreuung fördern. Nur wenn die Erwerbsbeteiligung der Frauen in jüngeren Jahren erhöht wird, wachsen Gruppen von Frauen nach, für die es selbstverständlich ist, auch nach dem 55. Lebensjahr erwerbstätig zu sein.

Wie im Folgenden belegt wird, hat Deutschland bei der beruflichen Integration von Müttern noch einen schweren Weg vor sich. Denn das, was Bridi in Berlin betonte, ist bei der aktuellen Arbeitsmarktsituation politisch kaum zu vermitteln. Noch weniger ist zu vermitteln, dass die Arbeitskräfte, die europaweit in zwei oder drei Jahrzehnten benötigt werden, heute bereits hätten geboren sein müssen.

---

1 Zitiert nach Svenja Bergt, in: die tageszeitung (taz) Nr. 7604, 2.3.2005.
2 Fuchs, Johann; Dörfler, Katrin (2005): Demographische Effekte sind nicht mehr zu bremsen, IAB Kurzbericht, Ausgabe Nr. 11, 26.7.2005. Zum Erwerbspersonenpotenzial zählen neben den Erwerbstätigen auch die Erwerbslosen und die stille Reserve.

Keine klaren Verhaltensmuster in Europa

Eurostat untersuchte, wie Frauen und Männer mit Kindern Arbeit und Familie vereinbaren. Dabei wurden bemerkenswerte Ergebnisse ermittelt.[3] Die üblichen Raummuster ‚mediterrane Länder, Skandinavien und neue EU-Länder' trifft nicht zu. Es darf vermutet werden, dass in Ländern mit einer hohen Beschäftigungsquote die Möglichkeiten der infrastrukturellen, familiären oder nachbarschaftlichen Kinderbetreuung günstiger sind als in jenen Ländern am Ende der Rangliste.[4]

Von 100 Frauen im Alter von 20 bis 49, die ein Kind hatten, gingen in den EU25-Ländern im Jahr 2003 ... einer Beschäftigung nach

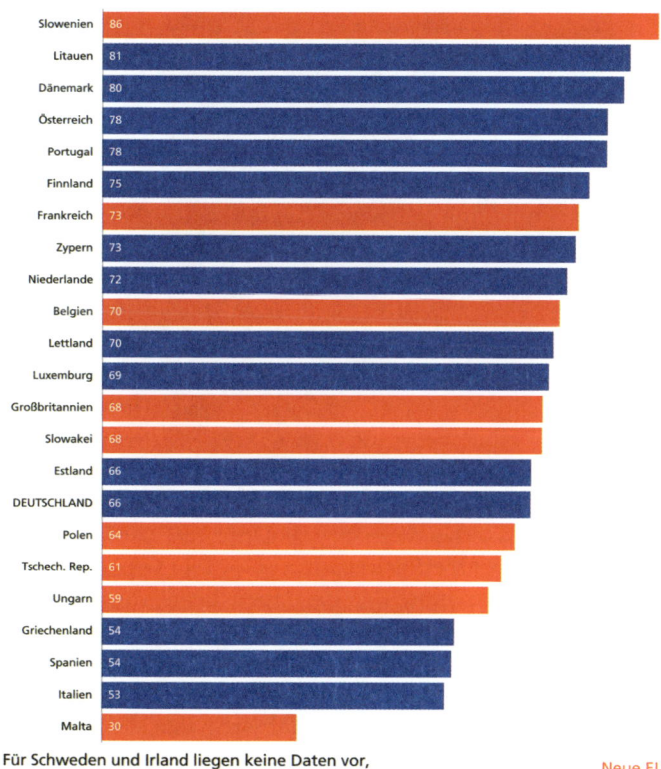

Für Schweden und Irland liegen keine Daten vor, Quelle: Euostat 2005.

Neue EU-Länder

---

3 Eurostat (2005): Vereinbarkeit von Arbeit und Familie in EU25 im Jahr 2003, Pressemitteilung 49, 12.4.2005.
4 Beschäftigungsquote: Beschäftigte desselben Geschlechts und desselben Alters in Prozent der Gesamtbevölkerung der gleichen Altersgruppe.

Das Bild ändert sich, wenn die Beschäftigtenquoten jener Frauen mit drei und mehr Kindern mit jenen der Frauen mit nur einem Kind verglichen werden.

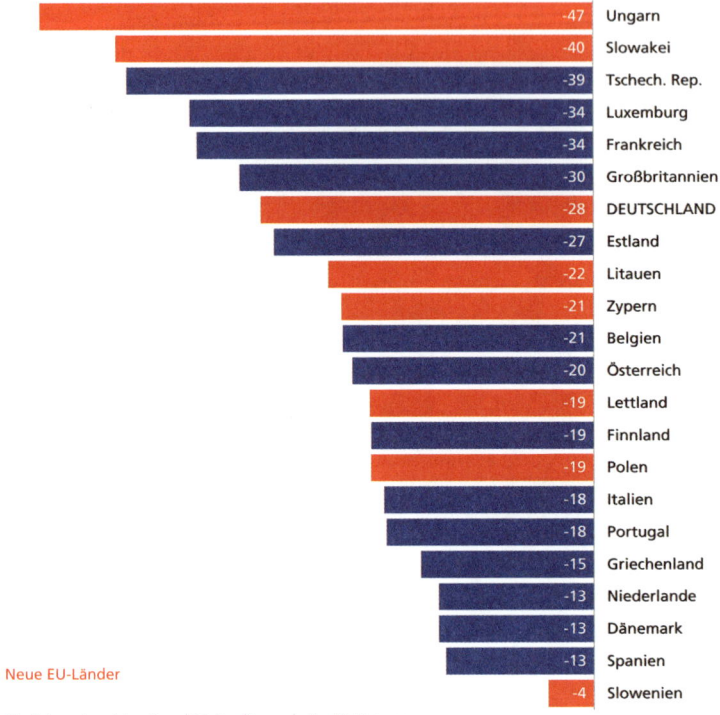

Verringerung der Beschäftigungsquoten in den EU25-Ländern von 20- bis 49- jährigen Frauen, die 3 und mehr Kinder haben im Vergleich zu Frauen der gleichen Altersgruppe, die nur ein Kind haben 2003

-47	Ungarn
-40	Slowakei
-39	Tschech. Rep.
-34	Luxemburg
-34	Frankreich
-30	Großbritannien
-28	DEUTSCHLAND
-27	Estland
-22	Litauen
-21	Zypern
-21	Belgien
-20	Österreich
-19	Lettland
-19	Finnland
-19	Polen
-18	Italien
-18	Portugal
-15	Griechenland
-13	Niederlande
-13	Dänemark
-13	Spanien
-4	Slowenien

Neue EU-Länder

Für Schweden, Irland und Malta liegen keine Daten vor,
Quelle: Euostat 2005 .

Die Gründe sind vielschichtig. Monokausale Zusammenhänge gibt es nicht. In Frankreich sinkt die Beschäftigungsquote wahrscheinlich wegen der staatlichen Transferleistungen für das dritte Kind, und in Slowenien bleibt die Quote auf höchstem Niveau, weil es ein vorzügliches Vorschulsystem gibt, das fast alle Kinder betreut. In den mediterranen Ländern ändert sich die Quote vergleichsweise wenig – allerdings auf relativ niedrigem Niveau. Niederländische Mütter können auf umfassende Kinderbetreuung und gute Teilzeitbeschäftigungsmöglichkeiten vertrauen.

Auch Deutschland sucht seinen Weg über die Teilzeitbeschäftigung. Bei Frauen mit und ohne Kinder übertrifft die Teilzeitquote den EU-Durchschnitt. Dabei ist zu berücksichtigen, dass Deutschland mit seinem sehr großen Bevölkerungsanteil den EU-Durchschnitt maßgeblich beeinflusst. Höhere Teilzeitquoten haben nur die Niederlande.

Von 100 Frauen im Alter von 20 bis 49 Jahren mit bzw. ohne Kinder im Alter von unter 12 Jahren waren … Vollzeit oder Teilzeit beschäftigt, 2003

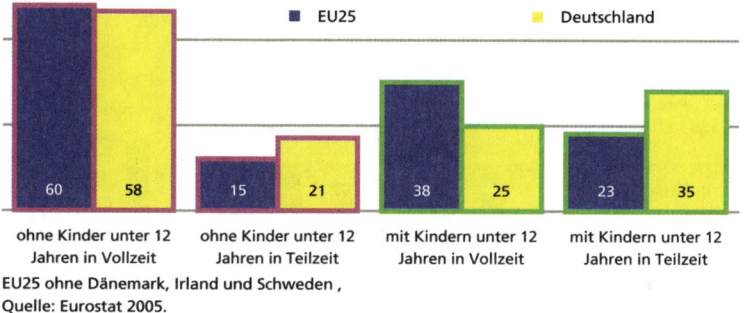

EU25 ohne Dänemark, Irland und Schweden ,
Quelle: Eurostat 2005.

Für Männer gilt das traditionelle Modell, bei dem die Teilzeitquoten erheblich unter jenen der Frauen liegen.

Von je 100 Frauen und Männern im Alter zwischen 20 und 49 Jahren gingen in den EU25-Ländern … einer Beschäftigung nach 2003*

EU25 (ohne Irland und Schweden)	Ohne Kinder unter 12 Jahren		Mit Kindern unter 12 Jahren	
	Gesamt-beschäftigung	darunter Teilzeit-beschäftigung	Gesamt-beschäftigung	darunter Teilzeit-beschäftigung
Frauen				
EU25	75	15	60	23
Männer				
EU25	86	4	91	3
Beschäftigungsquote der Männer minus Beschäftigungsquote der Frauen				
EU25	11	-12	31	-20

* Vollzeit: pro Woche werden in der Regel 30 oder mehr Arbeitsstunden geleistet; Teilzeit: pro Woche werden in der Regel weniger als 30 Arbeitsstunden geleistet. Quelle: Eurostat 2005.

Gute Ausbildung muss sich auch für Frauen rechnen

Eine kostenintensive Berufsausbildung und in Ausbildung investierte Lebensjahre müssen sich rechnen. Viele gut ausgebildete Frauen kommen hier in ein Dilemma. Die ehemals üblichen Mutterschaftszeiten werden für den Einstieg in das Berufs- leben verwendet, die Realisierung von Kinderwünschen wird verschoben oder ganz aufgegeben. Entscheidet sich eine Frau dennoch für Kinder und zudem noch für Elternzeit, dann hat sie auf Dauer mit wesentlich geringeren Lohnsteigerungen zu rechnen, wie Andrea Ziefle feststellte.[5]

Einkommensentwicklung von Frauen mit Realschulabschluss im Laufe von 15 Jahren in % des Anfangslohnes und Lehre ohne Wechsel des Arbeitgebers

■ Frauen, die nach 5 Jahren ein Kind bekommen und zwei Jahre Erziehungsurlaub nehmen

■ Frauen ohne Unterbrechung der Erwerbstätigkeit

Quelle: Vereinfachte Darstellung nach einer Vorlage von Ziefle, 2004.   Berufsjahre

Frauen mit Realschulabschluss und Lehre fallen nach der Babypause bis zum 15. Berufsjahr beim Lohneinkommen um etwa 15 Prozentpunkte hinter ihre Kolleginnen ohne Berufsunterbrechung zurück. Bei einem jährlichen Lohneinkommen von 24 000 Euro zu Beginn der Berufstätigkeit verlieren diese Frauen nach der Babypause im Durchschnitt 80 000 Euro bis zum 15. Berufsjahr. Wechseln diese Frauen ihren Arbeitgeber, müssen sie nach einer Wiederaufnahme der Erwerbstätigkeit sogar Einbußen von über 100 000 Euro hinnehmen. Das gilt auch für Akademikerinnen. Nach der Babypause liegen sie bei der Einkommensentwicklung zunächst um 7 Prozentpunkte, nach 15 Jahren dann sogar um 20 zurück. Bei einem anfänglichen Bruttojahreseinkommen von 36 000 Euro würden Akademikerinnen nach der Babypause bis zum 15. Berufsjahr insgesamt Einkommenseinbußen von 125 000 Euro hinnehmen müssen. Der Wechsel des Arbeitgebers scheint auf Dauer dabei keine zusätzlichen Negativeffekte zu haben.

5 Ziefle, Andrea (2004): Die individuellen Kosten des Erziehungsurlaubs, Eine empirische Analyse der kurz- und längerfristigen Folgen für den Karriereverlauf von Frauen, in: Kölner Zeitschrift für Soziologie, Heft 2, S. 213-231.

Baden-Württemberg

Fragte man Ende der 40er-Jahre des letzten Jahrhunderts einen Mann nach seinem Wohlergehen, erhielt man bisweilen die Antwort ‚Hauptsache man ist gesund und die Frau hat Arbeit‘. Dieser Spruch spiegelt eine Seite der damaligen Zeit wieder. Viele Frauen trugen mit ihrer Erwerbstätigkeit überwiegend zum Lebensunterhalt der Familien bei, weil ihre Männer fehlten oder kriegsversehrte Invaliden waren. Ein Vergleich der heutigen Altersstruktur der Erwerbstätigen mit jener von 1950 offenbart die von beiden Weltkriegen geschlagenen Wunden.

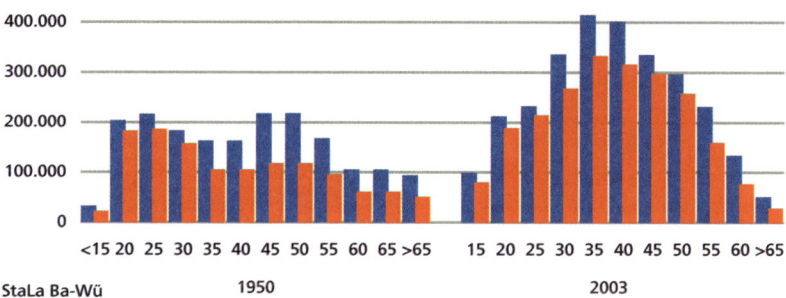

Junge Frauen und sehr junge Männer mussten in die Bresche springen. Vielen gingen in jungen Jahren arbeiten und konnten keine weiterführenden Schulen besuchen. Dies ist ein Grund für das damals geringe schulische Bildungsniveau – statistisch gesehen.[6] Im Laufe eines halben Jahrhunderts haben sich die Altersstrukturen der Erwerbstätigen angeglichen.

Auf den ersten Blick scheint folgende Grafik eine Wiederholung der oben stehenden zu sein. Der zweite Blick offenbart, dass vor allem junge Frauen am Wiederaufbau mitwirkten. Bekamen diese Frauen Kinder, schieden sie vorübergehend oder auf Dauer aus dem Erwerbsleben aus, um sich der Erziehung der Kinder zu widmen. Darüber hinaus gingen wesentlich mehr ältere Frauen einem Erwerb nach als heute. Viele, überwiegend Kriegerwitwen oder Frauen, deren Männer noch in Kriegsgefangenschaft auf die Heimkehr warteten, lebten allein stehend und mussten für sich selbst sorgen.

---

6 Zur Statistik ein kleines Aperçu: Im sehr umfangreichen Staatshandbuch Baden-Württemberg von 1955 findet man insgesamt 13 Seiten mit sehr detaillierten Angaben zur Erwerbstätigkeit für das Jahr 1950, aber kein einziges Datum über den Bildungsstand; nach letzterem wurde bei der damaligen Volkszählung überhaupt nicht gefragt.

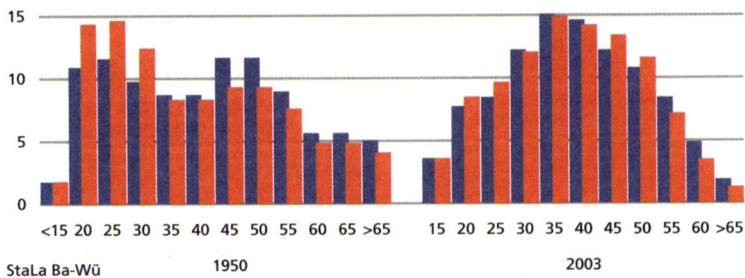

StaLa Ba-Wü   1950   2003

Heute unterscheidet sich die Altersstruktur männlicher und weiblicher Erwerbstätiger dagegen nur wenig, wie die Daten für das Jahr 2003 belegen.

Die geschlechtsspezifische Erwerbstätigkeit und die Realisierung von Kinderwünschen hängen eng mit dem Bildungsverhalten der Mädchen und Frauen zusammen. Anfang der 50er-Jahre war für drei von vier Mädchen nach dem Erreichen der 5. Klassenstufe das angestrebte und übliche Bildungsziel ein Volksschulabschluss, heute gilt das für den vergleichbaren Hauptschulabschluss gerade für eines von vier Mädchen. Zudem sind die Mädchen bei den allgemein bildenden Schulen führend.

**Nach Abschluss der 4. Klasse besuchten in Baden-Württemberg
... von je 100 Schülerinnen und Schüler 1954 bzw. 2003 ein/e ...***

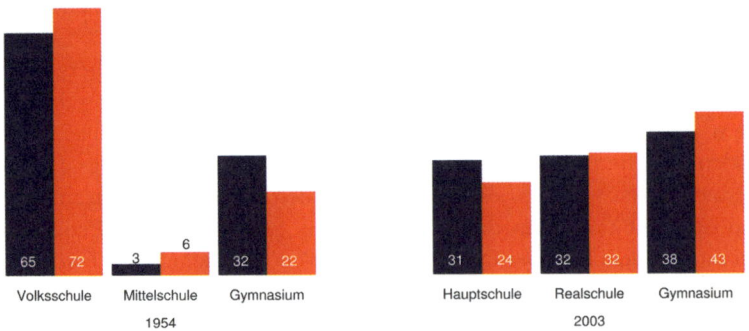

* Nicht berücksichtigt sind Hilfs-, bzw. Sonderschulen, Integrierte Orientierungsstufen,
Schulen besonderer Art und Freie Waldorfschulen.
StaLa Ba-Wü

Heute streben drei von vier Mädchen mindestens die Mittlere Reife an. Zudem bleiben die Mädchen weniger sitzen: 2002 wurden 4,1 % der Jungen und 2,6 % der Mädchen auf Gymnasien nicht versetzt. Außerdem schließen Mädchen die Prüfungen im Allgemeinen mit besserem Erfolg ab.

194

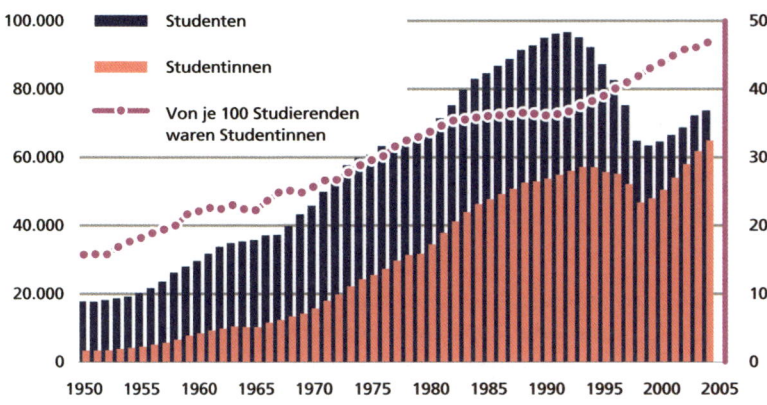

Entwicklung der Anzahl der Studierenden an Baden-Württembergs Universitäten seit 1950

- Studenten
- Studentinnen
- Von je 100 Studierenden waren Studentinnen

StaLa Ba-Wü

3.4.3 Ältere Erwerbstätige, vom Zeitgeist aussortiert

Der Europäische Rat der Staats- und Regierungschefs der EU-Mitgliedsstaaten beschloss in Stockholm, die Beschäftigungsquote der 55- bis 64-Jährigen bis zum Jahr 2010 auf mindestens 50 % anzuheben. Die EU reagiert mit dieser Beschäftigungsstrategie auf den demographischen Wandel. Noch stärker als in Deutschland geht in anderen europäischen Staaten die Zahl der erwerbsfähigen Personen zurück und altern dort die Belegschaften. Das Ziel, über die Hälfte der 55- bis 64-Jährigen zu beschäftigen, haben bislang nur wenige EU-Länder erreicht.

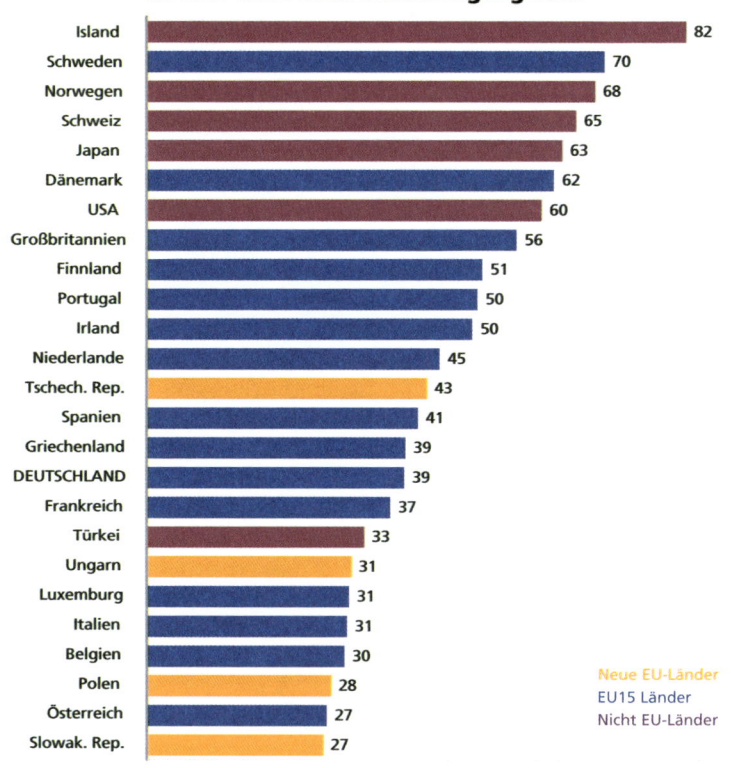

**Von 100 Menschen im Alter von 55 bis 64 Jahren gingen ...
im Jahr 2004 einer Beschäftigung nach**

Island	82
Schweden	70
Norwegen	68
Schweiz	65
Japan	63
Dänemark	62
USA	60
Großbritannien	56
Finnland	51
Portugal	50
Irland	50
Niederlande	45
Tschech. Rep.	43
Spanien	41
Griechenland	39
DEUTSCHLAND	39
Frankreich	37
Türkei	33
Ungarn	31
Luxemburg	31
Italien	31
Belgien	30
Polen	28
Österreich	27
Slowak. Rep.	27

Neue EU-Länder
EU15 Länder
Nicht EU-Länder

Quelle: OECD 2005.

Deutschland – Ältere vom Zeitgeist aussortiert

Etwa zwei Drittel der 15- bis 64-Jährigen in Deutschland gehen einem Erwerb nach, die Frauen durchweg etwas weniger als die Männer. Bei Männern wie Frauen fällt der frühe Ausstieg aus dem Erwerbsleben auf. Ob er gesetzlich ermöglicht oder betrieblich notwendig oder gar erzwungen ist, spielt dabei für die Betroffenen eine untergeordnete Rolle. Es gibt auch eine andere Sicht.

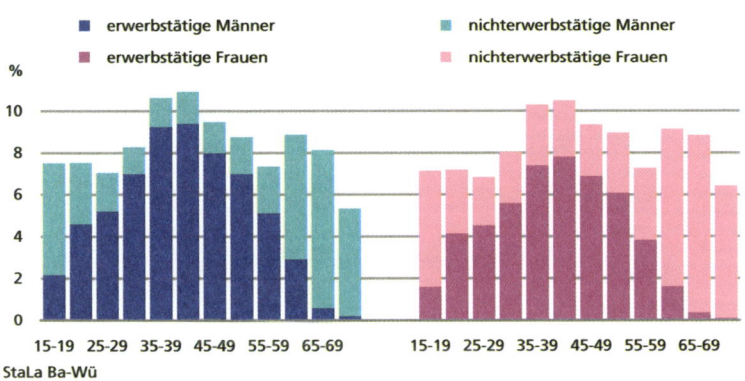

Erwerbstätige und nichterwerbstätige Männer und Frauen in Deutschland

StaLa Ba-Wü

„Er könne es sich gar nicht leisten, dass einer seiner Mitarbeiter vor dem 65. Lebensjahr in den Ruhestand geht". Es überraschte, dies vom Geschäftsführer eines mittelständischen Maschinenbaubetriebes aus Sachsen-Anhalt, dem Land mit der höchsten Arbeitslosigkeit in Deutschland, zu hören.[1] Jeder vierte seiner Mitarbeiter wird in den nächsten Jahren 65 Jahre alt und den Betrieb verlassen. Die Jungen fehlen, um die Belegschaft nur ansatzweise wieder aufzustocken. Der Horizont ist bereits greifbar nah, an dem sich die Folgen des starken Geburtenrückganges der 90er-Jahre im Osten Deutschlands zeigen.
Auch in anderen deutschen Regionen fehlt heute schon in bestimmten Branchen der erforderliche Nachwuchs und das besonders bei kleinen und mittelständischen Betrieben und erst Recht in naher Zukunft. Die Folgen könnten schwerwiegend sein, wenn die Kette, entlang der die Älteren ihr Wissen an Jüngere weitergeben, unterbrochen wird.

---

1 Fachtagung ‚Wirtschaftliche und gesellschaftliche Produktivität' des Bundesministeriums für Familie, Senioren, Frauen und Jugend am 10.5.2005 in Berlin.

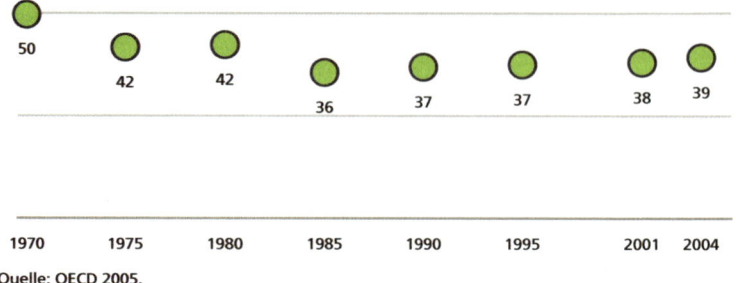

Erwerbstätige im Alter von 55 bis 64 in Deutschland 1970 bis 2004
in % der Altersgruppe

50   42   42   36   37   37   38   39

1970   1975   1980   1985   1990   1995   2001   2004

Quelle: OECD 2005.

Das ist eine Seite der Medaille. Die zweite ist: In Deutschland sind 2004 nur 39 % der 55- bis 64-Jährigen erwerbstätig. Nach dem IAB-Betriebspanel 2002 arbeiten in 41 % der Betriebe keine Beschäftigten, die 50 Jahre und älter sind.

In Westdeutschland sind nur 56 % der Betriebe grundsätzlich bereit, ältere Bewerber einzustellen; 15 % nicht und 29 % nur unter bestimmten Voraussetzungen. Ältere werden als Teilzeitkräfte eingestellt, erhalten einen befristeten Vertrag oder werden nur eingestellt, wenn der Betrieb Lohnkostenzuschüsse erhält oder sich kein Jüngerer beworben hat. Es sind die Folgen einer Vorruhestandspolitik seit den 80er-Jahren mit der nachhaltigen Wirkung, dass Ältere für weniger leistungsfähig gehalten werden als Jüngere.

„Vom Zeitgeist aussortiert" stellten jüngst Jörg Lichter und Claudia Tödtmann im Handelsblatt fest. Deutsche Personalchefs folgen in ihrer Einstellungspolitik einem „Zeitgeist, der durch alle Branchen und Regionen weht. Und das nicht erst seit gestern". Das erbrachte eine Befragung der Vergütungs- und Unternehmensberatung TOWERS PERRIN, Frankfurt. „Seit mindestens zwei Jahren haben die Befragten kaum Bewerber eingestellt, die älter als 55 Jahre sind."[2]

„Worauf es bei Neueinstellungen ankommt" wollte man von den Personalchefs der größten deutschen Unternehmen wissen. Darüber hinaus wurden sie gefragt, was jüngere und ältere Mitarbeiter zu bieten haben und worauf es den Personalchefs bei der Einstellung ankommt.

Träfen obige Feststellungen zu, dann müsste manchen Personalverantwortlichen ein ambivalentes Verhalten bei der Einstellung attestiert werden. Die paradoxe Verhaltensweise wäre im Unterschied der Anforderungsprofile und der Qualifikationen von Jüngeren und Älteren zu erkennen. Wenn z.B.

---

2 Lichter, Jörg; Tödtmann, Claudia (2005): Vom Zeitgeist aussortiert, Umfrage unter Personalchefs, in: Handelsblatt, 22/23.1.2005.

Von 100 Befragten nannten ...	Worauf es ankommt	Was Jüngere bieten	Was Ältere bieten	gegenüber Jüngeren Ältere vorn Ältere hinten
Kundenorientierung	87	37	47	10
Leistungsbereitschaft	85	69	36	-33
Ergebnisorientierung	77	41	45	4
Zuverlässigkeit	60	13	78	65
Veränderungsbereitschaft	54	74	4	-70
Produktivität/ Effizienz	51	36	40	4
Verantwortungsbereitschaft	51	46	61	15
Belastbarkeit	51	59	14	-45
Teamfähigkeit	45	40	19	-21
Innovationsbereitschaft	43	78	4	-74
Durchsetzungsfähigkeit	19	13	63	50
Mobilität	19	47	2	-45

Worauf es bei Neueinstellungen ankommt und was jüngere und ältere Mitarbeiter aus der Sicht von Personalchefs zu bieten haben*

* Befragt wurden Personalverantwortliche in 15 000 deutschen Betrieben.
Quelle: IAB 2002.

‚Kundenorientierung‘ oberstes Ziel ist, dann ist unverständlich, warum Ältere außen vor bleiben.

Auf Basis der TOWERS PERRIN Ergebnisse kommt man zu abweichenden Erkenntnissen. Bei den drei wichtigsten Kriterien des ‚Worauf es ankommt‘ decken sich die Wünsche der Personalchefs weder mit dem, was Jüngere und noch mit dem, was Ältere bieten. Andererseits werden Eigenschaften, auf die es weniger ankommt, von der einen oder von der anderen Gruppe übertroffen, so z.B. ‚Durchsetzungsfähigkeit‘ oder ‚Mobilität‘.

Aufgrund der vorliegenden Daten kann der Personalwirtschaft kein widersprüchliches Einstellungsverhalten vorgeworfen werden. Eher ist zu vermuten, dass das demographische Problem noch nicht angekommen ist.

Auf welch unsicherem Terrain sich die Einschätzungen zur Leistungsfähigkeit jüngerer und älterer Erwerbstätiger bewegen, lässt sich einem Vergleich der Befragungsergebnisse aus dem Handelsblatt und jenen aus einer Untersuchung von Bellmann entnehmen.[3] Die Ergebnisse der beiden Befragungen vermittelten unterschiedliche Eindrücke. Ohne Kenntnisse über das Was-Wann-Wo und bei

---

3 Bellmann, Lutz; Hilpert, Markus; Kistler, Ernst; Wahse, Jürgen (2003): Herausforderungen des demographischen Wandels für den Arbeitsmarkt und die Betriebe, in: Mitteilungen aus der Arbeitsmarkt- und Berufsforschung, 36, S. 133-149.

Worauf es bei Neueinstellungen ankommt

für ... von 100 Personalchefs der größten deutschen Unternehmen gilt:

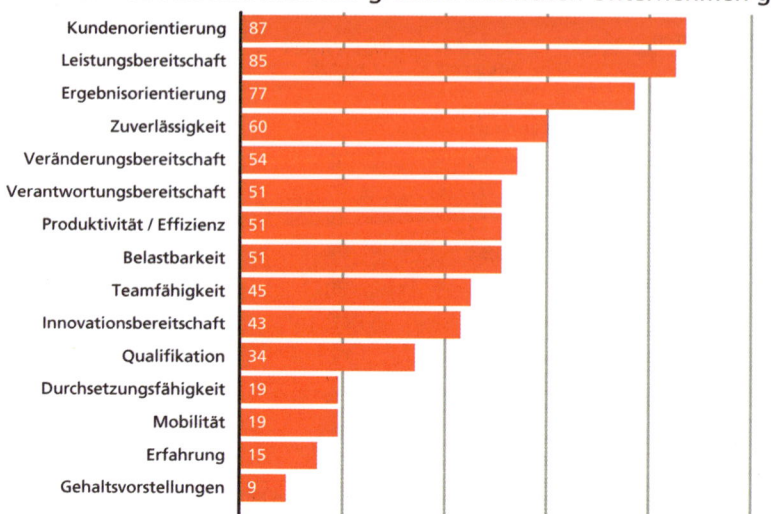

Kundenorientierung	87
Leistungsbereitschaft	85
Ergebnisorientierung	77
Zuverlässigkeit	60
Veränderungsbereitschaft	54
Verantwortungsbereitschaft	51
Produktivität / Effizienz	51
Belastbarkeit	51
Teamfähigkeit	45
Innovationsbereitschaft	43
Qualifikation	34
Durchsetzungsfähigkeit	19
Mobilität	19
Erfahrung	15
Gehaltsvorstellungen	9

Für ... 100 Personalchefs der größten deutschen Unternehmen
haben Ältere mehr als Jüngere zu bieten für das "Worauf es ankommt" bei ...

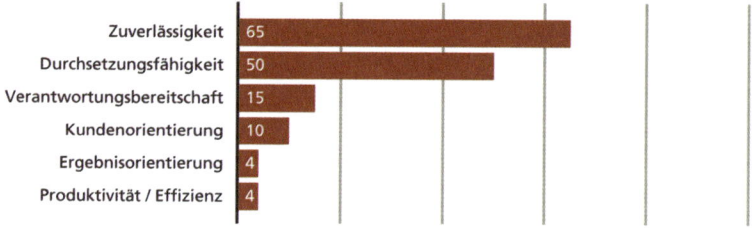

Zuverlässigkeit	65
Durchsetzungsfähigkeit	50
Verantwortungsbereitschaft	15
Kundenorientierung	10
Ergebnisorientierung	4
Produktivität / Effizienz	4

Für ... 100 Personalchefs der größten deutschen Unternehmen
haben Jüngere mehr als Ältere zu bieten für das "Worauf es ankommt" bei ...

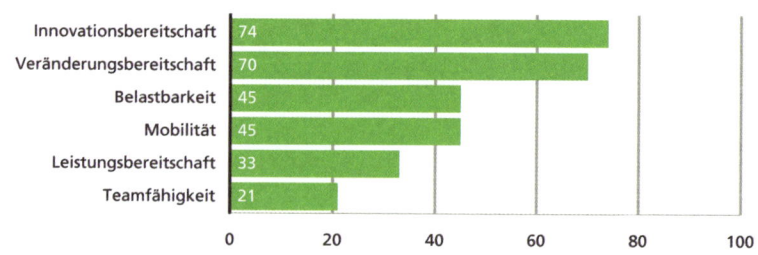

Innovationsbereitschaft	74
Veränderungsbereitschaft	70
Belastbarkeit	45
Mobilität	45
Leistungsbereitschaft	33
Teamfähigkeit	21

Quelle: Lichter, Tödtmann 2005.

Von 100 Befragten antworteten ...	eher bei Älteren	kein Unter- schied	eher bei Jüngeren	gegenüber Jüngere
	auffallende Stärken und Schwächen			Ältere vorn Ältere hinten
Arbeitsmoral, -disziplin	30	66	4	24
Qualitätsbewusstsein	26	70	4	22
Flexibilität	8	73	19	11
Erfahrungswissen	53	44	3	50
Loyalität	17	79	4	13
Lernbereitschaft	5	73	22	17
Lernfähigkeit	3	65	32	29
Teamfähigkeit	7	82	11	4
Psychische Belastbarkeit	13	75	12	1
Theoretisches Wissen	16	71	13	3
Körperliche Belastbarkeit	6	64	30	24
Kreativität	7	75	18	11

Alterspezifische Leistungsfähigkeit im Urteil der Personalverantwortlichen

Quelle: Bellmann u.a. 2003.

Wem erfragt wurde, könnte man fast meinen, es würde sich um zwei verschiedene Länder handeln, über die berichtet wird.

Baden-Württemberg – alterndes Erwerbspersonenpotenzial

In den vergangenen Jahren hat sich die Altersstruktur der Erwerbs*tätigen* – das sind jene, die eine Arbeit haben – zugunsten der Älteren verschoben. Die relative Abnahme bei den jüngeren Erwerbstätigen hat einerseits demographische Gründe, andererseits verzögern längere Ausbildungszeiten und Arbeitsmarktprobleme einen früheren Eintritt in das Erwerbsleben. Verglichen mit vor 25 Jahren gehen 2004 bei den über 60-Jährigen etliche zunehmend einem Erwerb nach.

Der Anteil der jüngeren Erwerbs*personen* – das sind jene, die Arbeit haben oder sich darum bemühen – ist in den letzten Jahren erheblich gesunken. Auf 100 Erwerbspersonen im Alter von 40 bis 60 Jahren kommen heute weniger als 100 im Alter von 20 bis 40 Jahren. Dieser Trend wird sich fortsetzten und in den nächsten Jahrzehnten bei 85 Jüngeren zu 100 Älteren einpendeln, das heißt, dass sich das Erwerbspersonenpotenzial zukünftig nur zu 85 % erneuern wird.[4]

---

4 Da für Erwerbspersonen die benötigten Daten aus der 10. Koordinierten Bevölkerungsvorausrechnung nicht verfügbar waren, wurden hilfsweise jene der 9. Vorausberechnung verwendet. Wegen der

Altersstruktur der Erwerbstätigen in Baden-Württemberg 1980 und 2004
Von 100 Erwerbstätigen waren in der Altersgruppe von ... Jahren

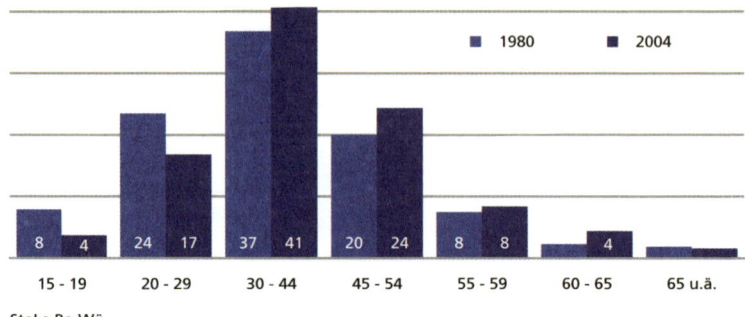

StaLa Ba-Wü

Auf 100 Erwerbspersonen im Alter von 40 bis unter 60 Jahren
kommen in Baden-Württemberg
... Erwerbspersonen im Alter von 20 bis unter 40 Jahren*)

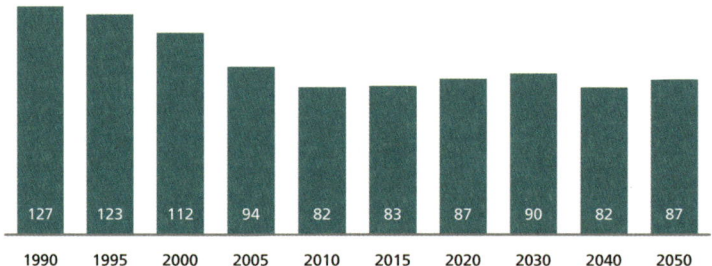

*) Bis 2000 Ist-Werte, danach 9. koordinierte Bevölkerungsvorausrechnung
(Variante 2: Höhere Zuwanderungen).
StaLa Ba-Wü

---

stetigen Strukturveränderungen dürften die oben errechneten Erneuerungsindizes ihre Aussagekraft
nicht verloren haben.

3.4.4 Kapitalmärkte und Altersvorsorge

Wer wissen will, wie der demographische Wandel auf die Kapitalmärkte wirken könnte, muss über nationale Szenarien hinaus die internationale Entwicklung im Blickfeld haben. Deshalb trafen sich im Juni 2001 in Boston Wissenschaftler, Vertreter nationaler und supranationaler Behörden mit Fachleuten der Finanzwelt zur 46. Wirtschaftskonferenz der Federal Reserve Bank. Die Konferenz widmete sich dem Thema ‚Demographischer Wandel und seine Auswirkungen auf die Wirtschaft'. Das Ergebnis der Tagung könnte so zusammengefasst werden: ‚Nichts Genaues weiß man nicht'.[1]

Insgesamt wurden in Boston die allgemein längere Lebenserwartung, die höheren Lebensstandards und das verringerte Bevölkerungswachstum als positive Folge des technologischen Fortschritts und der verbesserten Gesundheitsfürsorge angesehen. Die Konferenz war sich darin einig, dass die demographische Entwicklung die Weltwirtschaft in den nächsten Jahrzehnten stark belasten und verändern wird.

Die Bevölkerung altert erheblich und das in fast allen Staaten der Welt. Gleichzeitig verschieben sich die regionalen Bevölkerungsanteile zugunsten der weniger entwickelten Staaten, weil dort die Bevölkerungszahl noch weiter anwachsen wird.

In den meisten industrialisierten Staaten stagniert oder schrumpft die Bevölkerungszahl und deren regionale Anteile nehmen ab. Zudem werden großräumige Wanderungen das ethnische und kulturelle Gesicht vieler Staaten nachhaltig verändern, wie die jüngere Wanderungsbewegung von Afrika nach Europa bereits andeutet. Die Finanzierung der sozialen Sicherungssysteme gerät durch diese demographischen Entwicklungen unter Druck und verlangt von der Sozialpolitik und der sie unterstützenden Steuerpolitik schwierige Richtungsentscheidungen über den weiteren Weg.

Der demographische Wandel fordert die Staaten unterschiedlich heraus. Viele Staaten der Dritten Welt müssen eine wachsende Anzahl junger Menschen angemessen ausbilden und diese in produktive Beschäftigung bringen. Vom Erfolg dieser Anstrengungen wird es abhängen, wie schnell das Bevölkerungswachstum in den weniger entwickelten Staaten sinkt und wie stark der dortige Lebensstandard wächst.

In den Industrienationen sorgen sich die Älteren um Rente und Pflege. Gleichzeitig soll das Rentenalter hinausgezögert werden. Die Stichworte lauten: Lebenslanges Lernen und längere Erwerbsbeteiligung. Die reichen Staaten stehen außerdem vor der Pflicht, die künftigen Einwanderer in das Wirtschaftsleben zu integrieren und

---

1 Little, Jane Sneddon; Triest, Robert K. (2001): Seismic Shifts: The Economic Impact of Demographic Change. An Overview; www.bos.frb.org.

allen Kindern und jungen Menschen – ob eingewandert oder im Lande geboren – den Zugang zu höherwertiger Ausbildung zu ermöglichen. Soweit waren sich die Konferenzteilnehmer einig. Uneins waren sie sich, wie die Volkswirtschaften und internationalen Märkte auf die demographischen Veränderungen reagieren werden. Angesichts des zu erwartenden Wandels wurden sich widersprechende Szenarien zur künftigen Entwicklung entfaltet. So könnte z.B. in den Industriestaaten ein Mangel an Arbeitskräften zu deutlichen Produktivitätssteigerungen führen oder die Wirtschaft aus demselben Grunde stagnieren. Insgesamt blieben die Aussagen entweder sehr vage oder, wenn sie konkret wurden, widersprüchlich. Der Grund für diese Unsicherheit liegt auf der Hand. Demographische Entwicklungen sind für die nächsten Jahre einigermaßen vorauszusehen; das gilt nicht für ökonomische Entwicklungen, wie die Gutachten der Wirtschaftsinstitute zeigen. Deren Erwartungen über Wirtschaftswachstum, Arbeitslosigkeit oder Preisentwicklung werden im Rhythmus der Quartale nach oben oder unten korrigiert. Erst recht gilt dies für Kapitalmärkte. Zinsen, Währungs- und Aktienkurse sind schon über den Tag hinaus ungewiss.

Pessimistische und optimistische Szenarien

Dass der demographische Wandel wirkt, wird kaum bestritten. Uneins ist man sich über Art und Stärke der Auswirkungen. Bislang überwogen eher pessimistische Einschätzungen. Die Alterung der Gesellschaft führe zu einer globalen Rentenkrise. Um die Pensionszusagen zu finanzieren, müssten Staaten wie Japan oder Deutschland ihre ohnehin hohe Verschuldung erhöhen. Damit drohe den Finanzmärkten ein Kollaps. Selbst wenn solche Staaten die Leistungen der gesetzlichen Rente einschränkten, brächen die Kapitalmärkte ein, denn bei Leistungseinschränkung wird die private Altersvorsorge wichtiger. Im Zuge dieser Entwicklung könnten die Babyboomer die Wertpapierkurse in die Höhe treiben. Geht diese Generation dann in 20 bis 30 Jahren in Rente, fänden sich zu wenig Käufer für deren Wertpapiere. Als Folge müssten die Kurse einbrechen. Dies wird Asset-Market-Meltdown-Hypothesis genannt. Träfe sie zu, hätte das weit reichende Folgen, denn dann wäre die heutige Stärkung der kapitalgedeckten Altersvorsorge ungeeignet, die Ruhestandseinkommen der Babyboomer zu sichern. Allerdings gilt diese These in ihren Annahmen als unvollständig. Zum Beispiel berücksichtige sie nicht, dass sich die globale Arbeitsteilung vertieft, die Kapitalmärkte sich immer enger verzahnen und der Kapitalbedarf weiter zunehmen wird.

In letzter Zeit gewinnen eher optimistische Einschätzungen an Bedeutung. Dies gilt auch für Deutschland. Banken, Versicherungen und Forschungsinstitute kommen generell zum Ergebnis, dass die Alterung der Bevölkerung für die Kapitalmärkte beherrschbar bleibt.[2] Denn auch in Zukunft werden eher die Inflationsraten, der technische Fortschritt, eine höhere Erwerbsbeteiligung sowie die enorme Kapitalnachfrage in Osteuropa und Asien die Renditen am Kapitalmarkt prägen.

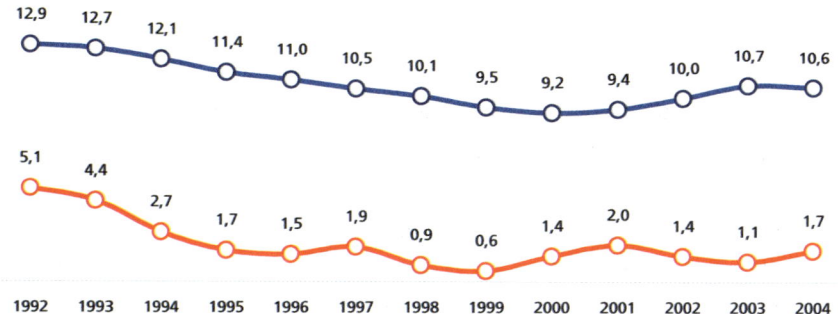

Sparquote und **Inflationsrate** in Deutschland 1992 bis 2004 *

Sparquote: Sparen in % des verfügbaren Einkommens
Inflationsrate: Veränderung des Preisindex für die Lebenshaltung gegenüber Vorjahr in %,
Quelle: Statistisches Bundesamt 2005.

Sparen und Entsparen

Das Vermögen älterer Menschen steigt nicht mehr so stark wie das jüngerer Menschen; es findet derzeit aber auch kein signifikanter Abbau von Vermögenswerten statt.[3] Die Sparquoten künftiger Senioren werden sinken, weil die künftigen Ruheständler zunehmende Anteile der Gesundheits- und Pflegekosten selbst werden tragen müssen. Dies sind weder plötzliche, noch unerwartete Ereignisse und Entwicklungen. Der Einzug der Babyboomer in den Ruhestand zieht sich über 15 bis 20 Jahre hin. Der Kapitalmarkt wird diese Entwicklung antizipieren. Ein möglicher Renditerückgang – so der doch käme - dürfte sich über zwei Jahrzehnte verteilen und pro Jahr kaum spürbar sein. Hinzu kommt eine gegenläufige Entwicklung: Kapital für Investitionen wird weiter nachgefragt werden und so auch in Zukunft eine wichtiger Rolle für die Kapitalanlage und damit für die Altersvorsorge spielen, wie die Entwicklung der letzten Jahre bereits andeutet.

---

2 Matthes, Jürgen; Römer, Christof (2004): Kapitalmärkte, in: Institut der deutschen Wirtschaft (Hrsg.): Perspektive 2050. Ökonomik des demographischen Wandels, Köln, S. 293-319.

3 Schröder, Michael; Schüler, Martin (2004): Kapitalmärkte und Demographie, ZEW, Mannheim.

Der Trend zur privaten Altersvorsorge hat seinen Höhepunkt noch nicht erreicht.[4] Zudem wird in den nächsten Jahrzehnten die Zahl der Einzahler noch größer sein als die Zahl jener Rentner, die ihr Kapital in Anspruch nehmen. Außerdem ist nicht die Anzahl der potenziellen Wertpapierkäufer entscheidend, sondern deren tatsächliche Nachfrage. Und hier stellen sich die Banken und Versicherungen auf eine höhere Nachfrage ein. Insgesamt dürften sich negative Wirkungen auf die Wertpapierkurse, die von einem möglichen Kapitalabzug der Babyboomer ausgehen können, über einen größeren Zeitraum verteilen.

Entwicklung der privaten Altersvorsorge in Deutschland				
Stand Ende	Versicherungs-verträge	Banksparverträge	Investmentfonds-verträge	Gesamt
2001	1.400.000	.	.	1.400.000
2002	3.047.000	149.500	174.000	3.370.500
2003	3.486.000	197.440	241.000	3.924.440
2004	3.660.500	213.000	316.000	4.189.500
2005	4.796.900	260.000	574.600	5.630.900
Quelle: Bundesministerium für Arbeit und Soziales 2006.				

Kapitalmärkte

Der Kapitalmarkt Deutschlands ist nicht abgeschottet. Von 1980 bis 2003 stiegen nach Angaben der Deutschen Bundesbank die unmittelbaren und mittelbaren Direktinvestitionen Deutschlands von 43 auf 666 Mrd. Euro. Insbesondere lockten in Asien renditestarke Projekte etwa zum Ausbau der Verkehrs- und Energievers orgungsinfrastruktur oder zum Aufbau von Produktionsstätten.[5]
Mit einer weiteren Verzahnung der Absatz-, Kapital- und Arbeitsmärkte wird gerechnet, was die Kapitalrenditen sichern könnte. Diese Entwicklung kann mögliche negative Auswirkunken demographischer Veränderungen auf die Kapitalmärkte begrenzen und letztlich die individuelle Altersvorsorge in den hoch entwickelten

---

4 Börsch-Supan, Axel; Ludwig, Alexander; Winter, Joachim: (2003): Alterung, deutsche Renditeentwicklung und globale Kapitalmärkte, Deutsche Bank Research, Aktuelle Themen, Demographie Spezial Nr. 273.
5 Direktinvestitionen (DI) sind Kapitalanlagen, die ein Investor vornimmt, um die Kontrolle oder zumindest einen wesentlichen Einfluss auf die Geschäftspolitik des Kapital aufnehmenden Unternehmens zu gewinnen. Bei den unmittelbaren DI handelt es sich um die direkten Kapitalbeziehungen an Unternehmen, während unter den mittelbaren DI indirekte Kapitalbeziehungen (z.B. über Holdings) zu verstehen sind.

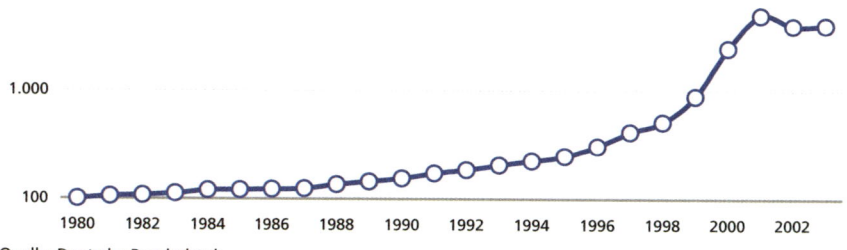

Unmittelbare und mittelbare Direktinvestitonen Deutschlands
1980 = 100

Quelle: Deutsche Bundesbank.

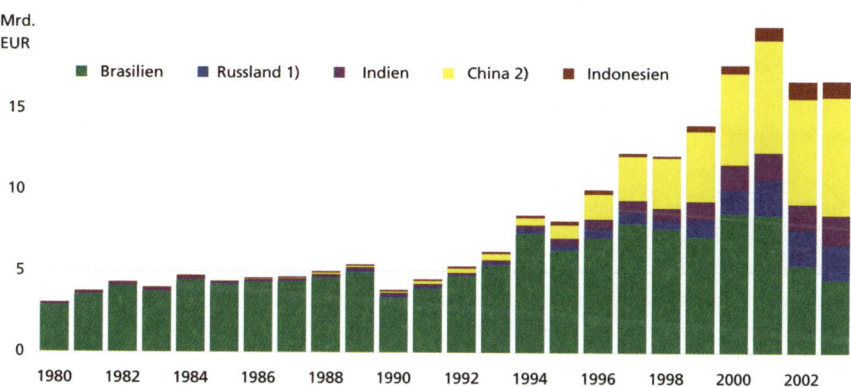

Unmittelbare und mittelbare Direktinvestitonen Deutschlands in ausgewählten Ländern seit 1980

1) 1980 bis 1990: ehem. Sowjetunion. 1980 bis 1983 nicht aufgeführt, 2) 1980 bis 1983 nicht aufgeführt
Quelle: Deutsche Bundesbank.

Staaten sichern. Voraussetzung wäre, dass den stark wachsenden Volkswirtschaften eine konjunkturelle Überhitzung mit nachfolgender Depression erspart bleibt. Experten der Dresdner Bank meinen, dass die zu erwartende Kapitalnachfrage der Industrie- und der Schwellenländer für die nächsten zehn Jahre weder auf ein steigendes noch auf ein fallendes Kapitalmarktzinsniveau schließen lässt. [6]

6 Schneider, Rolf (2004): Langfristzinsen: Eine Projektion, in: Apholte, Alfred u.a.: Demographie, Ersparnis und Zins: Langfristige Perspektiven, Working paper Nr. 21, Economic Research, Allianz Group, Dresdner Bank.

Projektierte langfristige Änderungen der Kapitalmärkte
Veränderung gegenüber 2005 in Prozentpunkten

Phase 1
moderat höherer
Peisauftrieb,
relativ hohe
Staatsdefizite,
steigende
Sparquote
der Haushalte

Phase 2
wieder
mehr Peis-
stabilität,
stabilitäts-
orientierte
Finanzpolitik,
hohe Sparquote
der Haushalte

Phase 3
Peisstabilität,
stabilitäts-
orientierte
Finanzpolitik,
sinkende
Sparquote
der Haushalte

Phase 4
moderat anziehende Inflationsraten,
demograqphisch bedingtes Staatsdefizit,
sinkende Sparquote, aber nahezu
unverändertes Sparvolumen

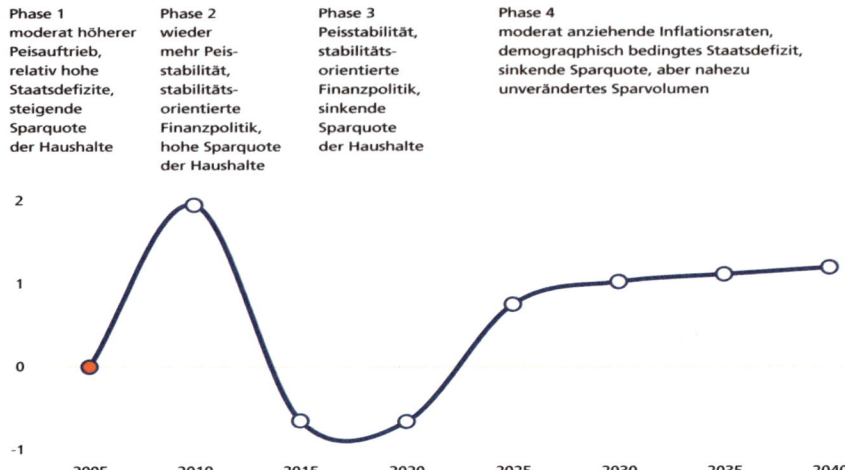

Quelle: Schneider 2004.

Die Ausweitung der Ersparnisbildung bis 2015 und die tendenziell sinkende Sparquote ab 2015 sprechen in der ersten Dekade für allmählich sinkende und anschließend steigende Realzinsen. Zentrale Variable dieses Szenarios ist nicht die Demographie, sondern die Geldpolitik, sowohl kurz- als auch langfristig. Als größte Feinde des Sparers gelten die Inflation und ihre Ursache, eine wenig stabilitätsorientierte monetäre Politik. Zwar werden wohl weiterhin monetäre Restriktionsphasen auf mehr expansiv ausgerichtete Politik folgen, diese Schwankungen werden jedoch nach aller Voraussicht zu keinen dauerhaft höheren Inflationsraten mit entsprechend negativen Auswirkungen auf dem Kapitalmarkt führen. Unter den Bedingungen einer langfristig moderaten Preisentwicklung und einer überwiegend stabilitätsorientierten Finanzpolitik dürften bis 2010 die Nominalzinsen um 2 Prozentpunkte steigen trotz tendenziell sinkender Realzinsen. Der Grund ist der noch steigende Inflationsanteil im Zins. Von 2010 bis 2015 sind sinkende Real- als auch Nominalzinsen um 3 Prozentpunkte plausibel. Allerdings dürften spätestens ab 2020 sowohl die Nominal- als auch Realzinsen wieder um 2 Prozentpunkte steigen. Die Experten der Dresdner Bank weisen darauf hin, dass langfristige Zinstrends von der Konjunktur und ihrem kurzfristigen Einfluss auf den Zins überlagert werden.

Abschließend sei noch einmal betont: Auf lange Fristen können global und regional nur Szenarien entworfen werden. Obige Trends oder gar deren zeitliche Wendepunkte unterliegen großen Unsicherheiten.

3.5 Raum- und Kommunalentwicklung

Alles Geschehen auf der Welt hat einen regionalen Bezug. Nationale oder gar globale Betrachtungen übersehen meist, was im Einzelnen geschieht. Was für ein Land als Ganzes – statistisch gesehen – richtig ist, muss nicht für dessen Teile zutreffen. Was für Ostdeutschland gilt, gilt nur teilweise für Westdeutschland und umgekehrt. Bestimmte Handlungsalternativen mögen für Großstädte relevant sein, für ländliche Gebiete dagegen irrelevant bleiben.

Städte und Kreise, die von der Automobilindustrie geprägt sind, haben andere Zukunftschancen als solche mit Universitäten oder Speckgürtelkreise um die Agglomerationskerne.

Unter diesen Aspekten müsste Vieles auf den regionalstatistischen Prüfstand kommen, das heißt, relativiert und modifiziert werden.

Gemeinden haben ihre eigenen demographischen Probleme und die daraus entstehenden Herausforderungen zu bewältigen. Diese sind nicht überall gleichartig oder gleich dringend. Deshalb berichten zwei Bürgermeister, was in ihrer Kommune notwendig und machbar ist.

Will eine Kommune familienfreundlich bleiben oder werden, kostet das zunächst Geld, zeitversetzt bringt es wieder Geld in die Gemeinde und trägt sogar dazu bei, Kosten zu senken.

Von besonderer Bedeutung ist die Entwicklung auf dem Wohnungsmarkt. Angebot und Bedarf sind in etlichen Gebieten Deutschlands nicht im Lot. Es bestehen zudem partiell Zweifel an der Wertbeständigkeit der Immobilien.

3.5.1 Regionale Bevölkerungsentwicklung in Baden-Württembergs Raumkategorien

In Friedenszeiten entwickeln oder ändern sich Strukturen meist stetig. Das gilt insbesondere für regionale Entwicklungen. Mögen kurzfristige Veränderungen noch so kräftig sein, in Baden-Württemberg jedenfalls beeinflussten sie die regionalen Entwicklungstrends kaum.

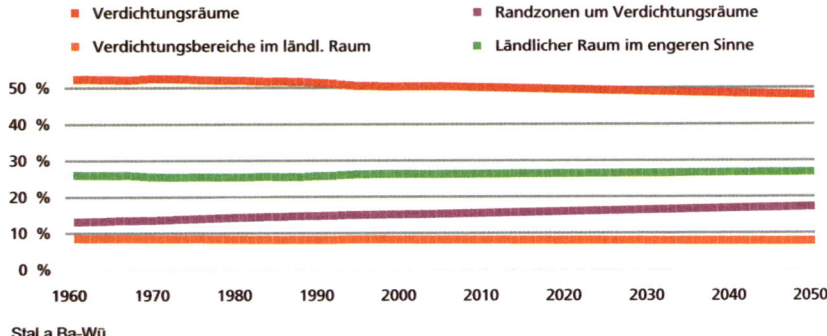

StaLa Ba-Wü

Obige Grafik verdeutlicht, dass insbesondere die Verdichtungsräume[1] und etwas weniger ausgeprägt die Verdichtungsbereiche[2] während der zeitweise dynamischen Wachstumsphasen ihre Bevölkerungsanteile nicht erhöhen konnten, im Gegenteil, die Agglomerationsgebiete verloren an Gewicht. Gewinner der Bevölkerungsentwicklung waren die Randzonen[3] um die Verdichtungsräume. Entgegen der öffentlichen Meinung konnte der ländliche Raum im engeren Sinne (i.e.S.)[4] seine Bevölkerungsanteile nicht nur behaupten, sondern steigern. Es gibt derzeit keinen Grund anzunehmen, dass sich diese räumlichen Verteilungstrends in Zukunft gravierend ändern werden. Unter dieser Annahme werden alle Raumkategorien bis etwa 2020 noch Bevölkerung hinzu gewinnen.

---

1 Verdichtungsräume sind großflächige Gebiete mit stark überdurchschnittlicher Siedlungsverdichtung und intensiver innerer Verflechtung: Wirtschaftministerium Baden-Württemberg (Hrsg.) (2002): Landesentwicklungsplan (LEP) Baden-Württemberg 2002, Stuttgart, S. 15.

2 Verdichtungsbereiche im ländlichen Raum sind Stadt-Umland-Bereiche mit engen Verflechtungen und erhebliche Siedlungsverdichtung.

3 Randzonen um die Verdichtungsräume sind an Verdichtungsräume angrenzende Gebiete mit erheblicher Siedlungsverdichtung.

4 Ländlicher Raum im engeren Sinne (i.e.S.) sind großflächige Gebiete mit zumeist deutlich unterdurchschnittlicher Siedlungsverdichtung und hohem Freiraumanteil.

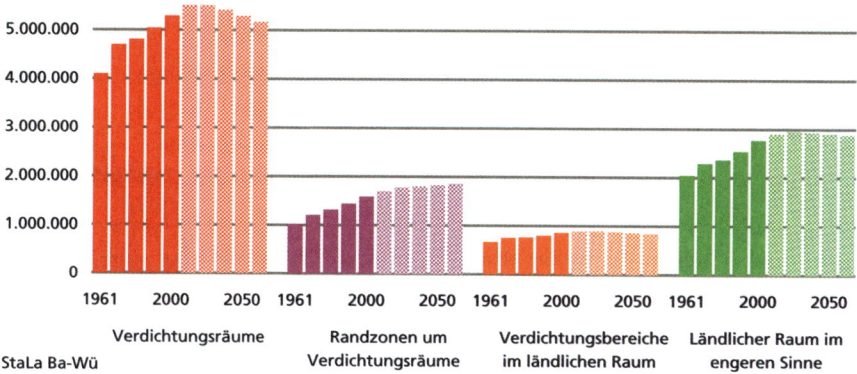

**Bevölkerungsentwicklung
in den Raumkategorien Baden-Württembergs 1961 bis 2050**
bei einem jährlichen Wanderungsgewinn von 2002 bis 2050 von + 38.000

Ab etwa 2020 kumulieren sich dann aber in allen Gebieten die Bevölkerungsverluste, außer in den Randzonen. Die Verdichtungsräume werden bis 2050 etwa
jeden 15. und der ländliche Raum i.e.S. etwa jeden 40. Einwohner verlieren. Dies
wird von Planern ein Umdenken erfordern – anstatt stetigen Wachstums haben
sie sich auf eine anhaltende Schrumpfung einzustellen.

Bevölkerungszu- und -abnahmen in den Raumkategorien Baden-Württembergs von 2001 bis 2020 und von 2021 bis 2050		
Raumkategorien des LEP 2002	2001 - 2020	2021 - 2050
Verdichtungsräume	240.000	-365.000
Randzonen um Verdichtungsräume	187.000	78.000
Verdichtungsbereiche im ländlichen Raum	34.000	-59.000
Ländlicher Raum im engeren Sinne	183.000	-71.000
Quelle: StaLa Ba-Wü.		

Noch mehr würde von den Planern gefordert werden, wenn die Wanderungssalden weiter sinken und langfristig ausgeglichen – das heißt Null – würden. Und das scheint nicht ganz unwahrscheinlich zu sein, denn je weniger
attraktiv Deutschland für Zuwanderer wird und je schneller sich die östlichen
Volkswirtschaften entwickeln, desto geringer gestalten sich die Anreize, nach
Deutschland oder nach Baden-Württemberg zu ziehen. Bestenfalls würde es
sich um ein Nullsummenspiel handeln, bei dem langfristig niemand gewinnen
kann.

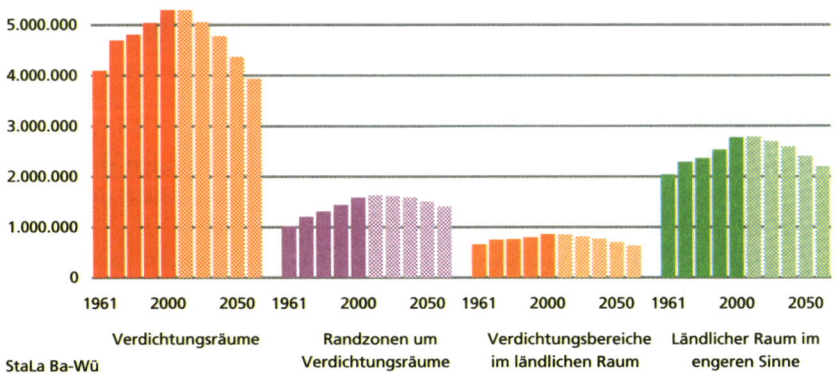

**Bevölkerungsentwicklung
in den Raumkategorien Baden-Württembergs 1961 bis 2050**
bei einem jährlichen Wanderungsgewinn von 2002 bis 2050 von + / - 0

StaLa Ba-Wü

Verdichtungsräume | Randzonen um Verdichtungsräume | Verdichtungsbereiche im ländlichen Raum | Ländlicher Raum im engeren Sinne

Die Verdichtungsräume würden im Vergleich zu 2000 weit über 1 Mill. Menschen verlieren. Selbst die bislang dynamischen Randzonen verlören 0,4 und der Ländliche Raum i.e.S. sogar 0,6 Millionen.

Zur demographischen Belastung durch negative natürliche Bevölkerungsbilanzen, kämen – paradoxerweise – negative Belastungen durch *ausgeglichene* Wanderungsbilanzen. Denn Menschen ziehen dorthin, wo sie meinen, dass es ihnen besser geht. Die Beweggründe sind dabei vielschichtig. Die einen wollen ihre Sprache oder Religion behalten dürfen; andere wollen nur Geld verdienen, und wieder andere ihr Leben oder das ihrer Familie in Sicherheit wissen. Wie die Wanderungsbilanzen zeigten, gewann Baden-Württemberg dann Bevölkerung hinzu, wenn der Arbeitsmarkt attraktiv war oder anderswo Kriege und Krisen die Menschen auswandern ließen. Aber: Der Arbeitsmarkt ist seit geraumer Zeit unattraktiv und Kriegs- oder Krisenflüchtlinge sind derzeit nicht zu erwarten.

3.5.2 Zukunftschancen der Regionen, Hot Spots in Deutschland

Die Zukunftschancen aus dem Wechselspiel zwischen der demographischen Entwicklung, Wohlstand, Arbeitsmarkt sowie Wettbewerb und Innovationsfähigkeit hat die PROGNOS AG für die 439 Kreise und kreisfreien Städte Deutschlands untersucht.[1]

Ein Fazit war für PROGNOS, dass die deutschen Großstädte „noch keine Rolle in der Liga der Global Cities spielen". Weiter stellt Prognos fest: „Sich auf Stärken auszuruhen, ist gefährlich. Harte Standortvorteile werden im europäischen Wettbewerb schnell relativiert. Mit innovativen Technologien und jungen Zukunftsbranchen treten neue ‚Hot Spots‘ auf den Plan".

Hot Spots sind im eigentlichen Sinne heiße Magmakammern nahe an der Erdoberfläche, deren Energie sich vor allem durch Vulkane bemerkbar macht. Bevor es zu kleinräumigen Eruptionen kommt, bebt die Erde, weiträumig entstehen Verschiebungen und Veränderungen.

In dieser Phase befindet sich Deutschland mit seinem nun schon vier Jahrzehnte andauernden ökonomischen und demographischen Strukturwandel. PROGNOS meint weiter, „dass Regionen, die sich auf strategische Cluster konzentrieren, beim Wachstum vorn liegen (werden). Nur sie entwickeln genug Ausstrahlungskraft, um auch das Umfeld profitieren zu lassen".

Typologisches zur regionalen Zukunftschance

Top- oder sehr hohe Zukunftschancen attestiert PROGNOS nur wenigen der 439 deutschen Kreise. Bemerkenswert sind einige typologische Auffälligkeiten. In den Spitzengruppen sind die Universitäts- und Hochschulstädte München, Freising, Heidelberg, Mainz, Ulm, Freiburg im Breisgau mit am besten platziert.

Diese Stadt- und Landkreise erreichen zwar nur mittlere bis schlechte Ränge für die soziale Lage und den Wohlstand, dafür aber zum Teil sehr hohe Ränge am Arbeitsmarkt und für ihre Wettbewerbs- und Innovationsfähigkeit.

---

1 PROGNOS AG (2004): Zukunftsatlas 2004, www.prognos.com/zukunftsatlas; PROGNOS wählte folgende Indikatoren zur Bevölkerung: (1) Bevölkerungsentwicklung der letzten Jahre, (2) Binnenwanderung der 18- bis 30-Jährigen je 100 Einwohner, (3) Fertilität, (4) Anteil der 18- bis 30-Jährigen an der Bevölkerung.

Städte mit sehr guten Zukunftschancen, die besonders durch Universitäten und wissenschaftliche Einrichtungen geprägt sind				
TOP-Zukunftschancen ... Sehr hohe Zukunftschancen	Demographie	Wohlstand und soziale Lage	Arbeitsmarkt	Wettbewerb und Innovation
	Erreichter Rang unter den 439 Kreisen Deutschlands			
Heidelberg	8	142	4	24
Erlangen	19	107	11	15
München	14	187	2	2
Ulm	13	151	15	52
Mainz	41	231	6	27
Regensburg	21	280	7	12
Darmstadt	36	330	9	4
Freiburg im Breisgau	2	301	12	64
Durchschnittsrang	19	216	8	25

Quellen: Prognos 2004, StaLa Ba-Wü.

Dass PROGNOS diesen Gebieten vordere Ränge für ‚Demographie' bescheingt, ist so nicht ohne weiteres nachvollziehbar. Diese Städte und Kreise haben wegen des hohen Anteils Studierender zwar eine junge Bevölkerung, wegen der Geburtenzurückhaltung vieler junger Akademiker und Akademikerinnen lässt sich ein nachhaltiger Beitrag zur Bevölkerungsentwicklung aber nicht unmittelbar erkennen.

Städte mit sehr guten Zukunftschancen, die besonders stark durch Dienstleistungen geprägt sind				
Sehr hohe Zukunftschancen	Demographie	Wohlstand und soziale Lage	Arbeitsmarkt	Wettbewerb und Innovation
	Erreichter Rang unter den 439 Kreisen Deutschlands			
Frankfurt am Main	73	417	1	8
Hamburg	52	424	30	3
Düsseldorf	189	396	8	9
Durchschnittsrang	105	412	13	7

Quellen: Prognos 2004, StaLa Ba-Wü.

Zu den Städten mit sehr guten Zukunftsaussichten zählte PROGNOS die großen Banken- und Dienstleistungszentren Frankfurt, Düsseldorf und Hamburg. Hier fällt die extreme Schieflage der Ränge bei ‚Wohlstand und sozialer Lage' im Vergleich zu jenen Rängen für ‚Wettbewerb und Innovation' auf. Die Wohlstandsränge sind so schwach, dass selbst die Kreise mit hohen oder mit sehr hohen Zukunftsrisiken in der Mehrheit besser abschneiden. Gleichzeitig stellt PROGNOS gute Aussichten auf dem Arbeitsmarkt fest. Hier stellt sich die Frage nach der Ausstrahlungskraft, von der das Umfeld profitieren soll. Es scheint sich doch eher ein Weg in eine dualistische Gesellschaft abzuzeichnen.

Eine andere Spitzengruppe sind die innovativen Hightech- und Autostädte bzw. Landkreise wie Stuttgart, Wolfsburg, Böblingen, Ingolstadt und Groß-Gerau. Auch diese Kreise erreichen meist nur durchschnittliche bis schwache Ränge für ihre ,soziale Lage und den Wohlstand'. Besonders günstige Ränge bescheinigte PROGNOS für ,Wettbewerb und Innovation'; das ist insofern nicht überraschend, als die meisten Patentanmeldungen von der Autoindustrie bzw. von

Städte und Kreise mit sehr guten Zukunftschancen, die stark von der Automobilindustrie geprägt sind				
Sehr hohe Zukunftschancen	Demographie	Wohlstand und soziale Lage	Arbeitsmarkt	Wettbewerb und Innovation
	Erreichter Rang unter den 439 Kreisen Deutschlands			
Böblingen Lkr	46	4	19	33
Stuttgart	51	152	5	14
Ingolstadt	9	215	35	11
Groß-Gerau Lkr	102	123	78	6
Wolfsburg Lkr	304	105	3	16
Durchschnittsrang	102	120	28	16
Quellen: Prognos 2004, StaLa Ba-Wü.				

Unternehmen kommen, die mit der Autoindustrie kooperieren. Die sehr günstigen Arbeitsmarktränge sind dann in Frage zu stellen, wenn Global Player eher als Global Gambler auftreten, denen das Wort Sustainability oder Nachhaltigkeit manchmal fremd zu sein scheint oder zu spät einfällt.

Speckgürtel-Kreise mit sehr guten Zukunftschancen				
Sehr hohe Zukunftschancen	Demographie	Wohlstand und soziale Lage	Arbeitsmarkt	Wettbewerb und Innovation
	Erreichter Rang unter den 439 Landkreisen Deutschlands			
München Lkr	80	1	16	1
Freising Lkr	5	18	23	10
Ebersberg Lkr	28	3	69	50
Ludwigsburg Lkr	79	11	66	23
Starnberg Lkr	230	2	28	5
Main-Taunus-Kreis Lkr	208	16	24	28
Hochtaunuskreis Lkr	291	13	33	13
Durchschnittsrang	115	8	32	16
Quellen: Prognos 2004, StaLa Ba-Wü.				

TOP-Zukunftschancen oder sehr gute Aussichten bescheinigt PROGNOS einer Reihe von Speckgürtel-Kreisen. Die Aussichten basieren nach PROGNOS vor allem auf Wohlstand und guten Rängen für ‚Wettbewerb und Innovation'. Meist nur mittlere Ränge erreichen die Speckgürtel beim Zukunftsindex ‚Demographie'. Mit Blick auf die folgende Tabelle ist man verleitet zu sagen: Je näher am Geld, desto schlechter die demographischen Aussichten.

Eine einfache, paarweise Korrelationsanalyse über alle der 23 oben typologisch ausgewählten Kreise führte zum bemerkenswerten Ergebnis, dass der Rangindikator ‚Demographie' mit keinem der Rangindikatoren ‚Wohlstand und sozialer Lage', ‚Arbeitsmarkt' und ‚Wettbewerb und Innovation' in einen statistisch gesicherten und hinreichenden Zusammenhang steht.

3.5.3 Gespräche mit Bürgermeistern

Das eigentliche demographische Geschehen wird durch Individuen verursacht. Dieser individuelle Wandel schlägt sich in Statistiken für Ortsteile, Gemeinden, Länder oder Staatengruppen nieder. Je kleiner die betrachteten Territorien sind, desto besser lassen sich die Ursachen begreiflich machen. Je größer die Territorien sind, desto allgemein gültiger werden die statistischen Daten. In kleineren Raumeinheiten liegen quasi jene Schnittstellen, die eher die Gründe für das individuelle Geschehen offen legen als statistische Abbildungen. Deshalb kommen hier zwei Bürgermeister zu Wort, deren Gemeinden sich unterschiedlich entwickelten. Beide Gemeinden vollzogen den zweiten demographischen Übergang. Die eine Gemeinde hat es aber geschafft, sich daraus zu befreien, die andere noch nicht.

Geburten in den jeweils drei ersten Jahren der letzten Jahrzehnte in Weiler unter den Rinnen und in Untergruppenbach					
	1962 -64	1971 -73	1981 -83	1991 -93	2001 -03
Weiler unter den Rinnen					
Geburten	31	19	13	31	32
Geburten je 1 000 Einwohner	94	56	29	56	51
Untergruppenbach					
Geburten	235	199	213	269	198
Geburten je 1 000 Einwohner	67	40	33	37	26
Quelle: StaLa Ba-Wü.					

Bürgermeister Ege: Wir sagen „Ja" zum Kind

Walla: Herr Ege, Sie sind Bürgermeister von Weilen unter den Rinnen, einer kleinen, selbstständigen Gemeinde im Süden des Zollernalbkreises mit gerade einmal 630 Einwohnern. Etwas abseits im Oberen Schlichemtal, und doch Jahr für Jahr mit den höchsten Geburtenraten. Was macht Weilen anders und besser?
Ege: Das hat auch mit einer Entscheidung von vor 30 Jahren zu tun. Damals hat uns der Gesetzgeber eine Bestandsgarantie für die Selbstständigkeit der Gemeinde gegeben, nachdem wir uns dem Gemeindeverwaltungsverband „Oberes Schlichemtal" angeschlossen haben. Und das hat Vorteile. Der Gemeinderat weiß, was die Weilener wollen und wo der Schuh drückt. Der Gemeinderat muss sich nicht über Statistiken informieren, er weiß, was läuft. Im Übrigen stärkt die Selbstständigkeit unser Selbstbewusstsein und fördert das Zusammenwachsen der Dorfgemeinschaft.
Walla: … und was läuft nun anders …

Ege: Wir sind eine familienfreundliche Gemeinschaft. Junge Familien fühlen sich bei uns wohl. Das Umfeld stimmt und die Familien mit Kindern wissen, dass die dörfliche Gemeinschaft auf sie stolz ist. Das erleichtert natürlich das „Ja zum Kind". Der Kindergarten hat Öffnungszeiten, die es Müttern erlauben, zum „Schaffen" oder in die Stadt zum Einkaufen zu gehen....

Walla: ... *unsere Datenbanken sagen uns, dass Weilen eine sehr junge Gemeinde ist. Das Durchschnittsalter liegt mit 34,9 Jahren erheblich unter dem des Landes von 40,4 Jahren, auch das ist ungewöhnlich.*

Ege: Darauf sind wir besonders stolz, jeder achte Weilener ist jünger als 6 Jahre und nur jeder zehnte älter als 65. Wir locken aber keine Auswärtigen in die Gemeinde, um uns zu verjüngen; wir bieten unseren Jungen die Voraussetzungen, in der Heimat zu bleiben. Und damit sind wir sehr erfolgreich, denn wir haben praktisch keine Wegzüge junger Leute bzw. Familien zu verzeichnen.

Walla: Trifft es zu, dass sie nur an Einheimische Bauland verkaufen und damit nur Einheimische bauen lassen?

Ege: So ist es, das hat aber nichts mit Fremdenfeindlichkeit zu tun. Wir geben unseren jungen Familien das Bauland, gutes Bauland, zu sehr günstigen Konditionen. Ein eigenes Haus bindet an die Heimat. Das und eine familienfreundliche Politik führten letztlich dazu, dass wir unsere Einwohnerzahl nicht nur halten, sondern in den letzten 30 Jahren um mehr als die Hälfte erhöhen konnten.

Walla: Was würden Sie anderen raten?

Ege: Nicht nur von Kinderfreundlichkeit zu „schwätzen", sondern im Kleinen das machen, was junge Familien wollen und brauchen. Und: Mehr auf die Bürger als auf ungebetene Ratgeber hören.

Bürgermeister Weller: Die Bürger von Hameln hatten mehr Glück

Walla: Herr Bürgermeister Weller warum macht eine Gemeinde bei Modellvorhaben des Bundesbauministeriums im Kampf gegen den demographischen Wandel mit? Und warum setzen Sie sich als Bürgermeister für Kinderfreundlichkeit und für Familienfreundlichkeit ein?

Weller: Berechtigt ist die Frage wohl. Liegt doch Untergruppenbach in einer Ecke der Region, die in den vergangenen Monaten durch einen großen Zuwachs auf dem Gewerbesektor von sich reden machte. Hier muss doch die Welt in Ordnung sein, wenn in den letzten drei Jahren über 2 500 neue Arbeitsplätze entstanden sind! Als ich mein Amt vor drei Jahren antrat, erschreckte mich das Grauen des demographischen Wandels. Trotz eines unwahrscheinlichen Entwicklungsbooms wuchs die Einwohnerzahl um nur 6 von 1996 bis 2002. Wer Untergruppenbach kennt, fragt sich, wie das sein kann. Schließlich ist es eine wunderschöne Wohn- und Freizeitgemeinde. Die Infrastruktur lässt nichts zu wünschen übrig.

Walla: Aber, warum kommen dann keine neuen Menschen?

Weller: In diesem Fall ist die Antwort einfach: Fast 10 Jahre lang wurden keine neuen Baugebiete ausgewiesen. Aber die Vergangenheit ist passé, wir müssen in die Zukunft sehen. Wir haben heute in unserer Gemeinde bei 7 600 Menschen nicht mal 1 500 Kinder unter 18 Jahren. Derzeit ist schon eine Situation eingetreten, die in anderen Kommunen erst kommen wird. Wir haben leer stehende Kindergartenräume und Klassenzimmer in Grundschulen, die in den 90er-Jahren gebaut und nie benutzt wurden.

Walla: Was ist eigentlich so schlimm am demographischen Wandel oder am Schrumpfungsprozess?

Weller: Besonders schlimm ist, dass der Prozess schleichend schon vor vielen Jahrzehnten begonnen hat und nicht wahrgenommen wurde. Die Leute von Hameln hatten mehr Glück als wir. Die Kinder waren über Nacht verschwunden. Erinnern Sie sich an die Anstrengungen, die in Hameln unternommen wurden, um die Kinder wieder zu kriegen. Bei uns handelt es sich eher um einen langsamen Prozess, der immer noch nicht richtig wahrgenommen wird; nach einer Forsa-Umfrage von 2003 haben 52 % der Deutschen noch nie den Begriff „demographischer Wandel" gehört …

Walla: … und eher für einen Schreibfehler gehalten oder mit demoskopisch verwechselt …

Weller: … Das ändert sich derzeit. Durch die Auswirkungen. auf die sozialen Sicherungssysteme – speziell die Rente – wird das Thema heute zwar diskutiert, aber in der Breite der Auswirkungen oft noch nicht erkannt.

Walla: Was bedeutet nun der Verlust von Einwohnern für eine Gemeinde?

Weller: Schrumpft eine Gemeinde, so ist das nicht nur ein Verlust des Ansehens, die Steuerkraft sinkt, es gibt immer mehr Leerstände und Kümmernutzung. Weniger Menschen bedeutet eine unausgelastete Infrastruktur, die jedoch nicht günstiger zu unterhalten ist. Die Gebühren steigen, weil Fixkosten bleiben, da die Zahl der Abnehmer, die sich diese Kosten teilen, immer weiter sinkt: Weniger Menschen bedeuten Tragfähigkeitsprobleme bei Ver- und Entsorgung, weil die Kosten für Leistungen von immer weniger Schultern getragen und dadurch irgendwann unbezahlbar werden. Weniger Menschen bedeuten schließlich, dass die Nachfrage an Warenabsatz immer geringer wird und insofern das dazu gehörende Angebot verschwindet.

Walla: Wenn eine Gemeinde über so ziemlich alle Einrichtungen verfügt oder sogar im infrastrukturellen Überfluss lebt und diesen bald nicht mehr wird finanzieren können, was ist dann zu tun?

Weller: Für viele Bürgermeister und Gemeinderäte muss sich diese Frage stellen. Denn durch bloßes Verwalten werden wir die hohen Standards nicht halten können. Wir sind gefragt, unsere Orte so zu entwickeln, dass es uns gelingt, die dort lebenden Bürger zu halten und darüber hinaus neue Bürger anzusiedeln.

Da ist es egal, ob es sich um Bürger aus anderen Regionen, vielleicht sogar aus anderen Ländern handelt oder, ob es um Bürger geht, die erst geboren werden – also neue Kinder!

Walla: Wo sollen die neuen Bürger herkommen, wenn alle Gemeinden wachsen wollten? Letztlich ist das doch ein Nullsummenspiel, denn was die eine Gemeinde gewinnt, verliert eine andere.

Weller: Das stimmt natürlich, und genau deshalb sind Kinder wohl das Wichtigste. Es ist der einzig sinnvolle Ansatz, um dem folgenschweren Wandel entgegen zu wirken. Und damit sollten wir sofort beginnen. Die größte Gefahr des demographischen Wandels steckt nämlich in der sich verstärkenden Dynamik. … Das Mädchen und der Junge, die vor 30 Jahren nicht geboren wurden, können heute keine Familie gründen. Die wenigen potenziellen Mütter und Väter, die aus den 70er-, 80er- und 90er-Jahren übrig sind oder übrig sein werden, wollen jeweils nur ein Kind oder gar keines. Geht diese Entwicklung so weiter, wird die Bevölkerungszahl immer stärker und stärker schrumpfen mit allen Konsequenzen, die sich daraus ergeben.

Walla: Ist es nicht erstaunlich, wie lange wir es uns mit der Ansicht bequem gemacht haben, irgendwann einmal – in weiter Ferne – könnte niemand mehr da sein, der die Rente bezahlt?

Weller: Mehr noch. Wir werden die Auswirkungen einer familienfeindlichen Politik keineswegs irgendwann einmal spüren. Wohin wir schauen, und schauen wir nur morgens in die Zeitung, die Auswirkungen haben bereits alle Lebensbereiche ergriffen und schon bald wird es nicht mehr in unserer Macht stehen, irgendetwas daran zu ändern. Darüber sollten wir uns nicht wundern. Oder hatte wirklich jemand geglaubt, man könne risikolos und auf Dauer folgenlos jene Menschen von unserem Wohlstand ausschließen, auf denen alle Hoffnungen für die Zukunft ruhen? – Die Kinder.

Walla: Wer das anspricht, dem wird ein Neidkomplex nachgesagt. …

Weller: Leider, es wird nichts nützen, jetzt schnell ein paar Betreuungsplätze für die immer weniger Kinder aus dem Ärmel zu zaubern. Das Problem sind nicht die Kinder, sondern die Verhältnisse in unserem Land. Gerade das Verhältnis von „jung und alt" hat sich oft schon verschoben. Mittlerweile sind vielerorts die Alten in der Mehrheit und nicht mehr die Kinder. Trotzdem haben wir noch nicht darauf reagiert. In meiner Gemeinde – und so wird es in allen Gemeinden des Landes sein – besuche ich die 80-, 85-, 90- und 95-Jährigen an ihrem Geburtstag mit einem Blumenstrauß sowie einem Einkaufsgutschein als Ersatz für einen Geschenkkorb. Als man die Ehrung von Jubilaren vor fast 30 Jahren einführte, war dies eine kleine Runde und ein 80-Jähriger ein gesegneter Mensch. Heute habe ich an manchen Tagen zwei oder drei Jubilare.

Walla: … Gibt es ähnliche Gesten für Kinder?

Weller: Für den großzügigen Senioren-Blumenstrauß ziehen wir fünf Euro ab. Für diese fünf Euro kaufen wir kleine Stofftiere, die die Neugeborenen erhalten. Mit einem Gratulationsbrief wird der Wunsch verbunden, dass Mutter und Kind wohlauf sind und dass das Kleine in eine friedvolle, glückliche Zukunft hineinwächst. Oft genug habe ich Dankesworte von den Eltern gehört, die es schätzen, dass die Gemeinde die Geburt des neuen Bürgers mit dieser kleinen Geste honoriert…

Walla: … *nicht gerade üppig* …

Weller: … sicher nicht üppig … ein Anfang als kleine Wertschätzung. Ein weiteres Beispiel ist der Seniorennachmittag: Als er vor 29 Jahren eingeführt wurde, fand dieser in einem kleinen Raum an einer großen Tafel statt. Heute sammeln mehrere Busse die Senioren ein. Verstehen Sie mich bitte nicht falsch – ich sage nicht, schafft das ab. Aber wer hier ein paar Euro wegspart, kann damit einen Sektempfang für Brautpaare der letzten zwei Jahre finanzieren. Damit fördert er vielleicht die Zukunft in seinem Ort. Gemeinsamkeiten schaffen Sympathien, und Sympathien schaffen Freundschaften – so gelingt es, Menschen zusammenzuführen und an den Ort zu binden.

Walla: *Geldmangel und Sparzwänge hindern doch Regierungen und Gemeinden, sich stärker zu engagieren.*

Weller: Das ist nur ein Argument für den bequemen Weg. Wenn Geld fehlt, ist Kreativität gefragt. Wir haben zum Beispiel mit Kindern die Tiefgarage des Rathauses neu gestaltet. Örtliche Handwerker haben die Tiefgarage kostenlos gereinigt und vorgestrichen, Firmen spendeten das Material zur Abdeckung und die Farbe. Und dann haben sie gemalt, Kinder jeder Altersgruppe von Kindergärten, Schulen und Vereinen, und die Erwachsenen haben sie unterstützt. Und dabei hat die Gemeinde über 10 000 Euro gespart, die für die Weiterbildung von Erzieherinnen eingesetzt wurden.

Walla: Eine schöne Sache für den ruhenden Verkehr, was aber ist mit dem rollenden Verkehr?

Weller: Da scheint unser Fürsorgeinstinkt schwach ausgeprägt. Gibt es wirklich kein öffentliches Interesse daran, dass in Deutschland letztes Jahr über 40 000 Kinder im Straßenverkehr verunglückt sind? Es liegt wohl an der mangelnden Verkehrserziehung und zwar für Erwachsene laut Kinder- und Jugendbericht. Stattdessen die gebetsmühlenartige Forderung: Kinder müssen auf die wachsende Verkehrsflut vorbereitet werden, um die Unfallzahlen zu begrenzen. Da wir eine vom Automobilbau geprägte Region sind, möchte ich den Autobauer Carl Benz zitieren: „Die Zukunft des Volkes" – sagte er – „hängt nicht von der Anzahl der Kraftwagen ab, sondern von der Anzahl der Kinderwagen."

Walla: *Dann fragt man sich, wieso die Kinder nicht geschützt werden.*

Weller: Wir sperren Straßen für gefahrloses und artengerechtes Überqueren von Kröten in der Laichzeit, ergreifen jedoch keine durchdringenden Maßnahmen, unsere Kinder vor Schäden zu bewahren, zum Beispiel durch die Sperrung von Straßen vor Schulen vor und nach dem Unterricht. Über 12 000 Kinder werden als Fußgänger jedes Jahr in unseren Kommunen angefahren, die Hälfte von ihnen beim Spielen, weitere 30 %, weil parkende Autos oder Werbetafeln für Zirkusveranstaltungen es unmöglich machen, die kleinen Mitbürger zu sehen. Und die einzige Konsequenz scheint zu sein, die Kinder nicht mehr vor die Tür zu lassen – sie überall hinzukarren, zum Freund, zum Fußball, was wiederum die Gefahr für andere Kinder erhöht, die sich zu Fuß dort hinbewegen. Sicher, die Zahl verunglückter Kinder ist rückläufig. Dies ist aber kein Ergebnis eines umsichtigeren Verhaltens, sondern lediglich die Auswirkung von Gurtpflicht, von Airbag und natürlich die Auswirkung vom Rückgang der Kinderzahlen selbst.

Walla: *Dann ist die Kommunalpolitik gefragt.*

Weller: Richtig, die kleinen Einheiten müssen den Anfang machen – die Gemeinden sind gefragt – die Gemeinderäte und Bürgermeister haben oft eigene Kinder. Diesen Menschen, die die Verantwortung für die Entwicklung eines Ortes haben, müsste zunächst bewusst werden, dass die Kinder mittlerweile großteils schon verschwunden sind und die Menschen lieber Hunde als Kinder haben.

Walla: *Eine Mehrheit möchte immer noch Kinder haben …*

Weller: Sie erfüllt sich den Wunsch aber nicht; und schließlich gehört sie zu der Mehrheit, die sich ein Leben ohne Kinder einrichten. …

Walla: *… und die Alterspyramide steht Kopf …*

Weller: … und das Ende des demographischen Hedonismus ist da. Wir stehen in Europa vor dramatischen Veränderungen. Nichts bleibt wie es ist. Wuchernde Städte, enge Wohnquartiere, knappe Bauplätze, laute Straßen, verschmutzte Luft, überfüllte Hörsäle, volle Züge, überlastete Ferienplätze, voll bepackte Strände, Warteschlangen und Staus, Arbeitslose, knapper werdendes Wasser, bedrohte Umwelt. Welch, tröstliche Prognose, dass wir im Jahr 2050 nur noch 65 Mill. Menschen in Deutschland sein werden.

Walla: *Aber nur dann, wenn alles so weiter liefe, wie bisher. Hoffen wir, dass die Prognostiker unrecht bekommen, dann hätten sie ihre vornehmste Aufgabe sehr gut gelöst.*

Weller: Subtil, aber richtig gedacht. Die Folgen einer verfehlten Familienpolitik werden dennoch bleiben. Der Demographieforscher Herwig Birg hält die wachsende soziale Unzufriedenheit für die schwierigste Folge. Eltern arbeiten Vollzeit, weil sie sich eine Reduzierung auf Teilzeit nicht leisten können, während sich der Nachbar in die hoch subventionierte Altersteilzeit davonmacht. Frauen verzichten auf die Chancen, die sie sich durch langjährige Ausbildung erkämpft haben. Sie arbeiten rund um die Uhr in der Betreuung ihrer Kinder, um sich dann anhören zu müssen, dass das Prinzip einer leistungsbezogenen Rente es nicht erlaube, sie im

Alter angemessen abzusichern. Kollegen erleben, dass der eine seinen Wohlstand kaum in allen Aktienpaketen unterbringen kann, während der andere rätselt, wie er in die Lage gekommen ist, die anstehende Klassenreise der Tochter nicht wirklich finanzieren zu können.

Walla: Gibt es überhaupt noch einen Platz, an dem Kinder im Mittelpunkt stehen?

Weller: Ja, im Mama-Taxi. Eltern verbringen ein Viertel ihrer Zeit mit ihren Kindern, aber nicht bei Spielen, Lernen oder Vorlesen. Die Zeit fließt in von uns geschaffene Rahmenbedingungen, nicht in die Kinder selbst. Sie verbringen die Zeit im Stau zum nächsten Termin bei der Musikschule oder sonst wohin. Die Kinder stehen nicht wirklich im Mittelpunkt – egal, um was es geht. In der Schule heißt es, „der Stoff muss durch" und nicht „die Kinder müssen durch".

Walla: Zusammenfassend könnte man sagen, Sie sehen uns nicht nur in Schieflage, son-dern eher als ungeübte Artisten auf einer Kugel, von der man, egal in welche Richtung, nur abrutschen kann.

Weller: So ist es. Während in unserem politischen Umland für Naturschutz und Dosenpfand gekämpft wird, vergessen wir völlig die Bevölkerungspolitik. Unser wirtschaftlicher Wohlstand basiert kurzfristig auch auf 6 Mill. fehlenden Kindern. Es ist das übrige Geld, denn ca. 300 Euro pro Monat kostet ein Kind. Das sind jähr-lich über 20 Mrd. Euro, die wir eher in Parkplätze als in ein freundliches Umfeld für Kinder stecken. Hoyerswerda hat sich von 71 000 auf 40 000 Einwohner fast halbiert. Diese Welle rollt auch auf uns zu. Man kann die gegenwärtigen Probleme nicht nur hinnehmen und auf eine gute Zukunft hoffen, das ist nicht der richtige Weg. Deshalb gehören im kommunalen Umfeld alle Punkte auf den Prüfstand. Dies beginnt mit der Stadtplanung und endet eben nicht bei der Kinderbetreuung. Wir sind mit Untergruppenbach auf dem richtigen Weg zu einer kinder- und familienfreundlichen Gemeinde und leisten so unseren Beitrag, die Situation im Land zu verbessern. Und eins ist mir noch wichtig: Mit Kindern arbeiten, macht sehr viel Spaß!

Nachtrag

In Weilen unter den Rinnen wurden im Jahr 2004 6 Kinder geboren, das waren 6 weniger als 2003, 3 Menschen starben.

In Untergruppenbach kamen 71 Babys zur Welt, das waren 8 mehr als 2003, was zu einem Geburtenüberschuss von 28 führte.

Eine mögliche Trendumkehr ist aus diesen wenigen Daten aber weder für Weilen noch für Untergruppenbach ablesbar.

3.5.4 Familienfreundliche Kommunen – Luxus oder Notwendigkeit

Den Gürtel enger schnallen, einsparen, Opfer bringen – diese Schlagworte hört man aus den Kommunen. Viele sind verschuldet, manche so dramatisch, dass sie gezwungen sind, ihr Angebot abzubauen und z.B. Bibliotheken oder Schwimmbäder zu schließen. Zusätzlich müssen sich die Gemeinden mit dem demographischen Wandel auseinandersetzen.

Als Konsequenz müssen noch stärker als bisher Prioritäten in der Kommunalpolitik gesetzt werden. Sich für Investitionen in einem Bereich zu entscheiden, heißt in einem anderen Bereich weniger zu investieren. Sollen die verbleibenden Ressourcen in Gesundheit oder Kultur und Bildung oder Straßenbau, Umweltschutz oder Wirtschaftsförderung investiert werden? Investitionen in die Familienfreundlichkeit konkurrieren mit anderen Projekten. Was spricht also dafür, sich für Familienfreundlichkeit zu entscheiden? In welcher besonderen Weise zahlt sich Familienfreundlichkeit für Kommunen aus?

– Demographischer Wandel und die Veränderung der Kommunen

Die zu erwartende demographische Entwicklung bleibt für die Kommunen nicht ohne Konsequenzen: Die Verlagerung der Bevölkerungsstruktur auf ältere Menschen macht einen Ausbau im Bereich der Altenhilfe notwendig. Mit knappen finanziellen Ressourcen müssen hochwertige und bedarfsgerechte Altenhilfeangebote gemacht werden. Eine gewandelte Altersstruktur verändert den Charakter des Gemeinwesens. Es sind Bemühungen um ein gelingendes Zusammenleben der Generationen notwendig. Es wird Überlegungen geben, wie kommunale Einrichtungen für junge Menschen, wie Kindergärten und Schulen, zukünftig anders genutzt werden können.

– Verringerung der Einwohnerzahl kostet Kommunen Geld

Das Institut für Landes- und Stadtentwicklungsforschung des Landes Nordrhein-Westfalen hat hierzu Berechnungen vornehmen lassen.[1] Besonders das Absinken von Steuereinnahmen (z.B. Lohn-, Einkommensteueraufkommen) und vom Land im Rahmen des kommunalen Finanzausgleichs gewährter Schlüsselzuweisungen, die sich nach der Einwohnerzahl einer Kommune richten, schlagen zu Buche. Diese sind nicht im selben Maße durch Kostenreduktion aufzufangen, weil die Angebotsanpassung nicht immer flexibel erfolgen kann. Einrichtungen müssen auch bei abnehmender Einwohnerzahl weiter vorgehalten werden. Die Berechnung für Nordrhein-Westfalen geht von einem durchschnittlichen Einnahmeverlust von 1 100 Euro im Jahr pro abgewanderten Einwohner aus.

---

1 Dransfeld, Egbert; Osterhage, Frank (2003): Einwohnerveränderungen und Gemeindefinanzen, Forum Baulandmanagement, Mühlheim/Ruhr.

Doch die Bevölkerungsentwicklung wird nicht in allen Kommunen gleich verlaufen. Einige können sogar mit Bevölkerungswachstum rechnen, andere werden
überdurchschnittlich viele Einwohner verlieren, und die Altersstruktur wird sich
unterschiedlich entwickeln.

Derzeit wünschen die meisten Kommunen, zu den wachsenden und jungen
Gemeinwesen im Land zu gehören. Damit wird es zukünftig eine Konkurrenz
um Einwohner geben und jede Kommune wird sich möglichst attraktiv und
überzeugend jungen Menschen als idealer Wohnort präsentieren müssen. Ein besonderer Attraktivitätsfaktor bei der Wohnortwahl stellt die Familienfreundlichkeit
dar. Sie ist daher eine wesentliche Strategie, um den demographischen Wandel
in der eigenen Kommune abzumildern. Dabei genügt nicht nur der Ausbau der
Kinderbetreuung. Familienfreundlichkeit heißt, die Familien in einem gelin-
genden Familienleben zu unterstützen und das heißt: Spiel- und Freizeitangebote,
Kultur, Beratungsangebote, Familienbildung, Baulandvergabe, Verkehrsgestaltung,
familienfreundliche Verwaltung und eine intakte Nachbarschaftshilfe.

Nutzen von Familienfreundlichkeit für eine Kommune

Während beim Bau eines Parkhauses selbstverständlich zu erwartende Kosten
und Einnahmen gegenüber gestellt werden, sind entsprechende Kosten-Nutzen-
Rechnungen zur Familienfreundlichkeit kaum üblich. Die Abschätzung von
Effekten ist schwierig, weil in der Regel keine einfachen, monokausalen Zusammenhänge vorhanden sind. Trotzdem gibt es eine Reihe von überzeugenden
Argumenten, die bei der Abwägung familienfreundlicher Investitionen bedacht
werden müssen.

Am wesentlichsten sind die Vorteile als Wirtschaftsstandort, die zu erwartenden
monetären Einsparungen in anderen kommunalen Bereichen und die positiven
Auswirkungen auf das Gemeinwesen.

– Familienfreundlichkeit schafft Kaufkraft
   Familien verfügen im Vergleich zu anderen Bevölkerungsgruppen oft nur über
   ein unterdurchschnittliches Einkommen, u.a. dadurch bedingt, dass es oftmals
   nur einen Verdiener gibt.
   Die Kaufkraft von Familien steigt, wenn eine familienfreundliche Kinderbetreuung eine Erwerbstätigkeit des zweiten Elternteils ermöglicht. 41 % der Familien
   würden solch ein zusätzliches Einkommen für Konsum und damit zur Erhöhung
   ihres Lebensstils verwenden, 27 % ein Haus bauen oder kaufen.[2] Der zusätzliche

---

2 Bock-Famulla, Kathrin (2002): Volkswirtschaftlicher Ertrag von Kindertagesstätten, Studie der Universität Bielefeld.

Von 100 Familien in Baden-Württemberg verfügen ... über ein Niedrigeinkommen 2001		
Ehepaare mit ...	1 Kind	5
	2 Kindern	7
	3 und mehr Kindern	19
	Kindern unter 3 Jahren	12
Allein Erziehende mit ...	1 Kind	19
	2 Kindern	32
	3 und mehr Kindern	58
	Kindern unter 3 Jahren	63

Quelle: StaLa Ba-Wü.

Konsum erfolgt zumindest teilweise am Wohnort, so dass örtliche Unternehmen wie Handwerker, Gastronomiebetriebe und Einzelhändler profitieren.
– Familienfreundlichkeit als Standortfaktor
Familienfreundlichkeit wird für Unternehmen bei ihrer Standortwahl als weicher Standortfaktor zunehmend wichtiger. Ein familienfreundliches Umfeld wirkt sich förderlich auf die Arbeitsleistung der Beschäftigten aus. Männer und Frauen arbeiten konzentrierter und produktiver, wenn sie nicht durch Schwierigkeiten in ihrem häuslichen Umfeld abgelenkt sind, wenn sie Familie und Beruf gut vereinbaren können, wenn sie eine gute Kinderbetreuung haben. Unternehmen können das Know-how ihrer Beschäftigten besser nutzen, wenn diese nicht durch die ‚Elternzeit' längerfristig im Betrieb ausfallen. Kosten für Neubesetzung, Wiedereingliederung und Fehlzeiten können reduziert werden.
Die PROGNOS-AG hat eine solche Modellberechnung für familienfreundliche Maßnahmen im Betrieb vorgenommen und ist zu dem Ergebnis gekommen, dass sich Investitionen in Familienfreundlichkeit betriebswirtschaftlich mit einer Rendite von 25 % lohnen.[3]
– Familienfreundlichkeit reduziert die Sozialhilfekosten
Familienfreundlichkeit ermöglicht Frauen, die bislang wegen mangelnder Betreuungsmöglichkeiten für ihre Kinder auf diese Unterstützungsleistung angewiesen waren, die Aufnahme einer Erwerbstätigkeit. Dies trifft vor allem auf allein erziehende Mütter zu. Ein Gutachten des DIW kommt zu dem Ergebnis,

---

3 Bundesministerium für Familie, Senioren, Frauen und Jugend (BMFSFJ) (2003): Betriebswirtschaftliche Effekte familienfreundlicher Maßnahmen, Berlin.

Mögliche Einsparungen bei den Sozialhilfeträgern in Deutschland, wenn allein erziehende Mütter durch Erwerbstätigkeit keine Sozialhilfe mehr beanspruchen	
Alter des jüngsten Kindes	EUR
bis 2 Jahre	240.000.000
3 bis 6 Jahre	500.000.000
7 bis 12 Jahre	790.000.000
Einsparungen insgesamt	1.530.000.000
Quelle: DIW 2002.	

dass die zu erzielenden Einnahmen deutlich über den Investitionskosten liegen.[4]

Positive Effekte sind zusätzliche Einnahmen bei Einkommensteuer und Sozialversicherungen, Einsparungen in der Sozialhilfe, mehr Wachstum, eine Stimulation der Binnennachfrage und positive Arbeitsmarkteffekte. Wenn alle Mütter ihren Erwerbswunsch realisieren, würden steuerliche Mehreinnahmen bis zu 6 Mrd. Euro und die zusätzlichen Einnahmen in den Sozialversicherungen bis zu 9 Mrd. Euro betragen.

– Präventive Maßnahmen unterstützen und stabilisieren Familien

Vorsorgende Maßnahmen stärken Elternkompetenzen und Selbsthilfepotenziale nachhaltig und schaffen für Kinder gute familiäre Bedingungen. Damit muss die Kommune weniger Geld für die Behebung der Konsequenzen fehlgeschlagener Sozialisation aufbringen, die zum Beispiel durch die Bereitstellung von sozialpädagogischen Angeboten, als Kosten zur Gewährleistung der öffentlichen Sicherheit, für die Behebung von Vandalismusschäden oder durch die Sozialhilfebedürftigkeit von Ausbildungsabbrechern entstehen. Die Inanspruchnahme verschiedener Erziehungshilfen, wie z.B. Heimerziehung, Vollzeitpflege oder sozialpädagogische Einzelbetreuung, ist in den letzten zehn Jahren angestiegen. Fast 2,3 Mrd. Euro wurden 2002 beispielsweise in Baden-Württemberg durch die Träger für Einzel- und Gruppenhilfen in der Kinder- und Jugendhilfe ausgegeben. Vor zehn Jahren waren es 1,5 Mrd. Euro. Präventive Angebote sind kostengünstiger als die Behebung von Fehlentwicklungen durch Leistungen der Jugendhilfe, der Sozialhilfe und der Justiz. Da die Kostenersparnis im Bereich der Jugendhilfe den Landkreisen zugute kommt, sind hier Formen des Ausgleichs zu finden, z.B. in der Form, dass sich der Landkreis an der Förderung familienfreundlicher Projekte beteiligt.

---

4 Deutsches Institut für Wirtschaftsforschung (DIW) (2003): Abschätzung der (Brutto-)Einnahmeneffekte öffentlicher Haushalte und der Sozialversicherungsträger bei einem Ausbau von Kindertageseinrichtungen, Schriftenreihe des BMFSFJ, Bd. 233, Berlin.

- Familienfreundlichkeit reduziert Kosten in der Altenhilfe
Durch die wachsende Zahl älterer Menschen und die hohe Lebenserwartung werden in Zukunft mehr Menschen hilfe- und pflegebedürftig sein. Deren Pflege und Betreuung kann immer weniger von den Familien getragen werden. Hier sind externe Unterstützungsleistungen z.B. durch Sozialstationen notwendig, daran sind die Kommunen oft finanziell beteiligt. Oder es ist die Unterbringung in einem Alten- oder Pflegeheim notwendig, dessen Kosten häufig vom Sozialamt getragen werden müssen. Die Stärkung der Familiennetze und nachbarschaftlichen Beziehungen sind ein präventiver Ansatz, um Hilfe untereinander zu stärken und dadurch öffentliche Hilfeleistungen ein wenig überflüssig zu machen. Ein Beispiel ist ein Mehr-Generationen-Zentrum, das Pflegeheim, Kinderbetreuung und Familientreff unter einem Dach vereint.
- Familienfreundlichkeit fördert bürgerschaftliches Engagement
In den Familien liegt ein großes Potenzial zur Mitwirkung bei kommunalen Angelegenheiten. Familien sind vielfach sehr interessiert, die Kommunalpolitik mitzugestalten und ihre Interessen einzubringen. Von solchen Vernetzungen profitieren alle im kommunalen Leben.
- Familienfreundlichkeit stärkt gesellschaftliches Innovationspotenzial
Eine alternde Gesellschaft läuft Gefahr, an Innovationsfähigkeit und Innovationsbereitschaft zu verlieren, wenn sie die besonderen Erfahrungen älterer Menschen nicht nutzt. Familienfreundlichkeit, die das gelingende Zusammenleben der einzelnen Generationen fördert, kann mithelfen, die Innovationsfähigkeit des Gemeinwesens zu sichern und die Ressourcen aller Bevölkerungsgruppen einzusetzen.
- Familienfreundlichkeit bedeutet Imagegewinn für Kommunen
Sich mit Familienfreundlichkeit zu schmücken, gibt die Möglichkeit zur positiven Selbstdarstellung in der Bürgerschaft und außerhalb der eigenen Gemeinde. So zeigt zum Beispiel eine Befragung in Feldkirch, dass 35 % der Bürger Familienfreundlichkeit als wichtigen Imagefaktor sehen (nach Arbeitplätzen 40 % und Verkehrsberuhigung 39 %).
- Familienfreundlichkeit hilft Integrationsprobleme zu bewältigen
Die Integration von Migrantenfamilien ist für viele Kommunen eine Herausforderung. Sie leben in eigenen Stadtvierteln nicht selten mit sozialen Problemen, der Kontakt zur deutschen Bevölkerung besteht nicht in dem gewünschten Maße, die deutsche Sprache ist nicht in dem notwendigen Maße erlernt. So zeigen die PISA-Studien und der durch die FamilienForschung erstellte Familienbericht 2004 für Baden-Württemberg, dass die Bildungsbeteiligung und die Bildungsabschlüsse von Migrantenkindern unterdurchschnittlich sind. So erreichen z.B. nur 8 % das Abitur (vs. 24 % der deutschen Schüler), dagegen bleiben 15 % ohne Hauptschulabschluss (vs. 6 %).

Integration und funktionierende Stadtteilstrukturen stehen in engem Zusammenhang. Eine familienfreundliche Politik kann hier vielfältig Hilfestellung leisten, zum Beispiel durch Sprachförderung in Kindergarten und Schule, durch Schaffung von Begegnungsmöglichkeiten, durch Vermittlung von Hilfestellungen zur Bewältigung der Migrationssituation etc. Dadurch kann erreicht werden, dass Migrantenfamilien im Gemeinwesen nicht länger am Rand stehen und dass sie im Idealfall ihre Ressourcen als Bereicherung in die Gemeinschaft einfließen lassen können.

Die gesellschaftlichen Vorteile von Familienfreundlichkeit belegen Studien aus den USA an Beispielen aus der vorschulischen Förderung.

Danach führen besonders qualitativ hochwertige Betreuung und Förderung in früher Kindheit zu einem höheren Lebenseinkommen, einer geringeren Sozialhilfeabhängigkeit und Kriminalität. Die bekannteste empirische Langzeitstudie, die die mittel- bis langfristigen Effekte von guter frühkindlicher Betreuung analysiert, ist das Perry-Preschool-Projekt.[5] Im Erwachsenenalter wurde für Kinder, die das Vorschulförderprogramm ‚Perry-Preschool‘ durchlaufen haben, berechnet, wie viel sie dem Gemeinwesen gekostet haben. Es hat sich gezeigt, dass sie ihr Leben hinsichtlich Schulabschluss, Einkommen, psychische Beeinträchtigungen überdurchschnittlich positiv gestalten konnten und weniger öffentliche Gelder beanspruchten.

Familienfreundlichkeit: Luxus oder Notwendigkeit?

Familienfreundlichkeit ist eine Investition in die Zukunft. Sie ist kein überflüssiger Luxus, sondern vielmehr eine unverzichtbare Notwendigkeit für eine positive langfristige Zukunftssicherung der Kommune über eine Wahlperiode hinaus und impliziert die Übernahme gesamtgesellschaftlicher Verantwortung. Die Argumente im Zusammenspiel machen das deutlich, selbst wenn nicht jeder Effekt mit Zahlen und Größenordnungen belegt werden kann. Und es wird nicht immer ein großes Budget benötigt, um Familienfreundlichkeit umzusetzen. Manchmal reicht bereits die Änderung der Perspektive bei der Planung.

---

5 Schweinhart, L.J.; Barnes, H.V.; Weikart, D.P. (1993): Significant Benefits: The High/Scope Perry-Preschool-Study through Age 27.
Weitere Hinweise darauf, dass die Rendite einer guten frühkindlichen Erziehung besonders hoch ist, liefern die „NICHD-Studie" des Early Child Care Research NetNetwork und die „Cost, Quality, and Outcome-Studie".
Insbesondere für Kinder von Eltern mit einem niedrigen Bildungsniveau wurde hier die Erhöhung schulischer Leistungen durch gute vorschulische Betreuungsqualität festgestellt; National Institute of Child Health on Human Development (Eds.) (2005): Child Care and Child Development, New York.

Auswirkungen der Teilnahme am Vorschulförderprogramm im Erwachsenenalter Von je 100 der beobachteten Personen benötigten, schufen, erzielten ...		
Indikatoren	Ohne Förderung	Mit Förderung
Keine Sozialhilfebedürftigkeit im Erwachsenenalter	20	41
Schaffung von Wohneigentum	13	36
Verdienst von mehr als 2.000 $ monatlich	7	29
Highschool im vorgesehenen Zeitraum abgeschlossen	45	66
Keine Behandlung wegen psychischer Probleme	66	75

Quelle: Schweinhart u. a. 1993.

Mit innovativen Ideen kann Familienfreundlichkeit kostengünstig, idealer weise unter Mithilfe der Bürger umgesetzt werden. Fehlende Gelder für imageträchtige Projekte können z.B. durch einen Sponsor gestellt oder bei einer Stiftung eingeworben werden.

Aus den Erfahrungen einer erfolgreichen kommunalen Familienpolitik lassen sich nachstehende Tendenzen und Erfolg versprechende Maßnahmen ableiten.

– Familienbelange in Politik und Verwaltung

Kommunalpolitik und Verwaltung nehmen Familien als zunehmend wichtige Zielgruppe wahr. Die Belange von Familien sind besonders dort relevant, wo Familien unmittelbar Adressaten von Politik und Verwaltung sind, sei es als Kunden von Dienstleistungen der Verwaltung, als Wähler, als Betroffene von Verwaltungsakten. Familienfreundlichkeit muss sich bewähren beim Bürgerservice, bei kommunalen Leitbildern und Konzeptionen, bei der unmittelbaren Beteiligung von Familien und Familienbelangen in Politik und Planung.

– Beteiligung von Familien

Die aktive Beteiligung und Mitsprache von Familien in kommunalen Angelegenheiten ist ein wichtiger Garant für ein familienfreundliches Gemeinwesen. Familiengerecht planen heißt deshalb, mit Familien planen, Familien ein Forum geben und starke Bündnispartner für Familien gewinnen. Wichtige Maßnahmen sind die Beteiligung der Familien an Planungs- und Bauprojekten, die Einrichtung von Familien- und Nachbarschaftsforen und ein Bündnis für Familien als Zusammenarbeit von Kommunen, Kirchen, Verbänden, Unternehmen, Industrie- und Handwerkskammern, Gewerkschaften und anderen familienpolitisch Aktiven mit dem Ziel, die Rahmenbedingungen für Familien und Kinder vor Ort gemeinsam zu verbessern.

– Familienfreundlicher Bürgerservice

Eine familienfreundliche Kommune wirbt um Familien verstärkt als (Stamm-)Kunden, sorgt für kurze Wege zur Verwaltung und gestaltet ihre Angebote für Familien transparent. Zu den wichtigsten Maßnahmen eines familienfreund-

lichen Bürgerservices gehören ein Bürgerbüro, das alle publikumsrelevanten Dienststellen zusammenfasst und familienfreundliche Öffnungszeiten anbietet, ein Wegweiser für Familien in Form von Broschüren, Besuchsdiensten, Treffs oder Kursen und ein Infotelefon/Internet-Service, mit dem Familien sich von zu Hause über Angebote, Adressen, Öffnungszeiten, Zuständigkeiten und Ähnliches informieren können.
– Familienfreundlichkeit als kommunales Leitziel
  Kinder- und familienfreundliche Zielsetzungen halten verstärkt Einzug in kommunale Leitbilder, Gemeinde- und Stadtkonzeptionen und werden damit für die zukünftige Entwicklung der Kommunen verbindlich festgeschrieben. Um kinder- und familienfreundliche Leitziele für die Kommune zu entwickeln und flächendeckend umzusetzen, sind Familienbericht und Familienfreundlichkeits-Prüfung/Familien-TÜV hilfreiche Instrumente. Der Familienbericht schafft eine fachlich fundierte Grundlage, und der Check auf Familienfreundlichkeit sichert die Umsetzung.

Exkurs: Familienfreundliche Kommune in Baden-Württemberg
Über familienfreundliche Aktivitäten in den Kommunen Baden-Württembergs informiert das Internetportal ‚Familien-freundliche Kommune‘ des Statistischen Landesamtes Baden-Württemberg.

Familienfreundliche Kommune – Das Portal im Internet

Dieses Service-Portal unterstützt die kinder- und familienfreundlichen Aktivitäten in den Gemeinden, Städten, Kreisen und Regionen in Baden-Württemberg. Es bietet eine gemeinsame Plattform für den Informations- und Erfahrungsaustausch zur kommunalen Familienpolitik. Das Portal richtet sich an alle familienpolitisch Aktiven und die interessierte Öffentlichkeit.

www.familienfreundliche-kommune.de

Es wird betreut von der *FamilienForschung Baden-Württemberg* im dortigen Statistischen Landesamt, gefördert vom Sozialministerium Baden-Württemberg und fachlich begleitet vom Landesfamilienrat.
Das Portal „Familienfreundliche Kommune" liefert Know-how zu beispielhaften Projekten und Maßnahmen zur kommunalen Familienpolitik und benennt Ansprechpartnerinnen und Ansprechpartner Vorort. Auch

Kontaktadressen überörtlicher Expertinnen und Experten zur kommunalen Familienpolitik stehen bereit. Zu den familienfreundlichen Themen und Praxisbeispielen stellt es Literatur und Informationsmaterial zur Verfügung. Ein Veranstaltungskalender kündigt Fachveranstaltungen zur kommunalen Familienpolitik an. Ein Infobrief informiert regelmäßig über Themen und Entwicklungen, Praxisbeispiele und Veranstaltungen in der kommunalen Familienpolitik. Darüber hinaus bieten umfangreiche Zahlen und Fakten zu Familienformen, Kinderbetreuung, Erwerbstätigkeit usw. in Baden-Württemberg Planungs- und Argumentationshilfen.

3.5.5 Wohnungsversorgung, Vollversorgung und Defizite

Wirtschaftlich weniger attraktive Regionen vor allem in Ostdeutschland verlieren Bevölkerung, entweder durch Abwanderung junger Menschen oder durch fehlenden Nachwuchs. Dies hat gravierende Auswirkungen auf die technische und die soziale Infrastruktur. Leer stehende Wohnungen und öffentliche Einrichtungen in Ostdeutschland führen bereits zu einem neuen Betätigungsfeld der kommunalen Planer, dem Rückbau von Siedlungen und Städten. Wenn Kanalisationen und Kläranlagen wegen mangelnder Nutzung trocken fallen, müssen sie gespült werden – wie in Frankfurt/Oder. Wenn Plattenbauten und Bürgerhäuser aus der Gründerzeit leer stehen, müssen sie abgerissen und die frei werdenden Flächen einer anderen Nutzung zugeführt werden – wie zum Beispiel in Zwickau oder Görlitz. Wenn bei Telekommunikations- und Energieeinrichtungen die Wartungskosten höher werden als die zu erzielenden Einnahmen, ist deren Bestand gefährdet. Wenn die Jungen abwandern und die Alten bleiben und diese immer älter werden, wer wird sie in welchen Gebäuden pflegen?

Was Wohngebieten mit stark abnehmender Bevölkerungszahl bevorstehen kann, lässt sich seit Jahren in Ostdeutschland beobachten. Nicht sanierte oder nur teilweise bewohnte Traditionsquartiere laufen Gefahr, unbewohnbar zu werden. Dadurch drohen viele Städte auseinander zu brechen. Sie zerfallen in Fragmente aus leeren Altbaugebieten, in neuer Pracht wieder entstandenen Kernbereichen, halbleeren, durch Abriss schrumpfenden Plattenbausiedlungen. Man wurde mit geschlossenen Augen in die Zukunft schauen, wollte man dies als ein ostdeutsches Spezifikum betrachten. Ähnliche Entwicklungen gab es bereits in Berlin Kreuzberg in den 60er-Jahren und wesentlich einschneidender in US-Städten wie Detroit, Newark oder Washington D.C. in den 60er- und 70er-Jahren des letzten Jahrhunderts.

Baden-Württemberg: Trotz Vollversorgung noch Defizite

In Baden-Württemberg zeigt sich ein anderes Bild. Die phasenweise starke Zuwanderung führte zu einer lang anhaltenden Bauaktivität. 1950 standen in Baden-Württemberg für die damaligen 2 Mill. Haushalte nur 1,4 Mill. Wohnungen zur Verfügung; rein rechnerisch fehlten damit mehr als eine halbe Million Wohnungen. Die beachtliche Bauleistung des Landes hat dazu geführt, dass sich die Wohnungsversorgung stetig verbessert hat. Mit Einsetzen der starken Rückwanderung von ausländischen Arbeitskräften Mitte der 70er-Jahre in ihre Heimat und einer damals immer noch beachtlichen Bautätigkeit wurde Mitte der 80er-Jahre sogar eine Phase mit einer rechnerisch geringen Überversorgung erreicht. Bis gegen Ende der 80er-Jahre änderte sich diese Wohnungsmarktsituation nur unwesentlich. Mit dem Mauerfall erhöhte sich der Bedarf an Wohnungen wieder. 1992 war das Wohnungsdefizit in Baden-Württemberg so hoch wie 1957.

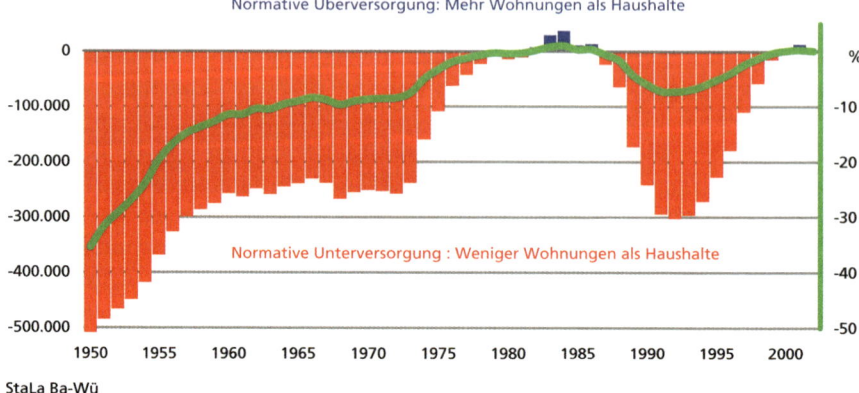

Normative Wohnungsversorgung in Baden-Württemberg 1950 bis 2002
(Norm: Eine Wohnung je Haushalt mit Wohnungsbedarf)

Normative Überversorgung: Mehr Wohnungen als Haushalte

Normative Unterversorgung : Weniger Wohnungen als Haushalte

StaLa Ba-Wü

Das Wohnungsdefizit wurde trotz relativ geringer Fertigstellungszahlen in kurzer Zeit abgebaut. In Teilen Baden-Württembergs ist sogar ein Trend zur Vollversorgung festzustellen. Werner Brachat-Schwarz und Hans-Jürgen Richter vom Statistischen Landesamt Baden-Württemberg ermittelten 2003 die Wohnungsdefizite, den Wohnungsneubedarf und den Wohnungsersatzbedarf bis 2020.

Danach lag das landesweite Wohnungsdefizit 2002 bei lediglich 9 000 Einheiten.[1] Das Defizit war so niedrig, weil nur für wenige Gemeinden ein Fehlbestand, die meisten aber bereits eine rechnerische Überversorgung ermittelt wurde.

Die landesweite Saldierung von Defiziten und Überversorgung führen allerdings zu Fehlschlüssen. Tatsächlich lassen sich Defizite und Überversorgungen nur dann verrechnen, wenn Gemeinden mit einem Wohnungsdefizit an Gemeinden im Umland mit verfügbaren Leerbeständen angrenzen. Ein Wohnungsüberschuss in Oberschwaben kann nicht mit einem Defizit im Raum Stuttgart saldiert werden; denn wer möchte zum Beispiel täglich von Isny oder Wangen nach Ludwigsburg oder Backnang pendeln. Werden aus diesen Gründen lokale Wohnungsdefizite nicht mit Überversorgungssituationen verrechnet, sondern lediglich Gemeinden

1 Brachat-Schwarz, Werner; Richter Hans Jürgen (2003): Wohnungsbedarfsprognose für Baden-Württemberg; Ermittlung der Wohnungsversorgung 2002 des Wohnungsneu- und Wohnungsersatz-bedarfs in den Teilräumen des Landes bis 2020, in: Statistisches Monatsheft Baden-Württemberg, Heft 8, S. 3–11.

mit Fehlbeständen berücksichtigt, so lag 2002 das landesweite Defizit bei 130 000 Wohnungen.

Normative Wohnraumversorgung in Baden-Württemberg 1950 bis 2002
(Norm: ein Wohnraum je Hauhalts- oder Wohngemeinschaftsmitglied)

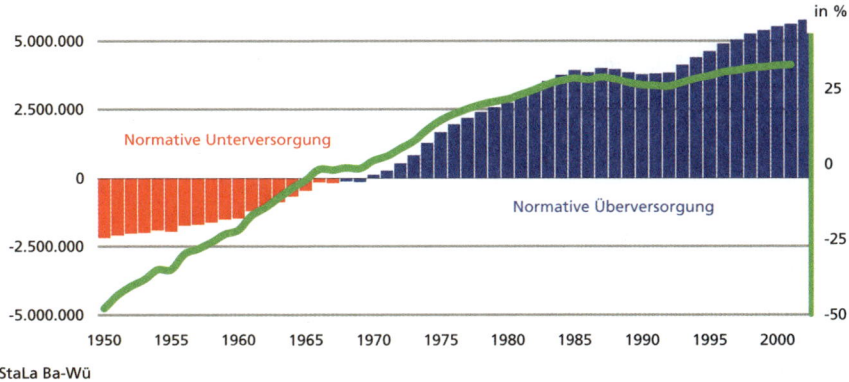

StaLa Ba-Wü

Der künftige Bedarf wird durch steigende Haushaltszahlen bei gleichzeitiger Reduzierung der Haushaltsgrößen und den Ersatz von wegfallenden Wohnungen bestimmt. Bis zum Jahr 2020 rechnen Brachat-Schwarz/Richter mit einem Neu- und Ersatzbedarf von rund 665 000 Wohnungen. Der gesamte Wohnungsbedarf bis 2020 liegt nach diesem Ansatz für Baden-Württemberg bei knapp 800 000 Einheiten.

Im Weiteren werden die lokalen Wohnungsdefizite nicht mehr betrachtet, sondern nur noch der Neu- und Ersatzbedarf. Da sich bis Ende 2004 der Wohnungsbestand um knapp 83 000 erhöht hat, reduziert sich der landesweite normative Wohnungsbedarf bis 2020 von ursprünglich 665 000 auf etwa 583 000 Wohnungen. Der Bedarf fällt auch wegen der demographischen Voraussetzungen räumlich und raumtypologisch unterschiedlich aus.

Wohnungsversorgung nach Raum- und Gemeindetypen

Im Jahr 2002 waren statistisch betrachtet immerhin knapp 900 der 1111 baden-württembergischen Gemeinden voll- oder bereits überversorgt. Das sind 80 % der Kommunen. Dabei waren günstige Situationen meist in kleineren Gemeinden anzutreffen. Für Städte mit mehr als 100 000 Einwohnern lag das Defizit bei 8,4 %, bei Gemeinden mit 20 000 bis 100 000 Einwohnern bei durchschnittlichen 0,8 %, und für Gemeinden mit bis zu 20 000 Einwohnern wurde eine durchschnittliche Überversorgung in Höhe von 3,7 % ermittelt.

Welchen Einfluss die Altersstruktur auf den Wohnungsbedarf bis 2020 haben wird, belegen folgende Daten: In Gemeinden mit einer älteren Bevölkerung liegt der künftige Wohnungsbedarf – in Prozent des Wohnungsbestandes – mit 11 % um 7 Prozentpunkte niedriger als in Gemeinden mit einer vergleichsweise jüngeren Bevölkerung. Über 2020 hinaus dürfte wegen des demographischen Alterns der zusätzliche Wohnungsbedarf insgesamt zurückgehen.

Wohnungsneubedarf und -ersatzbedarf 2002 bis 2020 in ausgewählten Regionaleinheiten Baden-Württembergs

	Künftiger Wohnungsbedarf			
	Neubedarf	Ersatzbe-darf	Gesamtbe-darf	% des Woh-nungs-bestands 2002
		1.000		
Gemeinden mit älterer Bevölkerung[2]	91	79	170	11
Gemeinden mit jüngerer Bevölke-rung[3]	116	39	155	18
Verdichtungsräume	216	114	330	13
Randzonen um Verdichtungsräume	79	31	110	16
Verdichtungsbereiche	31	18	50	13
Ländlicher Raum im engeren Sinne	117	59	176	15
Mittelzentren	193	120	313	13
Umlandgemeinden um Mittelzentren	250	102	352	15
Universitätsstädte[1]	60	39	99	14

1) Freiburg, Heidelberg, Karlsruhe, Konstanz, Tübingen, Stuttgart, Ulm.
2) Gemeinden mit einem Durchschnittsalter der Bevölkerung von über 42 Jahren.
3) Gemeinden mit einem Durchschnittsalter von weniger als 40 Jahren.
Quelle: StaLa Ba-Wü.

Trotz der weit gehend positiven Entwicklung bei der Wohnungsversorgung ist das immer noch relativ hohe Defizit in den meisten Stadt- und Landkreisen *mit Hochschulen* beachtlich. Die Situation dürfte nach Brachat-Schwarz/Richter in den zuletzt genannten Kreisen jedoch günstiger sein, als es die rechnerischen Ergebnisse erwarten lassen: Die dem Haushalt zu Grunde liegende Definition – gemeinsam wohnen und wirtschaften – bewirkt wegen hoher Studentenzahlen und dem zunehmenden Trend zu nicht ehelichen Lebensgemeinschaften über-höhte Bedarfszahlen. In welchem Umfang dies zu einer möglichen Überschätzung des faktischen Wohnungsdefizits führt, zeigt folgende Modellrechnung: Wird un-terstellt, dass lediglich 5 % der Personen in 1-Personenhaushalten – entgegen der Definition – nicht nur zusammen wohnen und wirtschaften, sondern de facto einen auf Dauer angelegten 2-Personenhaushalt darstellen, reduziert sich in den Großstädten des Landes das Wohnungsdefizit um bis zu 32 %. Beispielsweise läge dann das rechnerische Defizit in der Stadt Mannheim nicht mehr bei 6 500, son-dern bei ca. 4 700 Wohnungen.

Allgemein darf festgestellt werden, dass die Wohnungsmarktsituation sich in allen vier Raumkategorien des Landesentwicklungsplanes gegenüber 1998 nochmals verbessert hat: In den Randzonen um die Verdichtungsräume, den Verdichtungsbereichen im Ländlichen Raum und dem Ländlichen Raum im engeren Sinne sind die Haushalte ausreichend mit Wohnungen versorgt. Lediglich die Gemeinden in den Verdichtungsräumen weisen mit durchschnittlich 4,2 % immer noch ein deutliches Wohnungsdefizit auf.

Nach Börsch-Supan wird „die Nachfrage nach Wohnraum in Deutschland bis 2025 zunehmen. Erst dann werde der Bevölkerungsrückgang Druck auf die Immobilienpreise erzeugen. Und selbst im ungünstigsten Fall – wenn Einkommen und Wohnflächenbedarf je Kopf steigen – wird die Nachfrage nach Wohnraum von 2025 bis 2050 um allenfalls 15 % sinken."[2] Was Börsch-Supan für Deutschland insgesamt annimmt, kann im Südwesten der Republik am ehesten eintreffen. Zudem dürfen die aktuelle und die zu erwartende Situation nicht darüber hinwegtäuschen, dass nach Brachat-Schwarz/Richter Baden-Württemberg in den nächsten Jahren zusätzlich mit einem erheblichen Wohnungsersatz- und Neubedarf an Wohnungen zu rechnen hat[3]. Der zu erwartende Wohnungsersatzbedarf resultiert aus wegfallenden Wohnungen aufgrund von Abrissen, Umwidmungen oder Zusammenlegungen von Wohnungen. Nach den Ergebnissen der Abgangsstatistik lag in den letzten Jahren die Zahl der jährlich weggefallenen Wohnungen in Baden-Württemberg zwischen 4 000 bis 5 000 Einheiten.

Ob sich der ermittelte Wohnungsbedarf in einer Nachfrage niederschlagen wird, ist von der weiteren wirtschaftlichen Entwicklung abhängig. Positiv ist, dass die Kaufkraft breiter Bevölkerungsschichten in den kommenden Jahren vermehrt durch Erbschaften gestärkt werden wird.

Die normative Wohnraumversorgung – ein Wohnraum je Hauhalts- oder Wohngemeinschaftsmitglied – wurde bereits Anfang der 70er-Jahre erreicht. Eine Sättigung ist nicht abzusehen. Das liegt am kaum sinkenden Grenznutzen von Wohnflächen, d.h., die Größe von Wohnungen hat neben dem reinen Wohnnutzen auch eine Geltungsfunktion. Je größer das Eigenheim oder die Wohnung, desto höher das Sozialprestige. An dieser barock anmutenden Einstellung wird sich kaum etwas än-

---

2 Vgl.: Wirtschaftswoche 2004, Nr. 48, S. 30.
3 Eine Detailanalyse der Wohnungsabgänge ergab nach Brachat-Schwarz/Richter, dass deutliche Unterschiede bei den Entwicklungstrends festzustellen sind, und zwar abhängig vom Baualter der vom Abgang betroffenen Gebäude. Deshalb wurde von Brachat-Schwarz/Richter die Vorausberechnung der im Prognosezeitraum zu erwartenden Wohnungsabgänge für die drei wichtigsten Baualtersgruppen jeweils separat vorgenommen und anschließend zum Gesamtergebnis zusammengeführt. Mögliche Unschärfen der Abgangsstatistik sind durch einen angemessenen Zuschlag berücksichtigt.

dern – die Baumärkte werden durch scheinbare Überversorgungen ihre Kunden nicht verlieren.

Offen bleiben muss, ob alle Bevölkerungsschichten in den nächsten Jahren adäquat mit Wohnraum versorgt sein werden. Es ist zu befürchten, dass vor allem sozial schwächere Schichten weiterhin vergleichsweise unzureichend über Wohnraum verfügen werden. Die rechnerische Ausgeglichenheit des Wohnungsmarktes sagt noch nichts aus über die Angemessenheit der Wohnungsgröße und der Zimmerzahl, die einem Haushalt oder einer Wohngemeinschaft zur Verfügung stehen. Hier helfen Durchschnittszahlen – wie so oft – nicht weiter.

Behalten Wohnimmobilien ihren Wert?

Wohneigentum ist *eine* mögliche Voraussetzung für ein sorgenfreies Leben im Alter. Erwerber von Wohneigentum erwarten daher keine Wertminderung, d.h. keine sinkenden Preise für das erworbene Objekt. In Deutschland gibt es unterschiedliche Berechnungsmethoden für Preisindikatoren auf dem Markt für Wohnimmobilien, die auch zu unterschiedlichen Ergebnissen kommen. Eines ist allen Daten gemein: Ein Zukunftsmarkt scheint der Immobilienmarkt derzeit nicht zu sein. Nach Berechnungen des RING DEUTSCHER MAKLER haben in Westdeutschland Einfamilienhäuser und Eigentumswohnungen mit gutem Wohnwert in den letzten Jahren an Wertsteigerung verloren.[4] Wenn der Wert von Immobilien selbst solchen von guter Qualität keine Zuwachsraten aufweist, muss über kurz oder lang mit Wertverlusten auf dem Immobilienmarkt gerechnet werden. Das bedeutet, dass Eigentumswohnungen als Alterssicherung – ohne eine die Nachfrage stimulierende Zuwanderung – keine gesicherte Anlage mehr zu sein scheinen.

In den neuen Bundesländern haben viele Wohngebäude bereits erheblich an Wert verloren.[5] Denn dort wurde für 2000 ein Leerbestand von etwa 1 Mill. Wohnungen festgestellt, von denen die Hälfte nicht mehr auf dem Markt angeboten wird. Etwa ein Drittel der vor 1900 und gut ein Viertel der in der ersten Hälfte des letzten Jahrhunderts errichteten Wohnungen im Geschosswohnungsbau stehen leer. Bei Unternehmen und privaten Vermietern stellte das einen Einnahmeverlust von gut 1 Mrd. Euro dar.

Dabei sind mehrere Ursachen festzustellen:

---

4 Leifer, Hans-Adalbert (2004): Preisindikatoren für Wohnimmobilien in Deutschland, in: Allgemeines Statistisches Archiv, Heft 4, S. 435–450.

5 Bundesministerium für Verkehr, Bau- und Wohnungswesen (2000): Wohnungswirtschaftlicher Strukturwandel in den neuen Bundesländern, Berlin, S. 20.

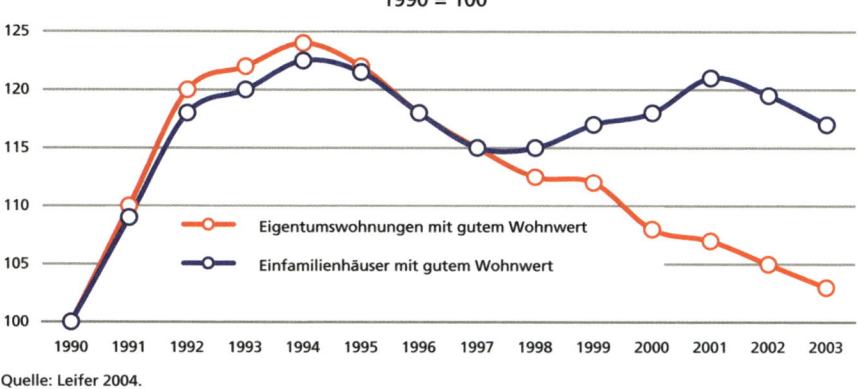

Preisentwicklung für Eigentumswohnungen und Einfamilienhäusern in Westdeutschland seit 1990 (Ring Deutscher Makler)*

1990 = 100

Eigentumswohnungen mit gutem Wohnwert
Einfamilienhäuser mit gutem Wohnwert

Quelle: Leifer 2004.

– ein sich fortsetzender Verlust an mietender Bevölkerung,
– der Neubau von attraktiveren Wohnungen im Umland bei gleichzeitiger Auf-
lassung von Wohnungen minderer Qualität.

Für den Südwesten sind Entwicklungen wie in den Neuen Ländern unwahrscheinlich, da die Substitution schlechter Bausubstanz aus der Nachkriegszeit
durch Neu- oder Umbau weit gehend abgeschlossen ist. Gleichwohl gibt es be-
unruhigende Indikatoren. Zieht man die Preisentwicklung der Wohnungsmieten
als Frühindikator der Immobilienwerte heran, dann können bemerkenswerte
Wertsteigerungen nur in der Folge von Zuwanderungen realisiert werden. Mit

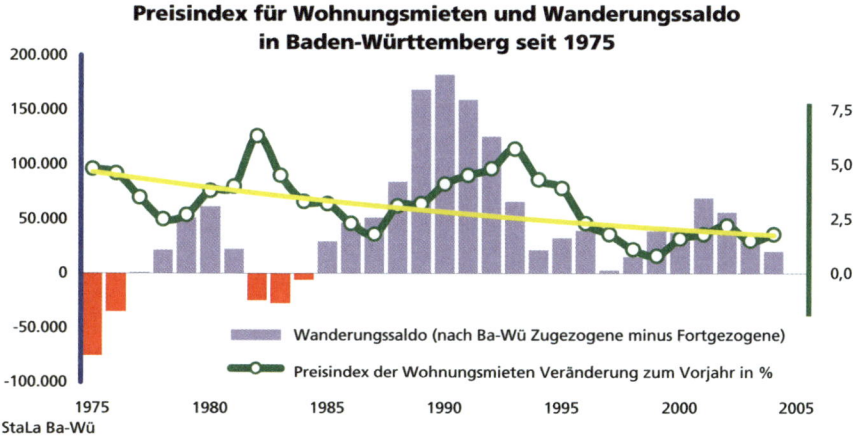

Preisindex für Wohnungsmieten und Wanderungssaldo in Baden-Württemberg seit 1975

Wanderungssaldo (nach Ba-Wü Zugezogene minus Fortgezogene)
Preisindex der Wohnungsmieten Veränderung zum Vorjahr in %

StaLa Ba-Wü

einer zeitlichen Verschiebung von zwei bis drei Jahren folgt der Preisindex für Wohnungsmieten der Entwicklung der Wanderungssalden. In den letzten nahezu 30 Jahren offenbart sich zudem ein abnehmender Trend bei den Mietsteigerungen.

Die komplexen Abhängigkeiten, preisgünstiger Wohnraum für Familien mit Kindern, Gewährleistung einer Altersvorsorge durch Immobilien und die Sicherung des Wohnungs*bestandes* scheinen Ziele zu sein, die angesichts einer sinkenden Bevölkerungszahl ohne regulierende Eingriffe nicht gleichzeitig erreicht werden können.

3.6 Besondere Aspekte

3.6.1 Altern und Konsumverhalten
3.6.2 Verkehrs- und PKW-Aufkommen
3.6.3 Religionsgemeinschaften, Verluste der christlichen Kirchen

Die Auswirkungen des demographischen Wandels ließen sich unter vielen weiteren Aspekten behandeln. Drei spezielle Bereiche sollen im Folgenden noch beleuchtet werden. Dabei handelt es sich um Aspekte, denen es wegen mangelhafter Datenlage an datenorientierten Arbeiten mangelt.

Künftiges Konsumverhalten: Das kennt heute zwar niemand. Es lässt sich aber hypothetisch darstellen, wie sich die Konsumausgaben bei gleich bleibendem Konsumverhalten allein wegen des demographischen Alterns ändern würden. Die Modellrechung wird für Baden-Württemberg durchgeführt.

Verkehrs- und PKW-Aufkommen: Der demographische Wandel wird sich auf die Inlandsnachfrage des Verkehrssektors auswirken, auf den Pkw-Bestand, auf den Bedarf an infrastrukturellen Leistungen und auf das Verkehrsaufkommen selbst. Die Untersuchung beschränkt sich auf das Land Baden-Württemberg.

Religionsgemeinschaften, Verluste der christlichen Kirchen: In den vergangenen Jahrzehnten hatten die großen christlichen Religionsgemeinschaften zum Teil erhebliche Mitgliederverluste zu beklagen. Das hatte sowohl demographische Ursachen als auch Verhaltensgründe Einzelner. Eine kleinräumige Analyse stellt die Entwicklung in der Stadt Stuttgart dar. Dabei werden die Auswirkungen der Trends auf den künftigen Mitgliederbestand dargestellt.

Die demographische Entwicklung führt in diesen Bereichen zu erheblichen Veränderungen, die die Gesellschaft herausfordern. Dieses und die Einzigartigkeit der Daten und ihrer Analysen rechtfertigen die Behandlung dieser Themen an dieser Stelle, wohl wissend, dass die regionalen Aussagen für Deutschland nur eine begrenzte Geltung haben.

3.6.1 Altern und Konsumverhalten

Das *aktuelle* Konsumverhalten ist neben vielen anderen Faktoren vom individuell verfügbaren Einkommen, von der Preisentwicklung und von der Kauflust oder Kaufzurückhaltung abhängig.

Das *künftige* Konsumverhalten wird ebenfalls von diesen Größen beeinflusst werden. Wie diese Faktoren um das Jahr 2020 oder später aussehen werden, ist unbekannt. Es lässt sich aber darstellen, wie sich die Konsumausgaben bei konstantem Konsumverhalten wegen der demographischen Alterung entwickeln und verschieben könnten. Dazu soll der Blick nicht vom Heute auf ein Morgen, sondern von einem Morgen auf das Heute gerichtet werden. Bei dieser Perspektive wird festgestellt, wie die Konsumausgaben heute wären, wenn wir die Altersstruktur des Jahres 2020 bereits 2003 gehabt hätten.[1]

Zunahme bzw. Verlagerung der Konsumausgaben in Milliarden Euro aufgrund der angenommenen Alterung der Bevölkerung bis 2020

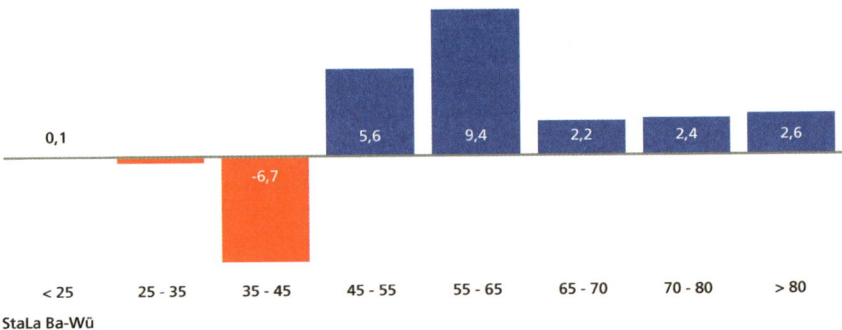

StaLa Ba-Wü

Insgesamt hätten die Haushalte 2003 dann zusammen 15 Mrd. Euro mehr ausgegeben, als durch die Einkommens- und Verbrauchsstichprobe (EVS) für 2003 ermittelt wurde. Die künftig immer kleiner werdende Gruppe der unter 45-Jährigen hätte etwa 7 Mrd. Euro weniger für den Konsum aufgebracht. Alle älteren Altersgruppen hätten zusammen 22 Mrd. Euro mehr für den Konsum ausgegeben. Darunter wäre das Ausgabevolumen für die über 55-Jährigen um zusammen 17 Mrd. Euro höher gelegen. Auf die einzelnen Konsumbereiche hätte sich die Veränderung wie folgt ausgewirkt:

---

1 Dabei wird die Haushalts- und Altersstruktur, wie sie von der Einkommens- und Verbrauchsstichprobe im Jahr 2003 (EVS 2003) festgestellt wurde, mit einem gleich bleibenden Konsumverhalten und einer gleich bleibenden Haushaltsstruktur an die vorausgerechnete Altersstruktur des Jahres 2020 angepasst.

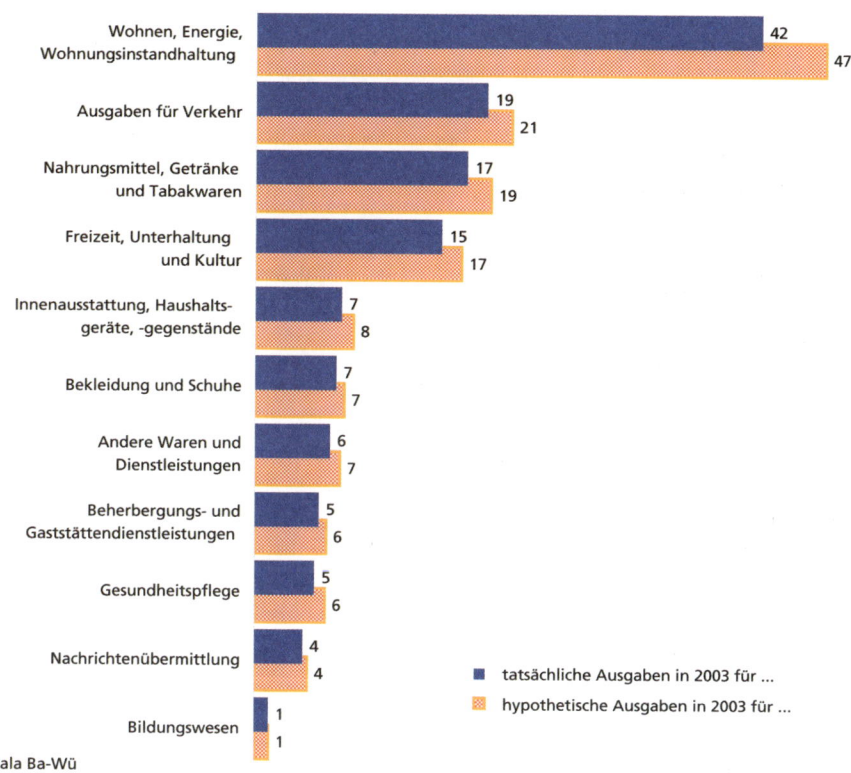

Tatsächliche private Konsumausgaben in Baden-Württemberg 2003 und hypothetische Ausgaben, wenn im Jahr 2003 die Altersgliederung von 2020 vorgelegen hätte, in Milliarden Euro

Wohnen, Energie, Wohnungsinstandhaltung	42 / 47
Ausgaben für Verkehr	19 / 21
Nahrungsmittel, Getränke und Tabakwaren	17 / 19
Freizeit, Unterhaltung und Kultur	15 / 17
Innenausstattung, Haushalts- geräte, -gegenstände	7 / 8
Bekleidung und Schuhe	7 / 7
Andere Waren und Dienstleistungen	6 / 7
Beherbergungs- und Gaststättendienstleistungen	5 / 6
Gesundheitspflege	5 / 6
Nachrichtenübermittlung	4 / 4
Bildungswesen	1 / 1

■ tatsächliche Ausgaben in 2003 für ...
■ hypothetische Ausgaben in 2003 für ...

Stala Ba-Wü

Den größten Ausgabenzuwachs mit 5 Mrd. Euro hätte der Bereich ,Wohnung, Energie und Wohnungsinstandhaltung' erfahren. Für das Bildungswesen hätten diese Altersgruppen mit 1 Mrd. Euro weiterhin am wenigsten aufgebracht. Insofern sind die Ergebnisse nicht überraschend. Wesentlich brisanter stellen sich die Verlagerungen innerhalb der Altersgruppen und der Konsumbereiche dar, wie folgende Tabelle andeutet. Hier werden vielfältige Anpassungsnotwendigkeiten für das Produzierende Gewerbe sowie den Handel und viele Dienstleistungsbereiche offensichtlich.

Der Volkswirtschaft ist es egal, ob Zahnspangen oder Zahnersatz verarbeitet, ob Kinderteller statt Seniorenteller angeboten werden. Nicht gleichgültig ist, wenn wegen der Zunahme der Älteren ganze Gütertypen weg brechen sollten.

Hypothetische Zunahme und Verlagerung der Konsumausgaben 2003 aufgrund einer antizipierten Alterung der Bevölkerung

Modellrechnung für Baden-Württemberg auf der Basis der Einkommens- und Verbrauchsstichprobe 2003	Zunahme der Ausgaben Insgesamt	davon nach dem Alter des/der Haupteinkommensbeziehers/-bezieherin				
		von ... bis unter ... Jahren				
		unter 35	35 - 45	45 - 55	55 - 65	Über 65
	Mill. Euro					
Verschiebung der privaten Konsumausgaben insgesamt davon Ausgaben	15.152	-320	-6.701	5.569	9.379	7.225
Nahrungsmittel, Getränke und Tabakwaren	1.950	-37	-958	815	1.196	934
Bekleidung und Schuhe	657	-15	-394	307	436	322
Wohnen, Energie und Wohnungsinstandhaltung	5.295	-95	-2.094	1.724	3.003	2.757
Innenausstattung, Haushalts- geräte und -gegenstände	968	-16	-349	271	672	390
Freizeit, Unterhaltung und Kultur	1.638	-33	-861	642	1.036	854
Verkehr	2.005	-75	-944	888	1.501	635
Gesundheitspflege	869	-8	-190	198	425	444
Beherbergungs- und Gaststättendienstleistungen	607	-14	-275	228	378	290
Bildungswesen	8	-4	-99	51	40	20
Nachrichtenübermittlung	353	-12	-234	186	247	167
Andere Waren und Dienstleistungen	810	-12	-303	260	447	417

Quelle: StaLa Ba-Wü.

Für Bekleidung würden jüngere Haushalte 0,4 Mrd. Euro weniger und über 65-Jährigen 0,3 Mrd. Euro mehr ausgeben. Für das Wohnen fielen bei den Jüngeren 2,2 Milliarden weg, bei Älteren kämen 2,8 Milliarden hinzu. Den ergiebigsten Zuwachs würden die 55- bis 65-Jährigen bewirken. Wohnen, Freizeit, Unterhaltung, Verkehr ständen mit zusammen 6,5 Milliarden im Vordergrund. Produkte und Dienstleistungen werden sich dem demographischen Wandel noch mehr anpassen müssen, als sie dies bereits tun. Und dabei geht es um eine zahlungskräftige und dynamische Konsumentengruppe, die umworben werden möchte.

3.6.2 Verkehrs- und PKW-Aufkommen

In Baden und Württemberg wurde das Automobil erfunden und fortentwickelt. Noch heute bestimmt die Automobilindustrie das wirtschaftliche Geschehen im Land. Wirtschaftskraft und Innovation sind mit Namen wie DaimlerChrysler, Porsche, Audi, Bosch, Behr oder Mahle verbunden. Nicht zu vergessen die früheren Zwei-, Drei- und Vierradhersteller Kreidler, Gritzner-Kaiser, Raiser, Horex, NSU, Maybach oder Maiko.
Die Produktion ist nur eine Seite der Medaille, Nachfrage und Absatz die andere. Schwäbische Automobile haben einen guten Ruf, weltweit. Die Auslandsnachfrage steigt, von Schwankungen abgesehen, stetig, die Inlandsnachfrage ist einem Auf und Ab unterworfen. Zudem wird die demographische Entwicklung nicht nur die inländische Nachfrage, sondern auch die weltweiten Absatzmärkte bestimmen.
Nach der Infas- und DIW-Studie ‚Mobilität in Deutschland' hat Baden-Württemberg eine sehr mobile Bevölkerung.[1] Im Durchschnitt legte 2002 jeder Baden-Württemberger fast 12 000 km zurück: zu Fuß, per Fahrrad, als Fahrer oder Mitfahrer eines Pkw oder Motorrades oder mit dem öffentlichen Personennahverkehr (ÖPNV), d.h. täglich eine Wegstrecke von 33 km. Die Wege der Fußgänger und Fahrradfahrer fielen naturgemäß gering aus; schließlich schafft man zu Fuß nur 4 km, mit dem Fahrrad etwa 15 km und mit dem Auto zwischen 30 km in der Stadt und 80 km pro Stunde auf dem Land. Die Mobilität hat ein ausgeprägtes Altersprofil, wie umseitiges Schaubild zeigt.[2] Die längsten täglichen Strecken mit gut 40 km legen die 25- bis 60-Jährigen zurück. Es folgen die 18- bis unter 25- und die 60- bis unter 65-Jährigen. Die ganz jungen Einwohner und die Senioren mit 65 und mehr Jahren weisen dagegen mit weniger als 18 km eine sehr geringe tägliche Wegstrecke auf.

Mama-Taxis und Senioren-Mobilität

Werden obige Durchschnittswerte auf die Altersjahre der Bevölkerung umgelegt, zeigen sich spezifische Verhaltensweisen. Der Baby-, Kiddy-, Schul- und Partytourismus mit dem Mama-Taxi hat ein größeres Ausmaß als die Länge der

---

1 Die Studie setzt die Tradition der 1976 begonnenen KONTIV-Untersuchungen fort und wird deswegen auch KONTIV 2002 genannt. Bei der KONTIV 2002 wurde vom Institut für angewandte Sozialwissenschaften GmbH (infas) in Bonn und des Deutschen Instituts für Wirtschaftsforschung (DIW) in Berlin im Auftrag des Bundesministeriums für Verkehr, Bau- und Wohnungswesen das Mobilitätsverhalten von rund 25 000 Haushalten mit ca. 60 000 Personen erhoben; Bundesministeriums für Verkehr, Bau- und Wohnungswesen (2002): Mobilität in Deutschland; Berlin.
2 Die originären Altersgruppen wurden anhand der bestehenden Altersgliederung auf Einzeljahre heruntergerechnet.

von den über 65-Jährigen zurückgelegten Wegstrecken. Insgesamt legten die unter 18-jährigen Baden-Württemberger im Jahr 2002 täglich über 43 Millionen, die über 65-jährigen aber nur 27 Mill. km zurück.

Täglich zurückgelegte Kilometerstrecken in Baden-Württemberg nach Verkehrsmittel und Altersjahren 2002

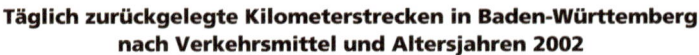

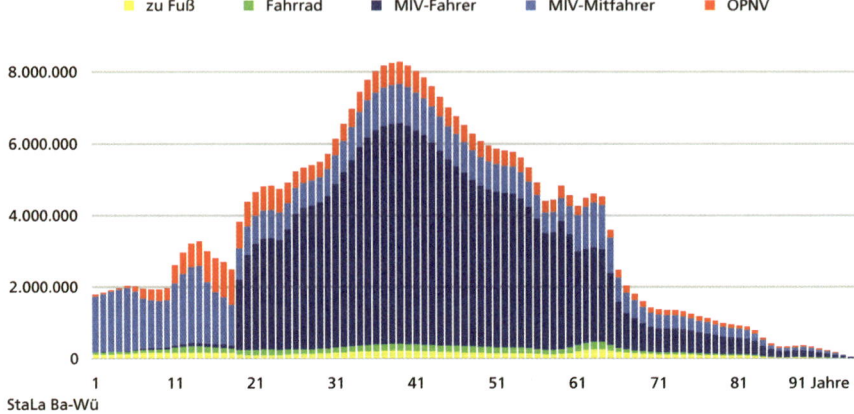

StaLa Ba-Wü

Auf Basis der Infas- und DIW-Studie, der Bevölkerungsvorausrechnung des Statistischen Landesamtes und der Untersuchung zur ‚Mobilität der westdeutschen Bevölkerung zu Beginn der 90er-Jahre' der Bundesanstalt für Straßenwesen untersuchte Michael Walker vom Statistischen Landesamt Baden-Württemberg mit verschiedenen Modellen, wie sich die Verkehrsleistung bis 2050 entwickeln könnte.[3]

Wenn die Bevölkerungszahl sich entsprechend der Vorausrechnung ändern würde und die Einflussfaktoren des Verkehrs und die Mobilität auf dem heutigen Stand festgeschrieben werden, dann würde die Verkehrsleistung um 6,5 % auf rund 120 Mrd. Pkm (Personenkilometer) abnehmen. Werden neben den demographischen Einflüssen auch die Mobilitätstrends der letzten 11 Jahre bis zum Jahr 2024 fortgeschrieben und danach konstant gehalten, dann stiege nach Walker die Verkehrsleistung in Baden-Württemberg bis 2050 um 15 % auf jährlich etwa 150 Mrd. Pkm.[4] Das heißt, jeder Baden-Württemberger – vom Baby bis zum 100-Jährigen – wäre im Schnitt und täglich 39 km unterwegs, sei es zum

---

3 Walker, Michael (2004):Demographischer Wandel und seine Auswirkungen auf den Verkehr bis 2050, in: Statistisches Monatsheft Baden-Württemberg, Heft 12, S. 40-43.

4 Basis für die Verkehrsleistung 1991 ist die Veröffentlichung: Hautzinger, Heinz; Hamacher, Ralf; Tassaux–Becker, Brigitte (1992): Mobilität der westdeutschen Bevölkerung zu Beginn der 90er-Jahre, in: Berichte der Bundesanstalt für Straßenwesen, Heft M55. Die mit Hilfe dieser Veröffentlichung

Kinderarzt, zum Sportverein, in die Schule, zum Einkaufen, zur Arbeitsstelle, auf Geschäftsreisen, in den Kurzurlaub, zum Fußballspiel oder sonst wo hin.

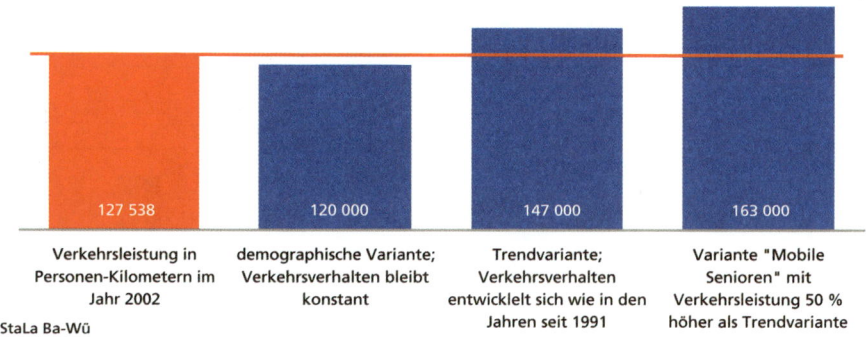

Gesamte Verkehrsleistung in Millionen Personenkilometern (Pkm) in Baden-Württemberg nach verschiedenen Szenarien 2002 und 2050

127 538	120 000	147 000	163 000
Verkehrsleistung in Personen-Kilometern im Jahr 2002	demographische Variante; Verkehrsverhalten bleibt konstant	Trendvariante; Verkehrsverhalten entwicklelt sich wie in den Jahren seit 1991	Variante "Mobile Senioren" mit Verkehrsleistung 50 % höher als Trendvariante

StaLa Ba-Wü

Singularisierung führt zu größerer Mobilität

Walker führt dies auf die Tatsache zurück, dass zunehmend mehr Personen selbst fahren anstatt mitzufahren. Dieser Wechsel vom Mitfahrer zum Fahrer gilt für alle Altersgruppen ab 25 Jahren und besonders für Senioren. Dabei kommt nach Walker die zunehmende Singularisierung der Gesellschaft zum Ausdruck. „Da die Familien kleiner und die Singlehaushalte zahlreicher werden, gibt es weniger Gelegenheiten, in einem Pkw mitzufahren." Er unterstellt in einer dritten Vorausrechnung, dass die Mobilität der Senioren weitaus stärker zunimmt als in der Trendvariante und bei der übrigen Bevölkerung. „Geht man für die Gruppe der Senioren (60 Jahre und älter) von einer Steigerung der Verkehrsleistung gegenüber der Trendvariante von 50 % für alle Fortbewegungsarten aus, dann nimmt die Verkehrsleistung gegenüber 2002 um 28 % und gegenüber der Trendvariante um 11 % zu. Besonders übertrifft die Verkehrsleistung der Senioren mit 36 Mrd. Pkm den Ausgangswert des Jahres 2002 um mehr als das Dreifache." Trotzdem legen die Senioren auch nach dem letzten Modell im Durchschnitt immer noch eine geringere tägliche Wegstrecke zurück als die anderen Altersklassen.
Über 80 % der Verkehrsleistung im Individualverkehr erbringen Pkws. Es gibt kaum Gründe zur Annahme, dass der Pkw durch Radfahrer oder den ÖPNV

---

berechneten Veränderungsraten 1991 bis 2002 gelten für Deutschland und wurden auf Baden-Württemberg übertragen.

Altersspezifische Verkehrsleistung in Millionen Personenkilometern in Baden-Württemberg 2002 und 2050 nach verschiedenen Szenarien

- Verkehrsleistung in Personen-Kilometern im Jahr 2002
- Demographische Variante; Verkehrsverhalten bleibt konstant
- Trendvariante; Verkehrsverhalten entwicklelt sich wie in den Jahren seit 1991
- Variante "Mobile Senioren" mit Verkehrsleistung 50 % höher als Trendvariante

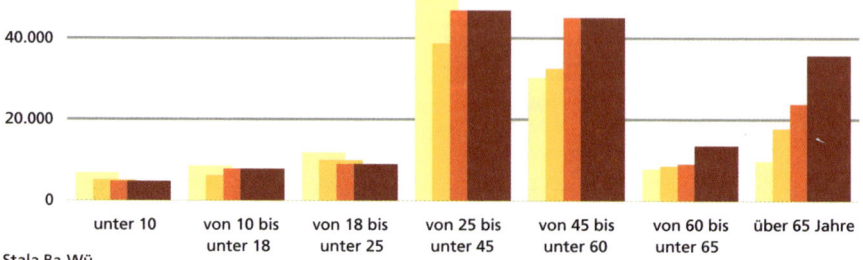

Stala Ba-Wü

verdrängt wird. Im Gegenteil, die Trends sind so stabil, dass mit einer Erhöhung des privaten Pkw-Bestandes gerechnet wird.

Werner Brachat-Schwarz untersuchte mit verschiedenen Modellen, wie sich der *private* Pkw-Bestand in den Stadt- und Landkreisen Baden-Württembergs bis zum Jahr 2020 entwickeln könnte.[5]

Pkw-Bestand und Pkw je 1 000 Erwachsene in Baden-Württemberg seit 1950

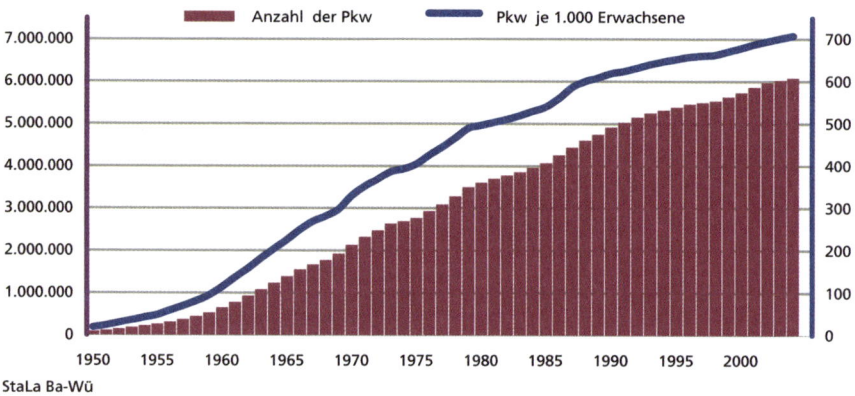

StaLa Ba-Wü

5 Brachat-Schwarz, Werner (2003): Der Pkw-Bestand im Jahr 2020 – eine Vorausrechnung für die Stadt- und Landkreise Baden-Württembergs, in: Statistisches Monatsheft Baden-Württemberg, Heft 12, S. 28-31.

Der Pkw-Bestand hat sich stetig erhöht. 1950 gab es landesweit erst 89 000 Fahrzeuge, 1963 wurde die Millionengrenze überschritten, und Anfang 2004 waren 6,1 Mill. Pkw gemeldet. Der Motorisierungsgrad, d.h. die Zahl der Pkw je 1 000 Erwachsene, lag bei 707.

Auffällige räumliche Unterschiede bei der Pkw-Dichte

Die Dichte der privat zugelassenen Pkw lag zu Beginn 2002 bei 619 Fahrzeugen je 1 000 Erwachsene.[6] Brachat-Schwarz stellt innerhalb des Landes erhebliche Unterschiede beim privaten Motorisierungsgrad fest. Die Spannweite reicht von gut 400 privaten Pkw je 1 000 Erwachsenen in Freiburg bis zu fast 700 im Zollernalbkreis. Die Stadtkreise haben durchweg geringe und die Landkreise, sowohl im unmittelbaren Einzugsgebiet einer großen Stadt als auch die ländlich geprägten, jeweils hohe Pkw-Dichten. Ursächlich für einen geringen Motorisierungsgrad in großen Städten sind nach Brachat-Schwarz vor allem die hohe Arbeitsplatzzentralität und die überdurchschnittliche Ausstattung mit technischen und humanen Infrastruktureinrichtungen. Diese ermöglichen es, mit öffentlichen Verkehrsmitteln (ÖPNV) oder zu Fuß zur Arbeit oder zum Einkaufen zu gehen oder die Dienste eines Arztes in Anspruch zu nehmen. Ferner bestimmt die spezifische Bevölkerungsstruktur in den Großstädten den Motorisierungsgrad: Senioren, Frauen, Studenten und Ausländer, die in den Großstädten etwas häufiger anzutreffen sind als in den ländlichen Räumen, sind derzeit noch schlechter motorisiert als die übrige Bevölkerung.

Der künftige Pkw-Bestand ist von zwei Faktoren abhängig: Zum einen von der Entwicklung der Bevölkerungszahl im Erwachsenenalter und zum anderen vom Verbraucherverhalten, d.h. vor allem von der Entscheidung der Haushalte über die Zahl ihrer Pkws. Das Verbraucherverhalten selbst ist von den wirtschaftlichen und gesellschaftlichen Bedingungen abhängig. Besonders ist von einer weiter zunehmenden Motorisierung der Frauen und künftigen Senioren auszugehen. Schließlich wird die Motorisierung von der Entwicklung der konkurrierenden Verkehrsmittel – ÖPNV, Bahn und Flugzeug – bestimmt.[7]

---

6 Brachat-Schwarz beschränkt sich bei seiner Analyse auf privat zugelassene Pkw, weil für die gewerblichen Fahrzeuge keine eindeutig regionale Zuordnung möglich ist. Die Entwicklung der gewerblich zugelassenen Fahrzeuge ist stärker von der wirtschaftlichen Entwicklung abhängig als die Zulassung der privaten Pkw. Hinzu kommt, dass wenige oft bundesweit tätige Unternehmen über den Ort der amtlichen Zulassung der Pkw entscheiden. Das kann zu gravierenden Schwankungen des Fahrzeugbestandes führen. Die Bedeutung der auf juristische Personen zugelassenen Pkw hat zudem in den letzten Jahren kontinuierlich abgenommen. Deren Anteil betrug 1990 noch 14,8 % und 1980 sogar 18,4 %, im Jahr 2002 aber nur noch 12,0 %.

7 Deutschen Shell GmbH (2001): Mehr Autos – weniger Verkehr?, Hamburg, S. 20.

Privater Pkw-Bestand in ausgewählten Stadt- und Landkreisen Baden-Württembergs am 01.01.2002		
Stadt- und Landkreise	Pkw-Bestand	je 1.000 Erwachsene
Freiburg im Breisgau	71.028	405
Heidelberg	51.679	426
Stuttgart	232.558	469
Mannheim	127.206	493
Pforzheim	47.914	496
Karlsruhe (SKR)	118.709	504
Ulm	50.064	514
Baden – Württemberg	5.258.937	619
Waldshut	87.663	672
Biberach	95.234	672
Enzkreis	102.936	677
Hohenlohekreis	57.863	680
Rastatt	123.799	687
Böblingen	201.908	689
Heilbronn (LKR)	175.019	693
Zollernalbkreis	106.227	694
Quelle: StaLa Ba-Wü.		

Zur künftigen Entwicklung wurden von Brachat-Schwarz zwei Prognosevarianten gerechnet. In einer *demographischen Variante* wird der künftige Pkw-Bestand ausschließlich aus der erwarteten Änderung der Erwachsenenzahl bei konstantem Motorisierungsgrad ermittelt. In einer *Verhaltensvariante* wird zusätzlich die Entwicklung des Motorisierungsgrades in den letzten Jahren beachtet.

Nach der aktuellen regionalisierten Bevölkerungsvorausrechnung des Statistischen Landesamtes wird sich die Zahl der Erwachsenen von Anfang 2002 bis Anfang 2020 um über 10 % auf fast 9,4 Millionen erhöhen. Bei unverändertem Motorisierungsgrad würde der Pkw-Bestand bis 2020 dann um 10 % auf 5,8 Mill. PKW ansteigen.[8]

---

8 Stein, Ulrich (2003): Voraussichtliche Bevölkerungsentwicklung in den Stadt- und Landkreisen Baden-Württembergs bis 2020, in: Statistisches Landesamt Baden-Württemberg (Hrsg.): Statistisch-prognostischer Bericht 2003, Stuttgart.

Die stetige Zunahme der Pkw-Dichte in den letzten Jahren lässt aber vermuten, dass konstante Motorisierungsgrade eher unwahrscheinlich sind.[9] Allein seit 1990 ist die Pkw-Dichte in Baden-Württemberg um fast 15 % auf 619 Pkw je 1 000 Erwachsene angestiegen. Die Entwicklung ist zudem regional sehr unterschiedlich verlaufen. Daher sind auch kreisspezifische Entwicklungen zu berücksichtigen.[10] Nach der *Verhaltensvariante* wird die Zahl der privaten Pkw im Land deutlich stärker zunehmen als bei der *demographischen Variante:* 2020 werden dann annähernd 6,4 Mill. Pkw in Baden-Württemberg zugelassen sein. Dies bedeutet gegenüber 2002 ein Plus von knapp 11 % bei der demographischen Variante bzw. 21 % bei der Verhaltensvariante. Die Pkw-Dichte wird damit bis zum Jahr 2020 um etwa 60 Pkw je 1 000 Erwachsene ansteigen (+10 %).[11]

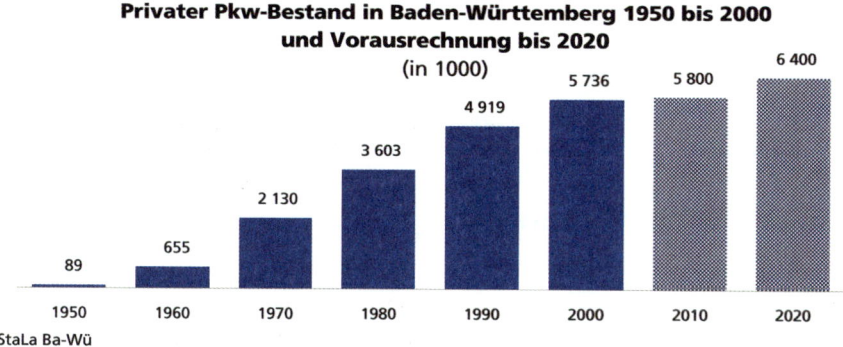

Privater Pkw-Bestand in Baden-Württemberg 1950 bis 2000 und Vorausrechnung bis 2020
(in 1000)

StaLa Ba-Wü

Es ist allerdings davon auszugehen, dass die Gesamtfahrleistung nicht im selben Umfang ansteigen wird wie der Pkw-Bestand. Vielmehr ist zu erwarten, dass die Fahrleistung je Pkw in Zukunft weiter zurückgehen wird: Zum einen wird der Anteil der Frauen und Senioren, deren jährliche Fahrleistung weit unterdurchschnittlich ist, deutlich zunehmen, zum anderen wird die Zahl der Zweit- und Drittfahrzeuge nochmals ansteigen.

---

9 Davon geht auch die Bundesregierung in den verschiedenen Szenarien aus; Bundesministerium für Verkehr, Bau- und Wohnungswesen (1999): Verkehrsprognose 2015, Berlin.

10 Hierzu wurde von Brachat-Schwarz auf die Entwicklung der Pkw-Dichte seit 1990 zurückgegriffen und mit einem linearen Trend extrapoliert – allerdings unter der Maßgabe, dass die so ermittelte Veränderungsrate der Pkw-Dichte nur zur Hälfte Berücksichtigung findet. Die Vorausrechnung unterstellt damit, dass sich die regionale Entwicklung des letzten Jahrzehnts in den kommenden Jahren in abgeschwächter Form fortsetzen wird, was der langfristigen vergangenen Entwicklung entspricht, wie das Schaubild zeigt.

11 Der Anstieg der Pkw-Dichte liegt damit eher am unteren Rand dessen, was andere Institute für die Bundesrepublik unterstellt haben. Die Shell-Studie geht von einem Anstieg zwischen 11 und 17 % aus. Der ADAC erwartet eine Erhöhung um gut 10 %; ADAC (2003): Mobilität im Jahr 2020 – Trends, Herausforderungen und Lösungsstrategien, S. 11.

Positive und negative räumliche Entwicklungen zu erwarten

Die Unterschiede im Motorisierungsgrad werden sich auch in Zukunft zwischen den Regionen und Kreisen des Landes tendenziell weiter vergrößern. Brachat-Schwarz meint, dass sich der Trend der letzten 10 Jahre – überdurchschnittliche Zunahme des Motorisierungsgrades in ländlich geprägten Kreisen mit einer bereits hohen Pkw-Dichte und unterdurchschnittlichen Entwicklung in den Stadtkreisen mit einer relativ geringen Pkw-Verfügbarkeit – weiter fortsetzen wird. Damit wird im ländlichen Raum der hausgemachte Individualverkehr überdurchschnittlich zunehmen. Dies bedeutet nicht, dass die Ballungsräume von dieser Entwicklung unberührt bleiben werden. Vielmehr ist zu erwarten, dass aufgrund der engen Verflechtung zwischen Großstädten und Umland die Stadtkreise eine stärkere Belastung erfahren werden, als es der unterdurchschnittliche Anstieg der Pkw-Dichte erwarten lässt.

Voraussichtliche Entwicklung des privaten Pkw-Bestandes in den Regionen und Regierungsbezirken Baden-Württembergs bis 2020					
Region	Pkw-Bestand 2002		Pkw-Bestand 2020		Zunahme in %
	1.000	je 1.000 Erwachsene	1.000	je 1000 Erwachsene	
Rhein-Neckar-Odenwald	527	569	605	607	14,9
Mittlerer Oberrhein	495	620	593	671	19,7
Stuttgart	1.313	615	1.573	679	19,8
Ostwürttemberg	229	643	275	708	20,0
Baden - Württemberg	5.259	619	6.372	681	21,2
Neckar-Alb	341	628	414	692	21,3
Nordschwarzwald	295	629	360	698	22,0
Südlicher Oberrhein	478	588	584	638	22,2
Hochrhein-Bodensee	326	621	399	683	22,6
Schwarzwald-Baar-Heuberg	247	644	305	720	23,3
Bodensee-Oberschwaben	309	651	386	728	24,8
Heilbronn-Franken	456	660	573	741	25,7
Donau-Iller	242	630	305	700	26,1

Quelle: StaLa Ba-Wü.

Die höchsten Pkw-Dichten mit über 700 Fahrzeugen auf 1 000 Erwachsene sind in ehemals strukturschwachen oder eher schwach besiedelten Regionen zu erwarten. Gebiete im Umfeld von Oberzentren oder mit einer verkehrstechnisch schwierigen topographischen Lage können ebenfalls sehr hohe Zuwächse erwarten. Stark verdichtete Regionen mit großen Hochschulen und Tendenzen zur dualistischen Einkommensverteilung werden die niedrigsten Zuwächse erfahren.

3.6.3 Religionsgemeinschaften –
Verluste der christlichen Kirchen

Von den 82 Mill. Bürgern Deutschlands bekennen sich nach Angaben des Religionswissenschaftlichen Medien- und Informationsdienstes:
- 25,83 Mill. zu evangelischen Landeskirchen,
- 26,17 Mill. zur katholischen Kirche,
- 3,30 Mill. zum Islam,
- 0,77 Mill. zu orthodoxen und orientalischen christlichen Kirchen,
- 0,36 Mill. zu nichtchristlichen Religionsgemeinschaften,
- 0,19 Mill. zum Judentum.

Bei den großen christlichen Religionsgemeinschaften ist ein andauernder Mitgliederverlust festzustellen. Über die demographischen Exodusgründe wird später am Beispiel der Stadt Stuttgart berichtet.

Eckdaten zu den großen christlichen Religionsgemeinschaften				
Evangelische Kirche	Westdeutschland			Deutschland
	1970	1980	1990	2002
Kirchenmitglieder	28.480.000	26.104.000	25.156.000	26.211.000
Kirchenaustritte	202.823	119.814	144.143	174.227
Kirchensteuer	1,1 Mrd. €	.	3,4 Mrd. €.	4,0 Mrd. €
Katholische Kirche				
Kirchenmitglieder	27.195.000	26.713.000	26.700.000[1]	26.466.000
Kirchenaustritte	69.454	66.438	93.010[2]	119.405
Kirchensteuer	0,9 Mrd. €	.	3,4 Mrd. €	4,3 Mrd. €
Kirchenmitglieder	28.480.000	26.104.000	25.156.000	26.211.000

1) Geschätzt 2) 1989, Quelle: Statistisches Bundesamt

Obwohl exakte Daten auf Bundesebene nicht oder nur lückenhaft oder widersprüchlich vorliegen, lassen sich für die katholische und für die evangelische Kirche zwei Zeitintervalle mit verstärkten – nicht demographisch bestimmten – Kirchenaustritten erkennen. In den 70er-Jahren kehrten vor allem Evangelische ihrer Kirche den Rücken, in den frühen 90er-Jahren wiederholte sich dies mit der Einführung des Solidaritätszuschlages. Letzteres traf insbesondere die katholische Kirche. 1989 traten im früheren Bundesgebiet 93 010 aus der Kirche aus, im Folgejahr waren es in Gesamtdeutschland 143 530. Insofern ist es nicht ganz falsch, dass ein Teil des ‚Aufbau Ost' indirekt von den Kirchen getragen wurde. Um die Steuerlast zu senken, konnten Steuerpflichtige zwar aus der Kirche, nicht aber aus der ‚Solidarität' ausscheren.

Stuttgart: Setzt sich der Mitgliederschwund der Kirchen fort?

... titulierten Joachim Eicken und Utz Lindemann von Stuttgarts Statistischem Amt eine jüngst veröffentlichte, umfangreiche und sehr bemerkenswerte Untersuchung mit Daten aus dem Einwohnermelderegister der Stadt Stuttgart.[1] Nun ist die Stadt Stuttgart aufgrund ihrer Bevölkerungsstruktur und historisch bedingter Voraussetzungen für eine allgemein gültige Betrachtung der großen christlichen Konfessionen wenig geeignet. Neben den eingetragenen, staatlich anerkannten Kirchen ist einerseits eine zahlreiche moslemische Gemeinde zu vermuten und andererseits zeichnet sich der mittlere Neckarraum durch eine Vielzahl von Freikirchen und Sekten aus. Außerdem ist unbekannt, wie viele konfessionslose Stuttgarter es tatsächlich gibt, und noch unbekannter ist die Zahl der Atheisten. Inwieweit hier eine Großstadt die Entwicklung für kleinere Gemeinden oder anders strukturierte Gebiete zeichnet, muss offen bleiben.

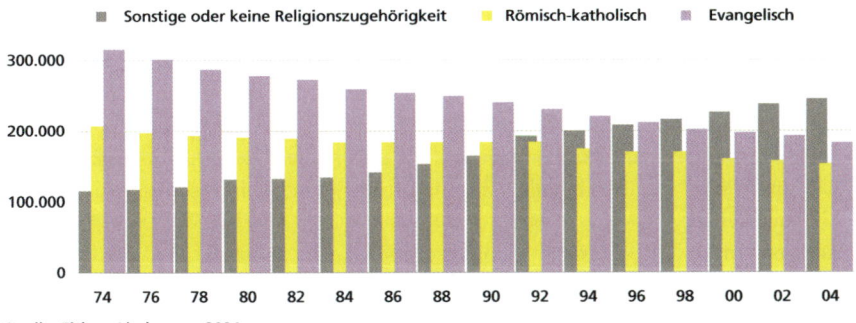

Religionszugehörigkeit der Stuttgarter Bevölkerung 1974 bis 2004

Quelle: Eicken, Lindemann 2004.

Ein dreifacher Exodus für die großen christlichen Kirchen

Die Zahl der Evangelischen sank im Laufe von drei Jahrzehnten bis 2004 um 130 000, die der Katholiken um 53 000 Mitglieder, dafür stieg die Zahl der

---

1 Eicken, Joachim; Lindemann, Utz (2004): Setzt sich der Mitgliederschwund der Kirchen fort?, in: Statistik und Informationsmanagement Landeshauptstadt Stuttgart, Monatsheft 12. Eicken und Lindemann beklagen zu Recht das Informationsdefizit, dass sich seit der Volkszählung von 1987 aufgebaut hat. „Dieses Informationsdefizit sei um so problematischer, als seit der Volkszählung von 1987 seitens der amtlichen Statistik keine gesicherten Informationen zur Religionszugehörigkeit ... erhoben und aufbereitet werden".

‚Sonstigen‘ um 132 000. Grund für die Verluste der großen christlichen Gemeinschaften ist ein mehrschichtiger Exodus.[2]

– Erstens ist Exodus wörtlich zu nehmen, denn zwischen 1974 und 2004 zogen per Saldo 36 000 Evangelische und 14 000 Katholiken aus der Stadt Stuttgart weg.

– Zweitens kann Exodus für die Zahl der Kirchenaustritte stehen, die für Eicken und Lindemann allerdings erst seit 1990 verfügbar war. Danach verließen in den letzten 14 Jahren jährlich im Schnitt 4 200 Personen die evangelische Kirche, bei den Katholiken waren es 1 200 pro Jahr, die sich von der Kirche lossagten.

– Drittens steht Exodus für das Verlassen des irdischen Lebens, was sich in der so genannten Tauf- und Beerdigungsbilanz niederschlägt. Dazu Eicken und Lindemann: „Die evangelische Kirche verliert allein dadurch pro Jahr 1 100 Kirchenmitglieder, da die Zahl der Beerdigungen deutlich höher liegt als die Zahl der Taufen. Die stark negative Bilanz ist insbesondere auf den hohen Seniorisierungsgrad in der Mitgliederstruktur der evangelischen Kirchen zurückzuführen. … Die Sterbefälle werden nicht durch eine ähnlich hohe Zahl an Taufen kompensiert. … Dadurch werden in den letzten zehn Jahren circa 25 % des gesamten Mitgliederverlustes … verursacht. Bei der katholischen Kirche ist – zumindest in Stuttgart – die Bedeutung der Tauf- und Beerdigungsbilanz … bislang nur gering ausgeprägt: Seit Kriegsende hat durch hohe Zuzüge jüngerer Katholiken in das traditionell protestantisch geprägte Stuttgart die Zahl der Katholiken stark zugenommen. Erst durch die Alterung dieser Jahrgänge nehmen nun die Sterbefälle und damit die kirchlichen Bestattungen von Katholiken zu.“

Auf den von vielen Pastoral-Theologen beklagten geistigen Exodus aus den großen Kirchen kann hier nicht näher eingegangen werden. Ob diese Abwendung eher aus steuerlichen als aus religiösen Gründen erfolgt, lässt sich kaum feststellen. Die große Anteilnahme am Sterben Johannes Paul II. lässt da einiges im neuen Licht erscheinen.

Die Hälfte der deutschen Kleinkinder Stuttgarts gehört keiner der großen christlichen Religionsgemeinschaften an

Die Zukunft einer jeden Gemeinschaft wird durch die nachfolgenden Generationen bestimmt. Und das kann für die großen christlichen Religionsgemeinschaften Anlass zur Sorge sein, wie folgendes Schaubild verdeutlicht.

---

2 Zu den Stuttgarter evangelischen Kirchen zählten Eicken und Lindemann neben den Landeskirchen die ‚evangelisch Lutherischen‘, die ‚evangelisch Reformierten‘ sowie die ‚französisch Reformierten‘.

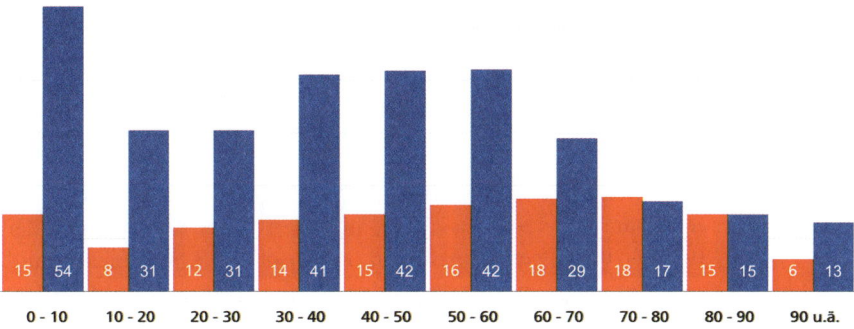

Deutsche Stuttgarter, die 1974 und 2004
keiner der großen christlichen Kirchen angehörten in % der Altersgruppe

0 - 10	10 - 20	20 - 30	30 - 40	40 - 50	50 - 60	60 - 70	70 - 80	80 - 90	90 u.ä.
15 54	8 31	12 31	14 41	15 42	16 42	18 29	18 17	15 15	6 13

Quelle: Eicken, Lindemann 2004.

Heute dagegen sind 42 % der *deutschen* Stuttgarter weder evangelisch noch katholisch. Das heißt sie gehören nicht offiziell – quasi amtlich – zu einer dieser Kirchen.

Gravierend für die großen christlichen Kirchen ist, dass weit über die Hälfte der Jüngsten – formal – nicht zu ihnen gehören, bei den Allerjüngsten, den 1- bis 2-Jährigen, sind es sogar 75 %. Letzteres ist auf einen Wandel im Taufverhalten zurückzuführen, denn bereits bei den 5-jährigen Deutschen ist der Anteil der noch nicht in einer der großen christlichen Kirchen Getauften auf 50 % gesunken. Recht auffallend ist der Sprung von den 50- bis unter 60-Jährigen zu den 60- bis unter 70-Jährigen. Hier offenbart sich der mit der 68er-Revolte gepaarte Antiklerikalismus, der lange Zeit nachwirkte und vielleicht noch wirkt.

Dass die deutschen Stuttgarter damit areligiös und streng laizistisch orientiert sind, lässt sich mit Daten aus dem Einwohnermelderegister natürlich nicht belegen.

Düstere Aussichten für die christlichen Religionsgemeinschaften

Im Vorgriff auf eine genauere Berechnung der Stadt Stuttgart hat das Statistische Landesamt überschlägig die Konfessionszugehörigkeit der Bevölkerung bis ins Jahr 2020 vorausgerechnet. Eingeflossen sind dabei das Taufverhalten, die Wanderungs-bewegung, die Altersstruktur und die Konfessionszugehörigkeit.

Danach dürfte sich der Bevölkerungsanteil in den evangelischen Kirchen im Laufe eines halben Jahrhunderts auf die Hälfte reduzieren; bei den Katholiken wird die Entwicklung wohl weniger dramatisch ausfallen. Von der Tendenz her wird sich in zwei Jahrzehnten jeder zweite Stuttgarter zu einer der sonstigen oder zu keiner Religionsgemeinschaft bekennen.

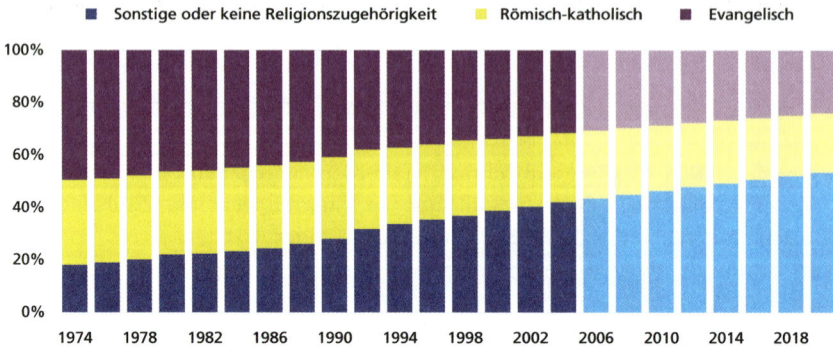

Trend der Religionszugehörigkeit der Stuttgarter Bevölkerung bis 2020

■ Sonstige oder keine Religionszugehörigkeit ■ Römisch-katholisch ■ Evangelisch

StaLa Ba-Wü

Die hier für die Stadt Stuttgart aufgezeigten Entwicklungen mögen sympto-
matisch für eine liberal geprägte, großstädtische Bevölkerung sein, typisch für
Baden-Württemberg sind sie nicht. In eher kleinstädtisch oder ländlich geprägten
Gebieten sind Kirchenaustritte oder ausbleibende Taufen dem Anschein nach
weniger feststellbar – amtliche Zahlen sind allerdings nicht verfügbar. Ob es sich
bei dieser kirchentreuen, konservativen Verhaltensweise eher um eine soziale
Kontrolle als um ein christliches Bekennertum handelt, muss offen bleiben.

Kirchenfinanzen in der Krise

Neulich meldete die Frankfurter Allgemeine Zeitung, das Bistum Essen stehe
vor einer Neustrukturierung der Seelsorge und der Verwaltung, die alles bisher
Dagewesene auf diesem Gebiet in Deutschland in den Schatten stellt. Für die
Katholische Kirche gilt: Seit 2000 gehen die Kichensteuereinnahmen zurück.[3]
Der Trend ist eindeutig: Die Einnahmen werden in den nächsten zwei bis drei
Jahrzehnten um mindestens 20 bis 30 % zurückgehen.
Für Norbert Feldhoff, Dompropst des Metropolitankapitels Köln, liegt der ent-
scheidende Grund dafür in der Bevölkerungsentwicklung.[4] So dürfte im Erzbistum
Köln in den drei Jahrzehnten von 1997 bis 2027 die Mitgliederzahl um gut 25 %
zurückgehen. „Für die Kirchensteuereinnahmen ist aber von besonderem Gewicht,
dass die Zahl der potenziellen Kirchensteuerzahler, das sind die 15- bis 64-Jährigen,
um etwa 40 % zurückgeht. Kirchenaustritte verschärfen diese Entwicklung,

---

3 Frankfurter Allgemeine Zeitung, 12/1/2005.
4 Feldhoff, Norbert (2004): Kirchenfinanzen in der Krise, in: Kirche und Gesellschaft, Nr. 315,
   Köln.

Steuerrechtsänderungen, die für die Zukunft noch gar nicht abzusehen sind, haben bereits in der Vergangenheit die Kirchensteuereinnahmen geschmälert und werden sich auch in der Zukunft negativ auf die Kirchensteuereinnahmen auswirken".

Die Folgen: Gebäude, wohl auch Kirchen und Kapellen, werden aufgegeben und verkauft, die Vergütung des Personals wird abgesenkt, Personal wird betriebsbedingt gekündigt, Bildungseinrichtungen werden aufgegeben oder zusammengeführt, Kindergärten werden geschlossen. In Zukunft geht die Zahl der Kinder zurück, und damit die Zahl der katholischen Kinder.

Das Bistum Essen will nach und nach etwa 100 Kindertageseinrichtungen schließen. Gerade die letzte Maßnahme ist zweischneidig und dürfte auf Kritik stoßen. In den Kindertagesstätten erfahren Kinder eine frühe religiöse Sozialisierung und kommen Eltern, die der Kirche zum Teil fern stehen, erneut mit ihr Kontakt. Kurzum: Im Bistum Essen werden durch die Neuordnung der Seelsorge, die Verkleinerung der Verwaltung und die Aufgabe von Bildungs- und Sozialeinrichtungen ein Drittel der Stellen von insgesamt rund 3 100 weg fallen – auch das ist eine Belastung für den dortigen Arbeitsmarkt.

Ausgewählte Datenquellen

United Nations (UN)

Statistiken, Datenbanken und Vorausrechnungen u.a. Demographie der Mitgliedsstaaten der UN.
Aktuelle Themen des Department of Economic and Social Affairs, Population Division: Natürliche Bevölkerungsbewegung (Geburtenraten, Sterblichkeit), Wanderung, Aids, alternde Gesellschaft und ihre Auswirkungen auf Zusammenleben, Arbeitsmarkt und Rentensysteme.
www.un.org   www.un.org/esa/population

Organisation for Economic Co-operation and Development (OECD)

Statistiken u.a. Demographie, Arbeitsmarkt, Bildung und Gesundheit der 30 Mitgliedsstaaten aus Europa (EU 15, Island, Norwegen, Polen, Schweiz, Slowakei, Ungarn, Tschechische Republik, Türkei), Asien (Japan, Korea), Amerika (Kanada, Mexiko, USA), Ozeanien (Australien, Neuseeland) sowie ausgewählter Nichtmitgliedsstaaten.
Aktuelle Themen: Alternde Gesellschaft, alternde Belegschaften, PISA, Gesundheitswesen, Rentensysteme, internationale Wanderung.
www.oecd.org

Statistisches Amt der Europäischen Gemeinschaften (Eurostat)

Statistiken, Datenbanken (Newcronos) und Vorausrechnungen u.a. Demographie, Arbeitsmarkt, Armut, Bildung, Familie, Gesundheit, Sozialpolitik der 25 EU-Mitgliedsstaaten und EU-Kandidatenländer.
Aktuelle Themen: Bevölkerungsentwicklung in der EU, Gesundheit und Gesundheitsfaktoren, Ausgaben für Bildung, Arbeitsmarktpolitik.
http://epp.eurostat.cec.eu.in

Europarat (Council of Europe)

Statistiken u.a. Demographie, Bildung, Gesundheit, Jugend, soziale Sicherheit der 46 europäischen Mitgliedsstaaten.
Aktuelle Themen: Bevölkerungsentwicklung, alternde Gesellschaft, Familie, Wanderung.
http://www.coe.int/

Statistisches Bundesamt Deutschland (Destatis)

Statistiken, lange Zeitreihen und Vorausrechnungen u. a Bevölkerung, Bildung, Einkommen, Erwerbstätigkeit, Familie, Gesundheit, Pflege, Sozialleistungen für Deutschland und die Bundesländer.
Aktuelle Themen: Bevölkerungsentwicklung (Bevölkerungsvorausrechnungen) Leben und Arbeiten (Mikrozensus), Einkommen und Verbrauch (EVS), Gesundheitsberichterstattung, Pflege (Pflegestatistik).
www.destatis.de

Statistisches Landesamt Baden-Württemberg (StaLa Ba-Wü)

Statistiken, Datenbanken und Vorausrechnungen u.a. Bevölkerung, Bildung, Erwerbstätigkeit, Familie, Gesundheit, Pflege, Sozialleistungen für Baden-Württemberg mit regional differenzierten Daten für Kreise und Gemeinden.
Aktuelle Themen: Statistik für Stadt- und Landkreise, Wirtschaft- und Sozialentwicklung.
www.statistik-bw.de

FamilienForschung Baden-Württemberg (FaFo)

Statistiken und Analysen u.a. Bevölkerung, Bildung, Einkommen, Erwerbstätigkeit, Familie und Sozialpolitik für Baden-Württemberg und Deutschland mit internationalen Vergleichen.
Aktuelle Themen: Demographischer Wandel, Familienfreundliche Kommune, Familienbildung, Mehrkinderfamilien, Einkommen und Armut, Wandel der Familie und Familienpolitik.
www.fafo-bw.de

Horst Siebert

Einführung in die Volkswirtschaftslehre

14., vollständig überarbeitete und
erweiterte Auflage 2003.
440 Seiten. 177 Schaubilder,
51 Tabellen, (28 Kästen), alle in Farbe.
Fester Einband/Fadenheftung
€ 29,80

ISBN 3-17-018150-5

Horst Siebert ist für scharfsinnige Analysen ebenso bekannt
wie für seine präzise, dabei aber stets anschauliche Sprache.
Dies hat entscheidend zu Erfolg und Beliebtheit seines Ein-
führungslehrbuchs beigetragen. In der 14. Auflage sind
zahlreiche Fragestellungen, so etwa die Regulierung auf Gü-
ter- und Faktormärkten und die Reform der sozialen Sicherungssysteme, neu aufgenommen und zahlreiche Aktualisie-
rungen vorgenommen worden.

Rezension zu einer Vorauflage:

„Das ist Ökonomie. Ein überarbeitetes Lehrbuch [...] Horst
Siebert, klärt seine Leser - die nichts mitzubringen brauchen
außer Interesse und Bereitschaft zur Mitarbeit - auf."

(FAZ, 2.10.2000)

Prof. Dr. Dr. h.c. **Horst Siebert** ist emeritierter Präsident des
Instituts für Weltwirtschaft an der Universität Kiel und Pro-
fessor an der Johns Hopkins University in Bologna.

W. Kohlhammer GmbH · 70549 Stuttgart
Tel. 0711/7863 - 7280 · Fax 0711/7863 - 8430